江苏省社科基金后期资助项目"马克思恩格斯城乡关系理论与当代中国实践研究"结项成果（项目批准号19HQ019）
南京工业大学新农村发展研究院资助项目

新时代城乡融合发展理论与实践

王宇翔 著

南京大学出版社

图书在版编目(CIP)数据

新时代城乡融合发展理论与实践 / 王宇翔著. -- 南京：南京大学出版社，2024.10
ISBN 978-7-305-27660-6

Ⅰ.①新… Ⅱ.①王… Ⅲ.①城乡建设－经济发展－研究－中国 Ⅳ.①F299.21

中国国家版本馆 CIP 数据核字(2024)第 026537 号

出版发行	南京大学出版社
社　　址	南京市汉口路 22 号　邮　编　210093
书　　名	**新时代城乡融合发展理论与实践** XINSHIDAI CHENGXIANG RONGHE FAZHAN LILUN YU SHIJIAN
著　　者	王宇翔
责任编辑	黄隽翀
照　　排	南京开卷文化传媒有限公司
印　　刷	苏州市古得堡数码印刷有限公司
开　　本	787 mm×960 mm　1/16　印张 14.75　字数 219 千
版　　次	2024 年 10 月第 1 版　2024 年 10 月第 1 次印刷
ISBN	978-7-305-27660-6
定　　价	78.00 元

网　　址：http://www.njupco.com
官方微博：http://weibo.com/njupco
官方微信号：njupress
销售咨询热线：(025)83594756

＊版权所有，侵权必究
＊凡购买南大版图书，如有印装质量问题，请与所购
　图书销售部门联系调换

目 录

第一章 绪 论 …………………………………………… 001

第一节 研究背景 ………………………………………… 001
一、国际背景 …………………………………………… 001
二、国内背景 …………………………………………… 003

第二节 研究的理论意义和实践意义 …………………… 005
一、研究的理论意义 …………………………………… 005
二、研究的实践意义 …………………………………… 006

第三节 概念界定 ………………………………………… 007
一、城市 ………………………………………………… 007
二、乡村 ………………………………………………… 009
三、城乡关系 …………………………………………… 011

第四节 国内外关于马克思恩格斯城乡关系理论的研究综述 ……… 011
一、国内关于马克思恩格斯城乡关系理论的研究综述 ………… 011
二、国外关于马克思恩格斯城乡关系理论的研究综述 ………… 041

第二章　马克思恩格斯城乡关系理论 ····· 051

第一节　马克思恩格斯城乡关系理论产生的背景 ····· 051
一、马克思恩格斯城乡关系理论产生的时代背景 ····· 051
二、马克思恩格斯城乡关系理论产生的理论渊源 ····· 058

第二节　马克思恩格斯视域下西欧城乡关系的演进历程 ····· 063
一、西欧古代社会城乡关系："古典古代的历史是城市的历史" ····· 064
二、西欧中世纪城乡关系："乡村在经济上统治城市" ····· 065
三、西欧近代社会城乡关系："现代的历史是乡村城市化" ····· 066

第三节　马克思恩格斯城乡关系的主要内容 ····· 067
一、马克思恩格斯关于城乡关系的核心观点 ····· 067
二、马克思恩格斯视野下城乡融合的主要途径 ····· 076
三、马克思恩格斯关于未来城乡融合的展望 ····· 085

第四节　马克思主义城乡关系蕴含的辩证法思想及当代应用 ····· 087
一、发展逻辑："连续性"与"阶段性"的统一 ····· 087
二、矛盾逻辑：城乡矛盾的"对立性"与"统一性" ····· 089
三、联系逻辑：城乡融合发展的"整体性"与"部分性" ····· 091
四、马克思主义城乡关系蕴含的辩证法思想对当代中国实践的启示
····· 093

第三章　我国城乡关系的发展与实践 ····· 101

第一节　我国城乡关系的历史进程 ····· 101
一、古代中国社会的城乡关系 ····· 101
二、近代中国社会的城乡关系 ····· 104

三、现代中国社会的城乡关系 ………………………………… 108

第二节 我国城乡二元结构的形成过程及成因分析 ……………… 123
 一、我国城乡二元结构的形成过程 …………………………… 123
 二、我国城乡二元结构造成的问题 …………………………… 129
 三、我国城乡二元结构的成因分析 …………………………… 131

第三节 马克思恩格斯城乡关系理论在中国的创新实践 ………… 134
 一、中国特色城乡融合发展道路的伟大实践 ………………… 135
 二、中国特色城乡融合发展道路是对马克思城乡发展理论的
  发展与创新 ………………………………………………… 144

第四节 我国城乡融合发展取得的成就、经验和问题 …………… 150
 一、我国城乡关系发展取得的成绩 …………………………… 150
 二、我国城乡融合发展取得的经验 …………………………… 154
 三、我国城乡融合发展存在的问题 …………………………… 165

第四章 马克思恩格斯城乡关系理论对我国城乡融合发展的启示 …………………………………………………………… 175

第一节 加强顶层设计，统一规划城市和乡村 …………………… 176
 一、我国关于城乡融合发展的规划 …………………………… 176
 二、乡村振兴背景下我国城乡规划中存在的主要问题 ……… 181
 三、乡村振兴背景下城乡融合发展规划的建议 ……………… 183

第二节 聚焦"农业"，在科技兴农中实现农业的结构转变 ……… 186
 一、马克思恩格斯关于农业问题的相关论述 ………………… 186
 二、乡村振兴背景下"农业"相关概念 ………………………… 187

三、乡村振兴背景下"农业"现代化的建议 ………………… 192

　　四、新时代"藏粮于技"如何助力"端牢中国饭碗" …………… 196

第三节　聚焦"农村",在城镇化进程中实现农村的全面振兴 ……… 199

　　一、马克思恩格斯关于"农村"问题的相关论述 ……………… 199

　　二、乡村振兴背景下"农村"相关概念 ………………………… 200

　　三、如何理解城乡融合发展 …………………………………… 201

　　四、乡村振兴背景下"农村"繁荣发展的建议 ………………… 203

第四节　聚焦"农民",在身份转变中实现农民的全面发展 ………… 206

　　一、马克思恩格斯关于"农民"问题的相关论述 ……………… 206

　　二、乡村振兴背景下"农民"相关概念 ………………………… 208

　　三、我国农民收入情况分析 …………………………………… 209

　　四、乡村振兴背景下"农民"全面发展的建议 ………………… 211

参考文献 ……………………………………………………………… 217

　　一、论文类 ……………………………………………………… 217

　　二、著作类 ……………………………………………………… 227

第一章 绪论

第一节 研究背景

中华文明根植于农耕文化,乡村是中华文明的基本载体。我国具有悠久的农耕文化传统,保留着强大的乡村文化基因,受现代化进程影响,我国乡村常住人口已经从1978年的79 014万人下降到2022年的49 104万,千百年来的"乡土中国"正向"城镇中国"转变,城乡经济发展取得长足发展,但是城乡失衡的结构性矛盾已然突出。城市和乡村是命运共同体,习近平总书记指出:"即便我国城镇化率达到70%,农村仍将有4亿多人口。""没有农业农村现代化,就没有整个国家的现代化。"因此,把乡村建设好,不仅是生活在乡村的人的需要,也是生活在城市的人的需要,是生活在这片国土上的各族人民的共同需要,"民族要复兴,乡村必振兴"。

一、国际背景

近代以来,所有的社会现象都离不开"现代化"的影响和在"现代化"基础上的理解,"工业化"和"城市化"是现代化进程的重要表现。从全球范围来看,大多数国家在经济发展战略上都采取了"城市偏向型"的发展策略,在资本主义工业化和城市化过程中,普遍出现过乡村地区的衰败和空心化。城市化，主要是指乡村人口向城市的转移，伴随着城市的不断扩张和乡村的不断缩小，"农民的终结"不同程度地导致了"村落的终结"，村庄空心化、环境污染化、文化凋敝化，诸多发达国家近百年的发展历程不断地重复着这个过程。现代化进程中，城乡发展不平衡成为全球不同国家在不同发展阶段出现的共同特征，主要表现在乡村的衰败、城市病、城乡公共服务资源的不平衡等方面。

20世纪50年代以来，在美国、日本、韩国等国相继出现了乡村人口减少过快以及农村传统文化、伦理和秩序受到冲击等问题。根据世界银行的统计，世界乡村人口占总人口比重由1960年的66.44%下降到2022年的46.16%。以金砖五国(BRICS)为例，在1960—2015年间，俄罗斯乡村人口占比减少了44%，中国为47%，印度为18%，南非为34%，而巴西乡村人口占比减少幅度更大，达到73%。随着乡村人口的快速减少，劳动力缺失、农业效益低下、公共服务短缺等问题日益显现，严重制约了乡村地区的可持续发展，亟须重视乡村振兴。

作为经济社会发展的有机整体，城市与乡村因劳动力、原材料、资金和信息等要素的流动与集聚而发生密切联系，两者只有优势互补，才能实现更好的发展。20世纪70年代以实现乡村振兴为目的的乡村复兴运动(rural renaissance)及逆城市化在一些发达国家出现，通过政府宏观规划、加大投资和补贴等方式鼓励城市富裕阶层回归田园、建设乡村。美国、英国、新西兰、西班牙等国先后发起了乡村复兴运动，促进了乡村地区人口增长。但是，由乡村复兴运动所产生的逆城市化现象主要发生在城市近郊地区，是城市富裕群体为了兼顾乡村田园生活并同时保留在城市发展的机会做出的变通性选择，这导致美国的纽约、费城、波士顿等城市近郊的人口增长速度一度超过了中心城区。而那些远离城区的偏远乡村地区，由于青壮年劳动力陆续出走而变得日渐萧条，与此同时，公共服务供给不足，基础设施薄弱，一些重要岗位如教师、医生、科技人员后继无人，陷入了"人口流失——经济衰退——生活品质下降——人口继续流失"的恶性循环。

在迈向现代化进程中，世界各国在经历了乡村人口流失、农村经济凋敝、公共服务不足等问题后,不断探索实施过适合本国国情的应对措施,形成了乡村振兴的模式和范式。如美国采取完善的制度和服务体系来推进"城乡共生型"发展;法国采取以土地集中和产业再分布的方式实现城乡的均衡化发展;德国采取"城乡等值化"的主动改革来代替乡村边缘化的被动调整;日本构建了组织化设计和体制化运作的农业振兴体系。对于处于民族复兴关键阶段的中国而言,学习和借鉴国际发展经验,有助于认识和深化乡村发展规律,并推动中国在实施乡村振兴战略过程中接轨乃至引领全球趋势。[①]

二、国内背景

"重农务本,国之大纲",党和国家历来重视三农问题,为了更好地解决"三农"问题,党的十九大作出中国特色社会主义进入新时代的科学论断,提出实施"乡村振兴战略"的重大历史任务,在我国"三农"发展进程中具有划时代的里程碑意义。这一战略的实施是以习近平同志为核心的党中央着眼党和国家事业全局,深刻把握现代化建设规律和城乡关系变化特征,顺应亿万农民对美好生活的向往,对"三农"工作出的重大决策部署,是决胜全面建成小康社会、全面建设社会主义现代化国家的重大历史任务,是新时代做好三农工作的总抓手。习近平总书记对分阶段目标和时间节点做了顶层设计:2020年基本形成推进乡村全面振兴的制度框架和相关政策体系;2035年乡村振兴取得决定性进展,农业现代化目标基本实现;2050年实现乡村全面振兴和"农业强、农村美、农民富"的既定目标。

就新中国成立以来的城乡关系发展规律来看,我国经历了城乡同一、城乡分离与对立、城乡统筹等几个城乡关系阶段,正在为实现城乡融合而努力。从发达国家的城市化发展历史来看,城市化水平越高,经济的发展速度越快,非农产业比重越高,城乡融合和城乡一体化进程就会越快。从统计数

[①] 茅锐,林显一.在乡村振兴中促进城乡融合发展——来自主要发达国家的经验启示[J].国际经济评论,2022,(01):155-173.

据来看，2011年中国城市人口首次超过农村。我国的城镇化率从10%到50%只用了60年，同样的情况，欧洲用了150年，拉丁美洲用了210年。我国的城市化取得了不俗的成绩，然而要实现城乡融合发展的目标，还有很长的路要走。

中华人民共和国成立之初，国家工业基础薄弱，经济发展处于农业支持工业阶段。国家于1952年启动了工业化建设，在一个贫困的农业国基础上，通过以人民公社为代表的二元体制安排推行工农产品剪刀差和从农村集中大量剩余劳动力成规模地投入基本建设，得以在二十几年的时间里完成了国家工业化的资本原始积累。到1978年，工业在国民经济中的比重，已经由1952年的不到20%上升到44%。但在城乡二元结构体制的约束下，农业、农村、农民几乎承担了工业化的全部成本。对于通过强制性的"统购统销"制度隐含的工农业产品剪刀差提取的农业剩余，严瑞珍等（1990年）进行了计算，从1953年到1985年工农业比值剪刀差共7000多亿元，与此期间全国预算内的固定资产投资共7678亿元，平均每年240亿左右大体相当。① 但是农业、农村、农民却没有参与分享工业化的收益，因此本质上的中国城乡差别逐渐拉大，客观上的农业集体化全面亏损成为众矢之的。随着工业化、城市化进程的加快，城乡的差距逐渐拉大，农业落后、农村发展缓慢、农民增收困难的问题非常突出，而且引发了很多社会矛盾。

从新中国成立到现在，中国共产党一直在马克思主义理论指导下，结合中国国情，探索中国发展道路，要破除城乡分离的二元结构，更离不开马克思主义城乡关系理论的指导，中国共产党在推进城乡融合发展上做出了不懈的努力。从改革开放到党的十六大，党和国家以经济建设为中心，推进城乡改革，实现城乡良性互动，但是城乡关系却进一步扩大；为了缓和城乡矛盾，党的十六大以后，中央明确提出"实施统筹城乡发展战略"，我国进入"以工促农，以城带乡"的新阶段；十七届三中全会明确提出"到2020年基本形成城乡经济社会发展一体化新格局"；党的十八大再次强调"推动城乡一体

---

① 温铁军.中国新农村建设报告[M].福州：福建人民出版社，2010：12.

化",党的十九大创造性地提出了"实施乡村振兴战略";党的二十大提出"全面推进乡村振兴"。

在实施乡村振兴战略背景下,我国乡村社会发生了巨大变化,农村经济有了新发展,农民收入有了很大提高,美丽乡村建设不断推进,经济发展和环境保护相融合的新业态不断出现,但是城乡收入分配差距依然较大,农民就业、教育、医疗、养老等社会保障体系仍待进一步完善,乡村文明程度有待进一步提高,乡村治理体系和治理能力有待进一步加强,这些问题的解决都需要将马克思主义城乡关系理论的指导,从而使马克思主义城乡关系理论更加丰富和完善。

第二节 研究的理论意义和实践意义

我国改革开放 40 多年的实践证明,城市与乡村在各自发展进程中暴露的种种弊端,不可能在自身封闭的系统内加以克服。为避免双方存在的缺陷,城乡必须联手,用城乡融合的新型社会结构,取代城乡分离的传统社会结构形态。对马克思恩格斯城乡融合发展理论的相关思想进行探索和研究,有利于为我国城乡经济发展提供理论和实践方面的借鉴,具有重要的理论和现实意义。

一、研究的理论意义

通过对马克思恩格斯城乡关系理论的研究,有助于丰富和深化对马克思恩格斯城乡关系思想的研究。城乡关系一直是马克思恩格斯高度关注的问题,城乡关系也是人类社会发展中最基本的关系。他们认为,要想论述人类社会的发展以及未来的趋势,是无论如何不能绕过城乡关系问题的。改革开放 40 多年来,随着我国经济发展的不断推进,城镇化发展的步伐也在不断加快，这引起了政府与学术界的更多关注。马克思恩格斯虽然没有对城乡关系进行过专题的论述，但是他们对城乡关系论述和相关观点广泛分布于《英国工人阶级状况》《德意志意识形态》《共产主义原理》《共产党宣言》《论土地国有化》《论住宅问题》《反杜林论》《资本论》《家庭、私有制和国家的起源》《法德农民问题》等著作中。在这些著作中，他们以唯物史观为基础，阐述了城乡分离和对立的起源和原因、城乡关系发展的趋势、城乡融合的条件和策略等内容。目前研究还有一些不足之处，如对马克思恩格斯文本碎片化的印证，对其思想内容之间的逻辑关系缺乏内在的系统的阐述等。另外，随着时代的进步，生产力发展已经达到了一定水平，城乡关系进一步发展的背景也发生了深刻的变化，我国从党的十九大开始提出实施"乡村振兴战略"，党的二十大提出"全面实施乡村振兴战略"，在此国情下，城乡关系的规划、特征、未来走向都需要进行新的总结。作为一种社会发展理论，马克思恩格斯城乡关系理论也会因时间和空间的变化而具有局限性，但是，其理论中所总结的社会发展的规律不会因为时空的变化而失去作用，因此，对于马克思恩格斯城乡关系理论我们要进行继承、坚持、发展和创新。

二、研究的实践意义

通过深化对马克思恩格斯城乡关系理论的认识，指导中国正在进行的城乡融合实践，完成马克思恩格斯城乡关系理论中国化实践。马克思恩格斯城乡关系理论是建立在辩证唯物主义和历史唯物主义基础之上的，具有丰富的哲学含义，揭示了城乡关系发展的否定之否定规律，以及城乡之间的对立统一关系。通过理解和把握这些哲学含义，有助于我们更加充分地认识我国城乡关系发展的前进性与曲折性的统一，对于大力实施乡村振兴战略，推动城乡融合发展，具有重要的现实指导意义。充分理解和正确把握马克思恩格斯城乡关系理论，对正确判断我国城乡关系发展的历史和现状、更好地推进城乡融合发展、构建新型工农城乡关系具有至关重要的作用。

通过对马克思恩格斯城乡关系理论的研究,有助于为我国实施乡村振兴战略,推进城乡融合发展实践提供理论指导。马克思恩格斯城乡关系理论是马克思主义理论的重要组成部分,是我国城乡发展实践的重要指导思想,现阶段,实施乡村振兴战略,推进城乡融合,迫切需要先进理论的指导。关于马克思恩格斯城乡关系理论的研究还较为薄弱,尚不能满足城乡发展实践对理论指导提出的迫切需求。在这种情景下,加强对马克思恩格斯城乡关系理论的研究,将对解决好三农问题,实现城乡融合发展提供更多的理论支撑和思想启示,对于实现"产业兴旺、生态宜居、乡风文明、治理有效、生活富裕"的农村发展总要求具有重要意义。

第三节 概念界定

一、城市

(一) 城

会意兼形声字。段玉裁《说文解字注》释义:"城。盛民也。言盛者,如黍稷之在器中也。从土成。左传曰:圣王先成民而后致力于神。成亦声。氏征切,十一部。𩫖,籀文城从𩫏。"①文字有两个系统:一系从𩫏(guō),一系从土,在"城"的意义上,从𩫏从土意义相通。从"𩫏"者始见于西周金文,写作"𩫖","𩫏"是"墉"的古字,其字形像两座城楼相对立的象形图案,指城垣的意思;"成"在这里是声旁,指示读音,也有表示完成的意思。城的本义就是环绕都市的防御墙。从土者约出现于战国时期,早期为上下结构,上面是"成",下面是"土";小篆后"成"下的"土"移到"成"左面,变为左右结构,发展

---

① [清]段玉裁.说文解字注[M].北京:中华书局,2013.7(2015.4 重印):695.

至今。从土,是说城墙、城楼是用土筑起来的。城的本义指城墙,即古代为防御或划分区域而筑的高墙,如万里长城、城下之盟中的城,都是指这种高墙。城分内外城。内城叫城,外城叫郭。城墙通常是沿聚居地的四周而建,把聚居地围在其中,故城又指城墙内的地方,如城区、东城、西城等。由此引申,城又专指城市,与乡村相对,如城乡差别、满城风雨、不夜之城中的城,其义都是相对于乡村而言的。

(二) 市

形声字。段玉裁《说文解字注》释义:"市。买卖所之也。释诂曰。之,往也。古史考曰:神农作市。本辞说也。世本曰:祝融作市。市有垣。从冂。垣所以介也。故从冂。从 ㇇,象物相及也。㇇,古文及字。依韵会本。㞢声。举形声包会意也。时止切。一部。"①从"丂"加两点或三点,之声。西周"市"字构形从"之"不省。战国文字发生形变,上端从"之"有讹变,原从两点与中间的一横连成形,原"之"与"丂"的二横合为一横,竖遂贯通由弯渐变直形。又出现增"土"旁的市字。小篆当为讹变字形,秦汉隶书字形才固定下来。上古"市"用为市场义。商代甲骨文有"市日",战国文字有"军市",典籍如《商君书·垦令》说:"令军市无有女子。"汉印有"长安市长"。此字本义指集中进行交易的场所即市场,引申特指市司、管理市场的官吏,进而引申指人口密集、工商业及文化发达的城镇。又可做动词,指前往市场去做买卖,引申泛指做交易,引申可单指买或卖,又引申指求取。

(三) 城市

城市可以被定义为一个永久的、人口稠密的地方,具有行政界定的边界,其成员主要从事非农业任务。城市通常拥有广泛的住房、交通、卫生、公用事业、土地使用、商品生产和通信系统,它们的密度促进了人们、政府组织和企业之间的互动,有时会在此过程中使不同方受益,例如提高商品和服务

---

① [清] 段玉裁.说文解字注[M].北京:中华书局,2013.7(2015.4 重印):230.

分配的效率。从经济学来看,城市可以定义为"具有相当面积、经济活动和住户集中,以致在私人企业和公共部门产生规模经济的连片地理区域"。从社会学来看,城市可以定义为"具有某些特征的、在地理上有界的社会组织形式"。从地理学来看,城市可以定义为"地处交通方便环境的且覆盖有一定面积的人群和房屋的密集结合体"。城市的起源有三种。一是防御说。认为城市是统治阶级为保护自身利益,防御敌人侵袭而兴起的。二是集市说。认为城市是作为初期市场中心地而兴起的。三是宗教伦理说。[①] 认为城市是因为祖先崇拜作为宗庙进行祭祀的地方而兴起的。这三种起源说一方面与"城""市"二字释义相吻合,另一方面与城市后来所衍生的各种功能也相一致,如政治功能、经济功能和文化功能等。

二、乡村

(一) 乡

会意字。乡的意思比较复杂。段玉裁《说文解字注》释义:"乡。国离邑。离邑,如言离宫别馆。国与邑名可互偁,析言之则国大邑小,一国中离析为若干邑。民所封乡也。封犹域也。乡者今之向字。汉字多作乡。今作向。所封谓民域其中。所乡谓归往也。释名曰:乡,向也。民所向也。以同音为训也。啬夫别治。别彼列切。别治谓分治也。百官公卿表曰。县大率十里一亭。亭有长,十亭一乡。乡有三老,有秩啬夫,游徼。三老掌教化。啬夫职听讼,收赋税。游徼循禁盗贼。司马彪百官志曰。乡置有秩三老游徼,乡小者置啬夫一人。风俗通云。啬者,省也。夫,赋也。言消息百姓。均其役赋。按许不言三老游徼者。举一以该其二。亦谓乡小者但置啬夫。不置三老游徼也。从𨛜皀声。许良切,十部。封圻之内六乡,六乡治之。按封圻上当有周礼二字。上云啬夫别治,言汉制。此云六乡六卿治之,谓周礼

---

① 顾朝林.中国城镇体系[M].北京:商务印书馆,1992.5(1996.10 重印):5-6.

也。封圻即邦畿。周礼。方千里曰国畿。六乡地在远郊以内。五家为比。五比为闾。四闾为族。五族为党。五党为州。五州为乡。乡老二乡则公一人。乡大夫每乡卿一人。许先举汉制。后言周礼者。许书凡言郡县乡亭皆汉制。汉表云。凡县道国邑千五百八十七。乡六千六百二十二。亭二万九千六百三十五。许全书所举某县某乡某亭皆在此都数之中"。① 说文解字注用如此多的篇幅来对"乡"进行阐释，说明"乡"对于古代中国的重要性，不仅解释了乡的概念，而且将中国的基层治理体系大致呈现出来，对我们理解古代乡村及其作用具有重要帮助。如今，乡的政区概念也就只是县或区属下的乡村基层单位，但其内涵依然很宽泛，所指也经常不只局限于乡村。一些与"乡"组合的词，如"乡亲""乡音""乡思""乡愁"以及成语"背井离乡"等词语里的"乡"，都是很广义的家乡意思，不只是指乡村，也包含有城市在内。从这个意义来看，在古代，用"乡村"与"城市"相对应，比"农村"更贴切。

（二）村

形声。地名。段玉裁《说文解字注》释义："邨。从邑。屯声。此尊切。十二部。按本音豚。屯聚之意也。俗读此尊切。又变字为村。"② 村的意思相对简单，指村庄。

（三）乡村

《辞源》一书中，乡村被解释为主要从事农业、人口分布较城镇分散的地方。乡村一般是指以从事农业活动的农业人口为主的聚落。乡村一般风景宜人，空气清新，较适合人群居住，民风淳朴，以从事农业为主。但是因为现代化进程的推进及城乡二元结构的出现，乡村一方面在经济上和文化上落后于城市，在生态环境上，也出现不同程度的变质，乡村的小桥流水在很多地方都已不复存在，乡村振兴势在必行，不仅为了农民和农村，更为了每一个人。

---

① ［清］段玉裁.说文解字注［M］.北京：中华书局，2013.7（2015.4 重印）：303.
② ［清］段玉裁.说文解字注［M］.北京：中华书局，2013.7（2015.4 重印）：302.

三、城乡关系

城乡关系本意是指城市与乡村之间相互作用、相互影响的关系,城市孕育于乡村,城市与乡村形成互补的一对关系。在城乡关系研究时,城乡关系便成为一定社会条件下政治关系、经济关系、阶级关系等组多因素在城市和乡村之间关系的集中反映。"城乡关系是经济社会发展中的重要关系,在中国这样一个传统农业文明大国建设社会主义现代化国家,如何处理城乡关系是国家发展进程中的重大战略问题。在中国共产党领导中国革命、建设、改革开放和建设社会主义现代化国家的进程中,始终伴随着正确认识城乡关系、深入总结城乡发展规律、科学指引城乡发展方向的过程"。[①]

第四节 国内外关于马克思恩格斯城乡关系理论的研究综述

文献研究综述有利于了解马克思恩格斯城乡关系理论的研究历史、研究现状、新水平、新动态和新发现,以及研究的发展前景等内容。

一、国内关于马克思恩格斯城乡关系理论的研究综述

国内研究综述,主要选取新中国成立之后的文献来进行梳理,又以改革开放以后的研究文献为重点。在中国知网以"马克思恩格斯城乡关系"为主题进行检索,共得到研究成果 626 项,其中学术期刊 273 篇,学位论文 372

---

① 王大伟,孔翠芳,徐勤贤.中国百年城乡关系:从农村包围城市到城乡融合发展——正确处理城乡关系是中国共产党的重要制胜法宝[J].区域经济评论,2021,(03):5-12.

篇,会议论文8篇。鉴于该主题研究成果总量不多,本研究扩大了检索范围,以"城乡"为主题进行检索,得到研究成果367 279项,其中学术期刊论文221 839篇,学位论文45 065篇,会议论文9 554篇,报纸63 780篇,图书273本,标准20项,成果737项。由于改革开放以前"马克思恩格斯城乡关系"研究成果相对较少,"城乡"的检索成为很好的补充。从发文量来看,关于"城乡"的研究,1980年以前基本保持在10篇以内,1980年开始有了大幅增长,第一个大的增幅在1980—1982年前后,第二个大的增幅在2001—2003年前后,这与国内城乡关系实践有很大关系。(见图1-1)

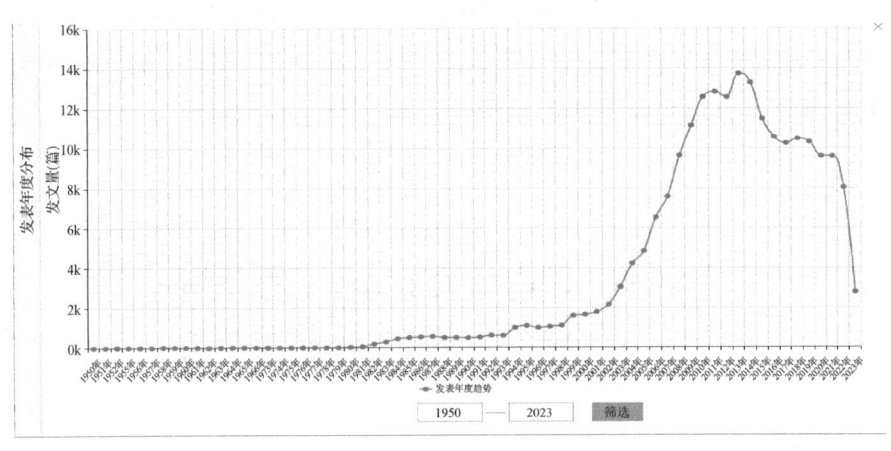

图1-1 中国知网对"城乡"进行检索的结果

(一)关于马克思恩格斯城乡关系形成背景的研究

1. 关于时代背景的研究

关键词: 现代化进程、资本主义发展、生产力快速提高、城乡矛盾尖锐、资产阶级和无产阶级、城市病

有关时代背景的研究对于更好的理解和把握马克思恩格斯城乡关系理论的有关思想具有重要的意义。陈睿(2006)对马克思恩格斯城乡关系理论产生的时代背景进行了考察,18世纪60年代,受科技革命和产业革命的影响,政治制度和经济制度发生了重大变革,生产力飞速发展,一方面,西方发

达国家开始了快速城市化的进程，城乡矛盾尖锐，对立不断加剧；另一方面，随着生产力的进一步发展，虽然城乡对立仍然存在，但也出现了一些积极的变化，如农村人口向城市人口的转移，乡村摆脱了愚昧状态，增强了与城市的联系等城乡协调发展的萌芽。① 赵洋(2011)论及了马克思恩格斯城乡关系理论创立的背景，19世纪初，受工业革命的影响，英国大量农民涌向城市，而城市却无法容纳如此多的流动人口，使城乡矛盾进一步尖锐，与此同时，城市化进程的快速发展使城乡关系出现协调发展的萌芽。② 宋敏敏(2016)提及了马克思恩格斯城乡关系理论的时代背景：随着资本主义大工业的发展，城市迅速崛起，城乡之间的对立冲突日益严重，同时大城市也产生了严重的城市病。③ 谢小飞(2019)认为，马克思恩格斯对城乡关系的思考，基于这样的背景：工业革命推动资本主义国家迅速崛起，生产力大幅提高，通过殖民掠夺积累原始资本，西欧国家城市化进程加快，城市与乡村形成对立，且城市病出现。④ 隋筱童(2020)认为马克思恩格斯所处的经济社会背景对形成其城乡关系理论至关重要，当时处于工业革命发生之后，在科学技术创造的机器的加持下，农业生产力大幅提高，为城市的发展奠定了物质基础，城市与乡村分离，城市和乡村、农业和工业之间处于对立状态。⑤ 范根平(2021)考察了马克思恩格斯城乡融合思想形成的时代背景，即19世纪上半叶西欧国家工业革命使社会生产力得到极大提升，大量资源和劳动力涌入城市使城市化进程加快，城乡矛盾由分离而走向对立，由于社会治理不能跟上经济发展出现了城市病问题。⑥ 张桂文、王子凤(2022)认为马克思恩格

---

① 陈睿.马克思恩格斯的城乡关系理论及其当代的启示[J].中共福建省委党校学报,2006,(05):2-5.
② 赵洋.统筹城乡发展视阈下马克思恩格斯城乡发展思想研究[J].学术论坛,2011,34(03):9-12.
③ 宋敏敏.马克思、恩格斯城乡关系理论及其当代价值[J].理论观察,2016,(05):9-10.
④ 谢小飞.马克思 恩格斯关于城乡关系思想及其当代启示[J].理论界,2019(6):10-16.
⑤ 隋筱童.马克思恩格斯城乡关系理论研究及新时代启示[J].兰州学刊,2020,(10):103-117.
⑥ 范根平.马克思恩格斯城乡融合思想与中国特色城乡融合发展道路[J].江西财经大学学报,2021,(05):84-95.

斯的城乡关系理论是根据西欧国家的历史,在对资本主义生产方式的研究中形成的。[1]

2. 关于理论基础的研究

关键词: 空想社会主义、资本主义经济学、重商主义学派、重农主义学派

黎克明、张庆(1975)认为,马克思恩格斯关于消灭工农、城乡、脑力劳动和体力劳动之间的差别是源自于空想社会主义的思想,主要包括莫尔、康帕内拉、圣西门、傅里叶、欧文等人,但是空想社会主义者虽然提出了消灭三大差别的理想,但是并不懂得产生三大差别的根源和消灭三大差别的途径,这个任务只能由无产阶级革命导师来完成。[2] 叶昌友、张量(2009)认为托马斯·莫尔在《乌托邦》中描绘的盛世图景,是城乡一体化社会的典范,在当时英国"羊吃人"社会状态下,这种乌托邦成为人民心中的理想乐园,另外,圣西门、傅里叶、欧文也在西方国家城乡对立日益尖锐的情况下,提出了消除城乡对立的空想社会主义学说,马克思、恩格斯批判地吸收了这些空想主义学者的城乡观点,在对西方社会进行批判分析时提出了关于城乡融合发展的一系列观点。[3] 薛晴、霍有光(2010)认为,马克思恩格斯城乡关系理论受到早期经济学家和空想社会主义者相关理论的影响,如经济学家亚当·斯密和杜能,空想社会主义者托马斯·摩尔、康帕内拉、巴贝夫、傅里叶、欧文等。[4] 宋敏敏(2016)认为马克思恩格斯城乡关系理论继承了摩尔、傅里叶、欧文等空想社会主义者的城乡关系思想,尽管这些理论均存在缺陷,但极具启发意义。[5]

张晖(2018)认为,马克思恩格斯应用历史唯物主义方法论,批判性吸收

---

[1] 张桂文,王子凤.马克思城乡关系理论中国化的历史演进及实践经验[J].政治经济学评论,2022,13(06):86-103.

[2] 黎克明,张庆.关于三大差别的产生和灭亡问题[J].广东师院学报(哲学社会科学版),1975,(04):34-42.

[3] 叶昌友,张量.论马克思、恩格斯的城乡融合思想[J].求索,2009,(12):54-56.

[4] 薛晴,霍有光.城乡一体化的理论渊源及其嬗变轨迹考察[J].经济地理,2010,30(11):1779-1784.

[5] 宋敏敏.马克思、恩格斯城乡关系理论及其当代价值[J].理论观察,2016,(05):9-10.

了亚当·斯密等理论家们关于城乡关系的观点,从生产力和生产关系矛盾运动的角度,将城乡关系的产生及其运动变化过程视为历史的范畴,辩证地分析了城乡分离与对立的根源以及城乡的运动过程,揭示了城乡关系在生产力的进一步发展中趋于融合的历史趋势。① 谢小飞(2019)认为,马克思恩格斯对城乡关系的思考,建立在空想社会主义者及近代的科学研究者对城乡对立现象的批判和对理想社会的展望之上。② 李红玉(2020)认为马克思恩格斯是在批判吸收莫尔、傅里叶、欧文等空想社会主义者关于城乡结合的观点以及李比希关于农业化学理论的基础上形成了自己关于城乡关系的理论。③ 隋筱童(2020)认为马克思恩格斯城乡关系理论广泛批判吸收了其他学派的思想,主要包括重商主义学派的"重商、重工、抑农"思想,重农主义学派的"农业是一切利益的本源"理论,空想社会主义者的"城乡平等"理论,以及亚当·斯密的"社会分工和自然秩序"理论。④ 范根平(2021)认为马克思恩格斯城乡融合思想至少借鉴了以下几个方面的城乡关系思想:一是斯密对于城乡关系的认识;二是李嘉图关于缩小城乡差别的思想;三是空想社会主义者莫尔、傅立叶、欧文等城乡结合的思想。⑤

(二) 关于马克思恩格斯城乡关系内容的研究

40年来国内学术界关于马克思恩格斯城乡关系理论研究主要基于马克思主义文献学的研究方法,对马克思、恩格斯著作中关于城乡关系理论的研究成果进行了系统的梳理,按照唯物史观的原理,初步探讨了分布在马克思、恩格斯理论体系中关于城乡关系观点之间的内在逻辑。

---

① 张晖.马克思恩格斯城乡融合理论与我国城乡关系的演进路径[J].学术交流,2018(12):122-127.
② 谢小飞.马克思 恩格斯关于城乡关系思想及其当代启示[J].理论界,2019(6):10-16.
③ 李红玉.克思恩格斯城乡融合发展理论研究[J].中国社会科学院研究生院学报,2020,(05):36-45.
④ 隋筱童.马克思恩格斯城乡关系理论研究及新时代启示[J].兰州学刊,2020,(10):103-117.
⑤ 范根平.马克思恩格斯城乡融合思想与中国特色城乡融合发展道路[J].江西财经大学学报,2021,(05):84-95.

1. 关于城乡关系的发展阶段的研究

关键词：混沌（同一）、分离、对立、融合、肯定——否定——否定之否定

国内学者根据马克思恩格斯揭示的城乡关系的发展趋势以及城乡关系在发展中过程中呈现出的特点，对城乡融合发展阶段进行了探讨。杨洛（1983）指出，马克思主义把城乡关系看成是人类社会发展史上的一个重大矛盾，有其发生、发展和消亡的过程，按照历史和逻辑的顺序可以分为：城乡分离、城乡对立、城乡差别和城乡融合四个环节。① 赵树枫等（2001）将马克思对人类社会发展的历史概括为"乡育城市、城乡分离、城乡对立和城乡融合"四个阶段，认为城乡融合是人类发展的最高阶段。② 周志山（2007）则从生产力与生产关系的矛盾出发，分析了城乡分离与对立的必然性、合理性和历史进步性，考察了马克思恩格斯对城乡分离与对立的"三重批判"，指出从城乡分离与对立到统筹城乡与融合的历史必然性。③ 曾长秋（2007）从马克思主义哲学的视角分析了马克思、恩格斯城乡关系的发展趋势，认为从城乡浑然一体到城乡分离与对立再到城乡融合的趋势体现了城市和乡村的对立统一关系，符合唯物辩证法的否定之否定规律，指出城乡融合的历史必然性和过程曲折性。④ 张杰（2007）认为，马克思恩格斯从历史和逻辑发展的角度出发，沿着"城市形成——城乡割裂——城乡融合"的逻辑思路，探索了城乡关系的演变。⑤

江俊伟（2009）认为从城乡浑然一体到分离与对立，再到城乡融合发展的过程，城乡之间的关系经历了否定之否定的过程，集中体现了人类文明从低级形态向高级形态严谨的发展趋势。同时，他认为城乡融合发展的过程是与人类自由全面发展的过程相协调、相联系的。较低的生产力发展水平是与城乡浑然一体及人类发展的"人的依赖关系"相对应的；生产力发展相

---

① 杨洛.研究城乡关系理论 发挥中心城市作用[J].财经科学,1983,(03):48-55.
② 王景新等.明日中国：走向城乡一体化[M].北京：中国经济出版社,2005:6.
③ 周志山.从分离与对立到统筹与融合：马克思的城乡观及其现实意义[J].哲学研究,2007(10):9-15.
④ 曾长秋.马克思主义城乡关系理论及其在我国的应用[J].大连干部学刊,2007(9):10-12.
⑤ 张杰.关于城乡经济统筹发展的理性思考[J].理论学刊,2007,(04):38-41.

对不足是与城乡对立及人类发展的"物的依赖关系"联系在一起的;生产力高度发展是与城乡融合及人的全面发展相一致的。① 罗敏、祝小宁(2009)认为马克思恩格斯关于城乡关系发展的思路是"城乡浑然一体——城乡分离与对立——城乡融合"。② 崔越(2009)认为在马克思、恩格斯看来,在人类社会发展的过程中城乡关系一般经历了"城乡一体——城乡分离——城乡联系——城乡融合"的过程。③ 江俊伟(2009)认为马克思提出的"人的依赖关系——物的依赖关系——人的全面自由发展"与城乡之间的"起源——对立——融合"存在着对应的关系,这与生产力的发展程度也具有紧密联系。④

费利群、滕翠华(2010)认为马克思恩格斯笔下的城乡关系是经由"城乡混沌——城乡对立——城乡关联——城乡统筹——城乡融合"的历史发展阶段向前运动的。⑤ 李邦铭(2012)认为马克思恩格斯对城乡关系的发展大致可以分为三个阶段"城乡同一——城乡对立——城乡融合"。⑥ 曾长秋等(2013)指出,马克思恩格斯城乡关系理论遵循辩证逻辑,城乡之间既是对立统一关系,又符合否定之否定规律,处于螺旋上升的状态。⑦ 白永秀(2014)马克思恩格斯城乡关系视野中,城乡关系存在城乡依存、城乡分离和城乡融合三个阶段,在第一个阶段农村孕育城市,城乡相互依存;在第二个阶段由于工业革命造成了城乡的分离,城乡开始对立;在第三个阶段城乡开始融合,最终走向一体化。⑧ 许彩玲(2014)从城乡经济互动的角度提出了城乡经

---

① 江俊伟.马克思主义城乡关系理论的两个维度及其当代启示[J].黑龙江史志,2009(4):1-2.

② 罗敏,祝小宁.马克思城乡统筹思想的三个基本要素探析[J].西华师范大学学报(哲学社会科学版),2009,(05):78-82.

③ 崔越.马克思、恩格斯城乡融合理论的现实启示[J].经济与社会发展,2009,7(02):14-16.

④ 江俊伟.马克思主义城乡关系理论的两个维度及其当代启示[J].黑龙江史志,2009,(04):1-2.

⑤ 费利群,滕翠华.城乡产业一体化:马克思主义城乡融合思想的当代视界[J].理论学刊,2010,(01):62-65.

⑥ 李邦铭.论马克思、恩格斯的城乡关系思想[J].河北学刊,2012,32(02):172-176.

⑦ 曾长秋,胡馨月,李邦铭.马克思恩格斯城乡关系思想的哲学审视[J].求实,2013,(02):4-8.

⑧ 白永秀,王颂吉.马克思主义城乡关系理论与中国城乡发展一体化探索[J].当代经济研究,2014,(02):22-27.

济的两个阶段：集聚和扩散。① 蒋永穆（2015）等认为马克思恩格斯将资本主义的城乡关系分为三个阶段：城乡混沌阶段、城乡分离阶段和城乡对立阶段，而城乡关系在社会主义社会最终将走向融合。② 许彩铃、李建建（2019）认为马克思恩格斯提出城乡关系发展大致分为"混沌一体、分离对立、融合发展"三个阶段。③ 李红玉（2020）指出，马克思恩格斯认为人类社会城乡关系发展经历了"城乡一体"到"城乡对立"再到"城乡融合"的发展过程。④

王芳、贾秀飞（2021）认为马克思恩格斯城乡融合思想包含四个阶段"分离、差别、对立到融合"，并对这四个阶段进行了简单的描述，认为分工是城乡分离的根本原因，随着生产力的发展，农业与手工业的分工形成了城市的基本样态，物质劳动和精神劳动的分工造成了城市和乡村的分离，而城乡的分离导致并加剧了城乡的对立，先是乡村统治着城市，后来变成城市统治乡村，然而这种对立状态又是变化发展着的，随着城乡的双向互动，其间的差距也会逐渐变小，并最终实现城乡的融合，当然，这些需要一些条件。⑤ 宗海勇（2021）认为马克思恩格斯关于城乡关系发展趋势的研判，存在于否定之否定规律之中，即呈现出"统一——对立——融合"的发展趋势。⑥ 周清香、何爱平（2022）认为马克思恩格斯视野中的城乡关系包括"城乡依存——城乡分离——城乡融合"三个阶段。⑦

---

① 许彩玲,李建建. 城乡经济互动发展：马克思、恩格斯城乡关系思想的当代视界[J]. 经济研究参考,2014,(11):76-80.

② 蒋永穆,鲜荣生,张晓磊.马克思恩格斯城乡经济关系思想刍论[J].政治经济学评论,2015,6(04):102-117.

③ 许彩玲,李建建.城乡融合发展的科学内涵与实现路径——基于马克思主义城乡关系理论的思考[J].经济学家,2019,(01):96-103.

④ 李红玉.马克思恩格斯城乡融合发展理论研究[J].中国社会科学院研究生院学报,2020,(05):36-45.

⑤ 王芳,贾秀飞.双重互构逻辑下中国城乡关系的演进规律与时代抉择——基于马克思恩格斯城乡融合思想的分析[J].北京行政学院学报,2021,(01):45-53.

⑥ 宗海勇.城乡对立融合的哲学审视及价值指认[J].南通大学学报（社会科学版）,2021,37(02):15-22.

⑦ 周清香,何爱平.中国城乡融合发展的历史演进及其实现路径——马克思主义城乡关系理论的视角[J].西安财经大学学报,2022,35(02):29-38.

2. 关于城乡分离与对立的内在原因的研究

关键词：分工、私有制、生产力和生产关系矛盾运动

鄢淦五、刘象森(1982)认为,马克思恩格斯在揭示城乡分离对立运动的产生、运动和发展的每个阶段都是紧密联系社会生产方式和生产力来论述的,总体来看,城乡分离的对立运动是社会生产方式发展决定的,最终是由生产力发展决定的。① 汪巽人(1983)认为马克思、恩格斯在揭示资本主义本质时,经常性会提到城乡之间的对立和城市本身的矛盾,并且就社会主义的城乡关系和城市问题发表了一些观点,将这些观点进行概括和总结就能形成马克思主义的城乡融合学说,马克思恩格斯一方面解释了人类社会由城乡分离到城乡融合的历史必然性;另一方面论及了社会主义社会促进城乡融合发展所应采取的举措。② 魏浩光(1983)根据马克思对城乡对立的论述指出,人类社会发展的历史,是在以城乡分离为前提的城乡对立运动中实现的,城乡的分离,一方面是社会分工的一种表现形式,另一方面又是社会分工以及在此基础上形成的商品生产和交换发展的必然结果。③ 徐勇(1991)对马克思恩格斯关于城乡关系的问题进行了深入探讨,认为是社会分工导致了城市和乡村的出现和分离根本原因,私有制、阶级和国家的产生时造成城乡差别并形成尖锐对立的直接原因,这种城乡关系的不平衡是推动社会历史发展的重要因素,东西方城乡分离表现出的差异是,西欧城乡分离直接源于社会分工,而中国古代的城乡分离则源自于政治统治的需要。④

何增科(2005)认为马克思恩格斯分析了近代以来城乡差别和工农差别形成的四个方面原因:一是在发展速度上,商品经济在"城市和工业"的发展速度高于"农村和农业";二是在生产效率上,工业比农业劳动生产率高;三

---

① 鄢淦五,刘象森.学习马克思、恩格斯关于城市的论述——发挥城市在我国经济建设中的作用[J].天津社会科学,1982,(05):19-25.
② 汪巽人.初探马克思主义的城乡融合学说[J].福建论坛,1983,(03):46-50.
③ 魏浩光.城乡对立运动和充分发挥城市经济作用——再论社会主义城市经济学的研究对象[J].东北师大学报,1983,(04):78-84.
④ 徐勇.马克思恩格斯有关城乡关系问题的思想及其现实意义[J].社会主义研究,1991(6):36-40.

是在组织化和工资水平方面,城市工人比农业工人更有优势;四是在文化方面,城市居民的文明程度更高。① 陈伟东、张大维(2009)认为,最初的农业和工业不是分开的,城市与乡村也混沌在一起,正是生产力"有所发展"才引起了工商业和农业劳动的分离,进而形成城市和乡村的分离与对立。② 岑乾明、宋卫琴(2010)以"分工"为主线梳理了马克思恩格斯城乡关系理论,认为"分工"使浑然一体的城乡走向分离与对立,"分工"使城市战胜农村、控制城市,与此同时,"分工"又促进了生产力的快速发展,埋下了城乡融合的种子,"分工"使城乡差别逐渐缩小、最终走向融合。③ 李传兵(2012)认为,城乡对立的根源在于社会分工的进一步发展和资本主义私有制的不断加深。④ 夏昌武、彭国昌(2014)将西方学者和马克思恩格斯关于城乡对立的原因进行了对比,西方学者大多将城乡对立的原因归结为土地和资本的私有,因此主张通过改革的方法来消除城乡对立;马克思恩格斯将城乡对立的原因归结为由于生产力的提高而产生的社会分工,因此主张通过革命的方式来解决城乡对立的问题。⑤

石玉昌(2019)认为,城乡对立的原因仍旧是生产力的发展,它与分工有着千丝万缕的联系,源自分工的不断细化。分工不但使传统的生产部门如农业、手工业和商业相对独立,事实上也造成了每个行业内部各生产环节的相对独立。资本的逐利性使得生产不断扩大,更细的分工是其必然要求。而工厂往往是同城市联系在一起的,因为它们需要大量的劳动力。因此,城市集中了大量的人口、资本和便捷的生活条件,而农村,尤其马克思恩格斯时期的农村则不具备。城市和乡村的差距达到一定的程度,便造成了事实

---

① 何增科.马克思、恩格斯关于农业和农民问题的基本观点述要[J].马克思主义与现实,2005(5):49-59.
② 陈伟东,张大维.马克思恩格斯的城乡统筹发展思想研究[J].当代世界与社会主义,2009,(03):19-24.
③ 岑乾明,宋卫琴.分工理论:理解马克思主义城乡观的钥匙[J].求索,2010,(09):100-102.
④ 李传兵,俞思念,陈浩然.马克思城乡关系思想及其当代中国化实践[J].社会主义研究,2012,(04):18-22.
⑤ 夏昌武,彭国昌.社会主义城乡发展的"分"与"合"——马克思恩格斯与西方学者的争论及启示[J].人民论坛,2014,(34):170-172.

上的城乡对立,而这种对立正是分工造成的。① 周清香、何爱平(2022)认为城乡之间的分离与对立是由于生产力和生产关系相互作用的结果,一方面,社会分工和生产力的进一步发展导致了城乡之间的分离;另一方面,城乡的分离和对立又进一步促进了生产关系的变革。②

3. 关于马克思恩格斯对城乡分离与对立态度的研究

关键词:"进步性""合理性"和"局限性"

马克思、恩格斯对城乡分离与对立的考察是建立在辩证法和历史唯物主义基础之上的,作为社会分工和生产力发展在一定阶段的必然产物,城乡分离与对立在一定程度上存在进步性和合理性。黎克明、张庆(1975)认为,根据恩格斯对分工和生产力发展的论述,虽然私有制和分工产生了城乡之间、工农业之间、体力劳动和脑力劳动之间的三大差别,但这种分工和差别却是历史的必然和社会进步的标志。③ 吴泽、张鸿雁(1986)指出,马克思主义认为城市在社会发展中是一个起着积极的创造和组织作用的因素,城乡的分离与对立是历史的进步,但是在有阶级存在的社会里,这种对立表现为阶级的对立,城市的繁荣建立在阶级压迫之上。④ 石玉顶(2005)在对马克思恩格斯城乡关系理论进行分析时,认为马克思恩格斯肯定了城市的出现以及城乡分离作为劳动分工的合理性、必然性和历史进步性。⑤ 周志山(2007)认为,在马克思的城乡观中,从某种程度来说,对城乡分离和对立是持肯定态度的,认为其具有合理性、必然性和历史进步性。⑥ 吴学凡(2008)从政治、经济、社会和文化四个方面分析了城乡之间差别的消极影响,在经济方面,

---

① 石玉昌,李支援.马克思关于城乡关系论述及其对乡村振兴的启示[J].山西农业大学学报(社会科学版),2019,18(06):1-11.
② 周清香,何爱平.中国城乡融合发展的历史演进及其实现路径——马克思主义城乡关系理论的视角[J].西安财经大学学报,2022,35(02):29-38.
③ 黎克明,张庆.关于三大差别的产生和灭亡问题[J].广东师院学报(哲学社会科学版),1975,(04):34-42.
④ 吴泽,张鸿雁.城乡对立运动规律和乡村城市化理论研究[J].学术月刊,1986,(11):46-54.
⑤ 石玉顶.马克思恩格斯关于城乡统筹发展的思想及其启示[J].经济学家,2005(6):25-31.
⑥ 周志山.从分离与对立到统筹与融合:马克思的城乡观及其现实意义[J].哲学研究,2007(10):9-15.

城市和乡村的差别、工业和农业之间的差别,使农村经济远远滞后于城市;在政治方面,城市和乡村的差别进一步加重了农民被剥夺被压迫的程度;在文化领域,城市和乡村的差别使农民的精神文化发展受到严重阻碍;在社会方面,城市和乡村的差别使传统习惯的约束和宗法制下的从属关系都解体了,劳动阶级在堕落。[①]胡若痴(2014)研究了马克思恩格斯关系城乡关系的论述,认为马克思恩格斯对城乡的两次分离是持肯定态度的,认为两次分离对体力劳动和脑力劳动具有重要意义和贡献,城乡的分离具有必然性和合理性。[②]

4. 关于马克思恩格斯缩小城乡差距实现城乡融合的条件及融合路径的研究

融合条件关键词:消灭私有制、消灭旧式分工、生产力的高度发展

融合路径关键词:发展生产力(城乡产业融合);无产阶级专政;组织农民(农业合作社);

就中国知网所能收集到的材料来看,最早利用马克思恩格斯关于城乡关系的观点来研究缩小城乡差别的问题出现在社会主义改造完成之后,并形成了一定数量的研究成果。社会主义改造完成之后,中共八大提出了社会主义建设的总路线,理论界开始思考马克思关于社会主义建设的思想如何运用到社会主义建设中来,马克思在共产党宣言中提到最先进国家采取的十条措施,其中一条就是"把农业和工业结合起来,促使城乡对立逐步消灭"。[③]吴传启(1958)引用了马克思恩格斯的观点"城市和乡村的分离,是人类历史上第一次大分工的结果",指出我们要消灭的就是分工主要是指工业和农业、城市和乡村、脑力和体力劳动的分工,结合当时出现的全民办工业的实践,认为在农村中把农业生产与工业生产相结合融合成为一个新的生

[①] 吴学凡.马克思恩格斯消灭城乡差别思想及其现实意蕴[J].社会主义研究,2008,(01):25-27.

[②] 胡若痴.以新型城镇化推动城乡一体化的马克思主义理论分析[J].河北经贸大学学报,2014,35(06):18-22.

[③] 马克思恩格斯选集:第1卷[M].北京:人民出版社,1995.6(2008.11重印):294.

产体系,可以实现城乡差别的逐渐缩小。① 徐琳(1959)认为,党的建设社会主义的总路线已经为消灭三大差别指明了途径,通过工农业并举可以消灭城乡差别和工农差别;通过贯彻党的教育方针可以消灭体力劳动和脑力劳动的差别。②

1982年至1986年,中共中央连续五年发布以农业、农村和农民为主题的中央一号文件,对农村改革和农业发展作出具体部署,也掀起了三年弄问题研究的第一次高潮。杨洛(1983)认为,马克思恩格斯指出了城乡融合的路径,一是废除资本主义身材国产方式;二是按照统一规划协调安排生产力,把生产要素平均分配在全国各地;三是把工农业结合起来,消除城乡差别;四是使人口尽可能地分布于全国;五是根据需要扩充交通工具;六是造就全面发展的具备各种科学知识和生产技能的生产者。③ 叶南客(1990)认为,马克思主义经典作家提出了城乡融合的社会目标,并将马克思主义实现城乡融合的观点归纳为:消灭私有制和剥削阶级,确立社会主义生产资料公有制;使工农业有机地联系起来,确立城乡融合的经济基础;巩固工人和农民的政治联盟,确立城乡融合的社会基础;积极发挥城市的中心作用,领导城乡协调发展。④ 钟荣魁(1990)认为,大城市可以起到集聚经济效益,人口逐步向城市带和城市圈集中的过程便是城乡差别逐步消失的过程,乡村作为社区的功能将逐渐消失,代之以作为生产场地的功能而存在,城乡差别也就随之而消失。这种观点为国内理解马克思恩格斯城乡关系理论提出了新的思维模式。魏清泉(1998)以东莞为例,从经济结构和城乡关系的互动关系考察了城乡融合的动态过程,认为东莞可以称作是一种"城乡融合区",这种城乡融合区有三个方面的特征:一是城镇和乡村功能互补、融为一体;第二,城镇和乡村之间的差距在缩小,包括经济、文化、社会和生活方式等等,

---

① 吴传启.从乡村办工业看缩小城乡差别的趋势[J].哲学研究,1958,(05):15-20.
② 徐琳.从我国社会主义建设实践看消灭城乡差别、工农差别和体力劳动与脑力劳动差别的问题[J].教学与研究,1959,(01):23-27.
③ 杨洛.研究城乡关系理论 发挥中心城市作用[J].财经科学,1983,(03):48-55.
④ 叶南客,李芸.现代城市文明的理论基石——马克思主义城市观的四重理论述略[J].社会科学战线,1992,(03):121-130.

城乡成员的思想观念也有趋同之势;第三,在城乡融合区能看到兼具城乡两种形态,既能享受便捷的城市生活,又能感受田园风光。① 这种城乡融合区模式,为我国城乡融合发展提供了参考经验。

自2004年起,中央一号文件又开始以三农为主题,并持续至今,因此2004年之后关于马克思恩格斯城乡关系理论的研究再次成为理论界的热点。陈明生(2005)认为城乡统筹发展的动力在于城市和乡村的对立以及农业的基础地位,发挥城市的中心作用是实现城乡统筹发展的条件,城乡关系的走向最终是实现城乡融合,并指出了实现城乡融合的条件:一是废除私有制,二是发挥城市的中心作用,三是将工农业相结合实现城乡产业统筹。② 石玉顶(2005)认为城乡融合发展的必然性具体体现在三个方面,即乡村摆脱愚昧落后和农业发展的要求,解决城市病和大工业发展的要求和人的自由全面发展的要求。③ 何增科(2005)分析了马克思恩格斯关于农业基础地位的观点,认为"农业劳动生产率决定着农业人口向城市和非农业转移的规模和速度",而农业劳动生产率受劳动者素质、自然条件和社会条件(机器的使用和科技的进步)的综合影响,因此要实现城乡和工农之间的融合就要发展农业现代化。④ 孙成军(2006)认为私有制是城乡之间分离与对立的制度根源,在私有制条件下无法解决城乡之间的对立问题,建立无产阶级专政是城乡融合发展的前提条件,这样,农民才能在无产阶级专政的条件下,通过合作社组成大规模经济,实现城乡融合。⑤

吴学凡(2008)指出,马克思恩格斯关于消灭城乡差别的路径主要有四个方面:一是消灭旧的分工以促进生产力的发展;二是把农民组织起来维护自身权益;三是实现劳动力的自由流动;四是实行城乡融合发展的体

---

① 魏清泉.城乡融合发展的动态过程——经济结构与城乡关系的改变[J].现代城市研究,1998,(02):22-25.
② 陈明生.马克思主义经典作家论城乡统筹发展[J].当代经济研究,2005(3):13-16.
③ 石玉顶.马克思恩格斯关于城乡统筹发展的思想及其启示[J].经济学家,2005(6):25-31.
④ 何增科.马克思、恩格斯关于农业和农民问题的基本观点述要[J].马克思主义与现实,2005(5):49-59.
⑤ 孙成军.马克思主义城乡关系理论与我们党城乡统筹发展的战略选择[J].马克思主义研究,2006(4):113-118.

制机制。① 张晓雯(2009)认为,城乡的差别是由分工造成的,消灭旧的社会分工与消除城乡差别具有一致性,要重视城乡产业统筹和农村剩余劳动力的自由流动,重视城市对农村、工业对农业的带动作用,从而释放工农业中蕴藏的生产力,实现城乡之间、工农之间的有机融合。② 陈伟东、张大维(2009)分析了城乡统筹发展的可能,并在此基础上论述了马克思恩格斯城乡融合和统筹发展的具体措施,主要包括:废除私有制;建立无产阶级专政;实行农民合作社;发挥城市作用;大力发展生产力;合理布局生产力;统筹城乡的生活方式;重视科学技术的作用。③

李邦铭(2012)认为从方法论意义上来看,实现城乡融合的路径包括:一是要发展生产力并合理利用生产力;二是要废除私有制;三是要消灭旧的分工;四是要促进工农业融合发展;五是促进人的全面发展;六是建立工农合作组织;启示充分发挥科技的作用。④ 姚永明(2012)指出,马克思恩格斯的城乡融合思想至少要包含四个方面的基本内涵:城乡身份认同的平等性、城乡生活选择的自主性、城乡建设发展的趋同性和城乡幸福体验的一致性。⑤

申长鹤、邓谨(2013)认为,首先,城市的产生和发展是一个历史的过程,因此,要尽快推进我国城乡户籍制度的改革,消解附着其上的社会功能上的差异,建立城乡统一的就业市场;其次,城市和乡村是一个统一的整体,要统筹城乡产业发展、空间发展;最后,城乡之间的关系在发展过程中还存在阶段性特征,现阶段,我国要更加重视农业的基础地位,发挥好城市的领导、扩散和反哺作用。⑥ 吴宁、马瑞丽(2013)考察了恩格斯关于

---

① 吴学凡.马克思恩格斯消灭城乡差别思想及其现实意蕴[J].社会主义研究,2008,(01):25-27.
② 张晓雯.马克思恩格斯的城乡发展理论及其现实意义[J].理论与改革,2009,(03):62-65.
③ 陈伟东,张大维.马克思恩格斯的城乡统筹发展思想研究[J].当代世界与社会主义,2009,(03):19-24.
④ 李邦铭.论马克思、恩格斯的城乡关系思想[J].河北学刊,2012,32(02):172-176.
⑤ 姚永明.马克思、恩格斯城乡融合思想的当代解读与实践[J].中国青年政治学院学报,2012,31(03):73-76.
⑥ 申长鹤,邓谨.马克思恩格斯城乡关系思想及其当代价值[J].武汉理工大学学报(社会科学版),2013,26(02):180-185.

城乡对立原因的分析,认为恩格斯关于城乡融合发展的思想对我国城乡一体化发展具有重要的借鉴价值:一是要大力发展生产力,通过生产力的发展促进城乡之间的联系,为城乡人口获得体力和脑力的发展提供条件;二是废除旧的分工形式实现城乡产业一体化,有助于形成工业反哺农业、城市支持农村的格局;三是打破城乡二元结构,促进人力资源在全国的合理分布;四是健全新型的农村合作组织,为开展有组织的农业、提升农业产业化水平提供条件。[①]

邬巧飞(2014)认为,马克思恩格斯城乡融合思想是建立在唯物史观基础上的,消灭旧式的分工是实现城乡融合的关键,在推进过程中要特别注意人民的现实利益,要把人的全面发展作为城乡融合的终极价值目标。[②] 胡若痴(2014)认为新型城镇化是推动城乡一体化的最有效途径,对于新型城镇化,公共物品均等化是其重要基础,工业化是其主要动力,信息化是其重要手段和支撑。[③] 白启鹏、衣保中(2015)分析了发达国家城镇化的经验,一是要重视农业的基础作用,农业基础户地位不稳将直接而影响城市化进程,英国1852—1875年间,因忽视了农业的基础地位,致使其在城镇化过程中难以实现粮食自给;二是要重视工业发展的动力作用,美国就是通过工业化和城市化的互动,实现城市化的高质量发展;三是要充分重视社会保障的支撑作用,英国就是忽视了人口、就业、住房、教育等方面的基础设施和公共服务建设,导致了城镇化后期的严重城市病。[④]

许彩铃、李建建(2019)提出城乡融合发展的实现路径:一是建立城乡统一的大市场,以便促进城乡资源的优化配置;二是深化城乡之间的分工协作,增强两者产业融合度;三是推动城乡改革,促进城乡之间功能互补;四是

---

① 吴宁,马瑞丽.恩格斯的城乡融合思想及其启示[J].苏州大学学报(哲学社会科学版),2013,34(05):63-66.

② 邬巧飞.马克思的城乡融合思想及其当代启示[J].科学社会主义,2014,(04):142-145.

③ 胡若痴.以新型城镇化推动城乡一体化的马克思主义理论分析[J].河北经贸大学学报,2014,35(06):18-22.

④ 白启鹏,衣保中.基于马克思城乡关系理论的我国新型城镇化发展路径分析[J].内蒙古社会科学(汉文版),2015,36(06):92-96.

建立健全有利于城乡融合发展的体制机制,保障城乡平等发展。①

王芳、贾秀飞(2021)认为马克思主义经典作家提出了城乡融合的主要路径,一是私有制的废除,变革生产关系;二是要使大工业在全国范围内广泛应用,生产要素实现区域优化;三是要更加重视城市的作用,尤其是中心城市的引领作用。② 范根平、王玲玲(2022)认为实现城乡融合发展应从以下几个方面入手:一是要巩固公有制的主体地位;二是要通过体制机制创新实现城乡平等发展;三是不断消除城乡融合的障碍。③

5. 关于马克思恩格斯城乡关系理论局限性的研究

马克思主义不是僵化的教条,它的本质是批判的、革命的,马克思恩格斯关于城乡关系的理论也必然会因时间和空间的限制而具有局限性。钟荣魁(1990)认为马克思恩格斯关于城乡融合发展的理论,是一百多年前,马克思恩格斯根据当时的城乡关系演变过程提出的,具体有一定的时代局限性,作为学说,应当随着时代发展而发展,当前处理城乡关系,应当在此基础上对马克思恩格斯城乡关系理论进行不断的充实和提高。④ 张杰(2007)认为,马克思恩格斯关于城乡关系的理论,"确乎存在一定缺陷",基本上是对城乡对立关系的一种描述,并没有从经济学的角度探讨城乡对立的深层次原因,没有从动态的角度解释其转化的方向和路径,只形成了碎片化的观点缺乏可操作性的方案。但是,这并不能掩盖马克思恩格斯对于城乡关系理论真知灼见的闪耀光芒。⑤ 林密(2019)认为马克思恩格斯关于城乡关系的论述"其实隐含着泛分工论及其历史观的内在矛盾","马克思恩格斯所畅想的那种个体可以不被任何社会强制性分工所限定的美好未来,只能止步于一种

---

① 许彩玲,李建建.城乡融合发展的科学内涵与实现路径——基于马克思主义城乡关系理论的思考[J].经济学家,2019,(01):96-103.
② 王芳,贾秀飞.双重互构逻辑下中国城乡关系的演进规律与时代抉择——基于马克思恩格斯城乡融合思想的分析[J].北京行政学院学报,2021,(01):45-53.
③ 范根平,王玲玲.城乡融合的科学内涵及其实践路径——基于马克思主义城乡关系理论的思考[J].北京交通大学学报(社会科学版),2023,22(01):146-152.
④ 钟荣魁.必须发展马克思主义的城乡理论[J].社会,1990(4)14-17.
⑤ 张杰.关于城乡经济统筹发展的理性思考[J].理论学刊,2007,(04):38-41.

批判的立场和对美好未来的憧憬"。① 范根平、王玲玲(2022)认为马克思恩格斯对城乡问题的探讨主要以19世纪西方发达资本主义国家为蓝本,具有明显的地域性,因此必须用发展的观点看待马克思主义,要以当时当地的条件为转移。② 石正瑀(2023)认为马克思恩格斯在揭示城乡关系演化过程背后的科学原理的同时,曾多次构想废除资本主义私有制之后城乡的融合发展,但总体上说,其关于城乡融合的构想受到了现代工业模式的历史局限。③

(三) 关于马克思恩格斯城乡融合发展理论的现实意义的研究

马克思恩格斯的城乡融合思想是从"城乡一体化"概念演变而来的,城乡融合主要是指"把城市和农村生活方式的优点结合合起来,避免二者的片面性和缺点"④,因此,我们可以从这一视角来考察城乡融合发展的现实意义。

1. 促进城乡产业协调发展

费利群、滕翠华(2010)认为沿着马克思恩格斯城乡关系发展道路,当前最应采取的措施是统筹城乡产业发展,实现城乡一体化要从实现城乡产业一体化入手。首先要充分重视农业的基础性地位,推动农村向工业化迈进,实现农业产业化;其次要从发展生产力入手,推进我国新型工业化道路,巩固城乡融合发展的物质基础;再次要打破当前城乡产业分工中的体制机制障碍,形成以工促农、以城带乡的长效机制。⑤ 崔越(2009)认为,按照马克思、恩格斯的观点,城乡产业之间实现有效的结合是走向城乡融合的客观要

---

① 林密.马克思恩格斯泛分工论视域中的城乡发展观研究[J].当代经济研究,2019,(09):62-71.
② 范根平,王玲玲.城乡融合的科学内涵及其实践路径——基于马克思主义城乡关系理论的思考[J].北京交通大学学报(社会科学版),2023,22(01):146-152.
③ 石正瑀.马克思恩格斯城乡关系思想及其在乡村振兴战略中的实践发展[J].上海师范大学学报(哲学社会科学版),2023,52(04):93-101.
④ 马克思恩格斯选集:第1卷[M].北京:人民出版社,1995.6(2008.11重印):240.
⑤ 费利群,滕翠华.城乡产业一体化:马克思主义城乡融合思想的当代视界[J].理论学刊,2010,(01):62-65.

求。结合当前实际,要大力推动城乡产业融合,逐渐形成工农业互动发展的运行机制:一是从整体上制定城乡产业发展规划,合理调整产业布局;二是根据城乡经济优势互补的要求,努力探索城乡产业密切合作的产业组织形式;三是推进特色农业产业集群建设,吸收城乡生产要素流入农业产业领域;四是积极发展农业服务业,培育农村经济新的增长点。① 任保平(2011)指出,城乡经济社会一体化并不是城乡一样化,不是要把乡村都改造成城市,也不是把城市改造成乡村,更不是要消灭城乡之间多样性,而是要打破城乡之间的壁垒,实现生产要素的自由流动和优化配置,从而通过城乡产业协调发展,带动城乡的融合。②

2. 促进新型城镇化健康发展

常宗耀(2010)认为城镇化是我国实现现代化程的必然选择,我国要实现城镇化发展的目标,必须经历乡村到小城镇、小城镇到中等城市、中等城市到大城市的发展过程,在我国城镇化发展的过程中,城乡二元户籍制度、农民在城市中的边缘化和隔离化、农民在城市中的待遇和社会地位低下等问题需要解决。③ 贾兆义(2010)认为,要促进城镇健康发展,需要坚持大中小城市和小城镇协调发展的原则,一方面建设现有的城市、县城和有条件的建制镇,在有条件的区域建设和发展城市圈;另一方面,根据自身条件建设新城镇,提高城镇化水平。要逐步扩大城镇区域、增加城镇人口,推动城镇文明对农村的辐射与普及。④

3. 实现城乡劳动力统筹就业

屈愿(2011)认为,马克思、恩格斯通过人口平均分布于全国的设想来消除城乡之间的差别,这一点在现实社会难以实现,但却启示我们可以统筹城

---

① 崔越.马克思、恩格斯城乡融合理论的现实启示[J].经济与社会发展,2009,7(02):14-16.
② 任保平.城乡经济社会一体化:界定、机制、条件及其度量[J].贵州财经学院学报,2011,(01):18-22.
③ 常宗耀.乡村城市化:马克思的理论及其启示[J].北方论丛,2010,(03):112-116.
④ 贾兆义.马克思恩格斯城乡关系思想对构建和谐城乡关系的启示[J].山东农业大学学报(社会科学版),2010(4):104-107.

乡劳动力资源和城乡就业,允许城乡劳动力自由流动,以此实现城乡协调发展。改革开放以来,由城乡分离形成的二元制度(包括户籍制度、保障制度和教育制度等)成为农民就业受歧视的制度根源。目前,如何彻底消除对进城务工人员的身份歧视,建立健全农村教育、文化、卫生等社会事业体系以及最低生活保障制度、农村困难群体的救助体系等是迫切需要解决的问题。从长期来看,必须将传统农民改造成各行业的现代劳动者,实现农业生产方式从传统到现代的转变,使城乡生产力水平和生产方式保持平衡,从而形成就业的城乡一体化发展格局。①

4. 优化城乡社会分工

岑乾明、宋卫琴(2010)认为,现阶段我国农村发展落后的原因在于分工的落后,我国大部分农村的生产方式是以家庭为单位的,大量富余劳动力无法发挥生产力的贡献作用,这还使农业机械化、规模化经营无法实现。推动城乡协调发展应该通过改革农村土地制度,培育农业产业链,打造和发展农业前端和后端产业,使农村富余劳动力拥有更大的发展空间,从而促进整个农业的发展。②

此外,还有学者从其他不同角度来理解和阐释马克思恩格斯城乡关系理论。郭彩琴(2010)从城乡教育出发,认为我国城乡教育一体化发展是以马克思主义的社会整体发展观作为方法论基础所决定的,而马克思恩格斯关于城乡融合发展的思想成为我国城乡教育一体化的直接依据,通过制度安排来统筹城乡教育的相关要素,是实现城乡教育一体化的必要手段和主要渠道。③

(四) 关于中国城乡关系演进过程及城乡融合发展建议的研究

1. 关于中国城乡关系演进过程的研究

最早涉及我国城乡关系的相关研究要追溯到新中国成立初期,王蘭

---

① 屈愿.马克思主义城乡发展理论对解决"三农问题"的启示[J].经营管理者,2011(10):47-48.
② 岑乾明,宋卫琴.分工理论:理解马克思主义城乡观的钥匙[J].求索,2010,(09):100-102.
③ 郭彩琴.马克思主义城乡融合思想与我国城乡教育一体化发展[J].马克思主义研究,2010,(03):100-105.

(1950)认为要承认当时依然存在的工农业之间剪刀差的扩大,旧的反动统治是利用工农业剪刀差剥削农民,而新的人民政权要减缓这种剪刀差的继续扩大,贯彻"城乡互助"的精神,促进城乡物质交流。① 黎克明、张庆(1975)从殷商时期开始考察了我国历史上的城乡对立、工农业对立和脑力劳动与体力劳动的对立,并且指出了我国封建社会的城乡对立与欧洲中世纪不同,由于我国从奴隶社会向封建社会过渡后产生了中央集权的封建国家,因此我国的封建社会仍然是城市统治乡村。

20世纪80年代初,关于城乡结构和城市化(城镇化)研究的成为理论界的热点。秦仁山(1981)认为过去研究经济建设,主要集中在工业化,城市化研究较少,资本主义的工业化和城市化是同步发展相互作用的,社会主义建设中,有计划的工业化也应当配合有计划的城市化,并且在城市化过程中应当坚持"控制大城市规模、合理发展中等城市,积极发展小城市"。② 张泽厚、陈玉光(1982)认为新中国成立后的30多年,虽然城镇人口发生了很大的变化,但是城乡人口的构成仍然不合理,提出了城乡人口合理结构的四个特征,并指出农业的现代化是调整城乡人口结构的物质基础,要根据农业所能提供的剩余产品来调整城市化进度,避免犯历史性错误。③

罗吉、王代敬(2005)对城乡关系理论在我国的实践进行了总结:20世纪79年代末80年代初,随着计划经济向市场经济的过度,城乡关系的模式主要是农村工业化,农村剩余劳动力通过就地办工业实现自我消化,而不向城市集中;20世纪90年代以来,出现了以市场为中介的城乡联系模式并不断完善,以市场机制配置资源要素,使城乡产业实现空间上的最优配置;进入21世纪后,出现了从城乡二元向城乡一体化转变的趋势,形成城乡互动的良性模式。④

孙成军(2006)将中国共产党处理城乡关系的实践探索分为四个阶段:

---

① 王蘭.大力促进城乡物资交流[J].中国金融,1950,(02):1-2.
② 秦仁山.关于人口城市化的问题[J].人口研究,1981,(03):12-17.
③ 张泽厚,陈玉光.论我国人口城乡结构问题[J].晋阳学刊,1982,(02):54-61.
④ 罗吉,王代敬.关于城乡联系理论的综述与启示[J].开发研究,2005,(01):29-31.

新中国成立初期和社会主义改造时期(1949—1956年);全面建设社会主义时期(1956—1978年);新的历史时期(1978—2001年)和进一步完善社会主义市场经济体制新时期(2002年至今),详细地阐述了我国城乡关系发展的历程,并且提出经验和启示意义,即必须坚持统筹兼顾的城乡发展原则;必须坚持城市优先发展;必须将农村摆在基础性和战略性地位;必须实行以工补农以城带乡的新政策。①

赵秀玲(2015)总结了马克思主义城乡统筹理论中国化的历史进程,从毛泽东、邓小平到习近平,一代代中国共产党领导集体用实际行动践行和丰富着马克思恩格斯关系城乡关系的理论,作出了"工作重心向城市转移""城镇化""统筹城乡""城乡一体化""城乡融合发展"等重要决策。② 董济杰(2016)用关键词生动刻画了马克思主义城乡关系理论中国化实践图景,一是毛泽东时期的"城乡必须兼顾""工农业并举""农业合作社道路""重视农业的基础地位";二是邓小平时期的"工农业相互支援""农村体制改革""发展乡镇企业""重视农村的基础地位";三是江泽民时期"以工补农和以工建农""发展小城镇""统筹城乡发展""重视'三农'问题";胡锦涛时期的"深化'统筹城乡发展'""'两个趋向'的重要论断""建设社会主义新农村""城乡经济社会一体化发展";习近平时期的"城乡一体化发展""建设美丽城镇和乡村""全面扶贫脱贫"等。③

付志刚(2018)研究了新中国成立前后中国共产党对城乡关系的认识,从新民主主义革命到新中国成立后,依次为"农村包围城市""城市领导农村""城乡兼顾""城乡互助"。④ 蒋永穆、周宇晗(2018)根据国家城乡发展战略和城乡关系呈现的特征,将我国改革开放40年来城乡一体化实践分为四

---

① 孙成军.马克思主义城乡关系理论与我们党城乡统筹发展的战略选择[J].马克思主义研究,2006,(04):113-118.
② 赵秀玲.马克思主义城乡统筹理论的中国化进程[J].福建论坛(人文社会科学版),2015,(09):5-10.
③ 董济杰.马克思主义城乡关系理论的中国化进程[J].理论月刊,2016,(06):19-24.
④ 付志刚.新中国成立前后中国共产党对城乡关系的认识与定位[J].四川大学学报(哲学社会科学版),2018,(03):77-86.

个阶段并进行了描述,第一阶段 1978—1983 年城乡互动阶段,通过农村改革为乡村的发展注入了活力,缓解了城乡之间的对立关系;第二阶段是 1984—2001 年城乡协调发展阶段,国家改革的重心从农村转移到城市,通过建立市场经济实现了经济的快速发展,从制度安排上看,目的是打破二元体制,实现"以工补农、以工建农、以工带农",但是,城市的集中效应显现,城乡差距一度出现扩大态势;第三阶段是 2002—2011 年城乡统筹阶段,确定了"工业反哺农业、城市支持农村、多予少取放活"的方针,进行了社会主义新农村建设;第四阶段是 2012 年至今城乡融合发展阶段,重塑城乡关系,建立健全城乡融合发展体制机制,实施乡村振兴发展战略。[1]

项继权、鲁帅(2019)结合中国农村改革的实践,提出了中国城乡实践在五个方面与马克思恩格斯的"农民阶级论""小农终结论""合作制理论""城乡融合理论""农民保守论"等论断有所不同,结合中国实际对马克思恩格斯城乡关系理论进行了创新。[2] 石玉昌、李支援(2019)在分析了马克思恩格斯城乡关系理论基础上,对我国城乡融合发展提出的建议是:从历史的角度来分析和看待城乡对立问题,充分认识乡村振兴所面临问题的复杂性;因地制宜的发展生产力;提升农村的吸引力,使城乡要素能够双向流动。[3] 姚毓春、梁梦宇(2020)在回顾了新中国成立以来的城乡关系后,阐述了新中国成立以来城乡关系发展的逻辑:从发展定位来看,是从工具性目标向价值性目标转变;从生产发展来看,遵守生产力和生产关系的辩证统一;在矛盾把握上,注重把握主要矛盾和矛盾的主要方面;从生产要素来看,促进要素的单向流动向双向流动转变。[4]

王芳、贾秀飞(2021)考察了中国城乡关系演进的过程,从城乡的分离与

---

[1] 蒋永穆,周宇晗.改革开放 40 年城乡一体化发展:历史变迁与逻辑主线[J].贵州财经大学学报,2018,(05):1-10.

[2] 项继权,鲁帅.中国农村改革与马克思主义"三农"理论的中国化[J].社会主义研究,2019,(03):27-34.

[3] 石玉昌,李支援.马克思关于城乡关系论述及其对乡村振兴的启示[J].山西农业大学学报(社会科学版),2019,18(06):1-11.

[4] 姚毓春,梁梦宇.新中国成立以来的城乡关系:历程、逻辑与展望[J].吉林大学社会科学学报,2020,60(01):120-129.

差别,由于我国选择优先发展重工业,同时出台了城乡二元的一系列制度体系,导致城乡二元结构出现,改革开放后,由于家庭联产承包责任制,尤其是 21 世纪以来一系列中央一号文件的颁布与实施使城乡差距逐渐缩小,出现城乡统筹发展的良好局面,党的十八大以来,支农惠农政策进一步加大,形成了从城乡一体化向城乡融合发展的景象。① 周清香、何爱平(2022)将新中国成立以来的城乡关系分为了六个阶段:一是城乡关系交流互惠阶段(1949—1956);二是城乡二元分割阶段(1956—1978);三是城乡关系的互动协调阶段(1978—1985);四是城乡关系失衡阶段(1985—2002);五是城乡关系统筹发展阶段(2002—2012);六是城乡融合发展阶段(2012—今),这种分法的思路是比较清晰的,能够呈现出我国城乡关系的基本脉络。②

2. 关于中国城乡融合发展建议的研究

社会主义三大改造完成之后,由于城乡二元制度造成的巨大的生活水平上的差距容易引起农民的不满情绪,而又要解决当时存在的城市用工难的问题,全国开始探索"亦工亦农"的劳动制度。时任国家计委副主任宋平曾对此制度做出这样的解释:"在企业中招收一部分工人,他们有工作做的时候当工人,没工作做的时候,回农业生产合作社当农民……他们是亦工亦农的工人,或者可以叫做农民工。"③刘少奇于 1958 年提出了从固定工制向合同工制转变的用工制度改革,其核心原则是"能进能出、亦工亦农",1964 年中共中央工作会议对这种用工制度予以肯定,因此也引起理论界对亦工亦农制度的讨论。厦门大学经济研究所经济调查组(1965)认为亦工亦农这种新式的劳动制是我国劳动制度上的一次革命,一方面能够使工业和农业联结在一起,有利于巩固工农联盟;另一方面又有利于缩小工农和城乡之间

---

① 王芳,贾秀飞.双重互构逻辑下中国城乡关系的演进规律与时代抉择——基于马克思恩格斯城乡融合思想的分析[J].北京行政学院学报,2021,(01):45-53.

② 周清香,何爱平.中国城乡融合发展的历史演进及其实现路径——马克思主义城乡关系理论的视角[J].西安财经大学学报,2022,35(02):29-38.

③ 张杨.三线建设初期党和政府协调工农关系的尝试(1964—1966)[J].开放时代,2021,(05):90-106.

的差别,为过渡到共产主义提供条件。① 长春市教育局工作组(1966)曾就兼顾城乡来培养亦工亦农新人进行了经验总结。② 齐力、史学青(1975)就如何消灭三大差别进行了讨论,认为我国建立了生产资料的公有制,已经消除了三大差别的经济基础,但是由于生产力和生产关系、经济基础和上层建筑之间的矛盾依然存在,所以三大差别依然存在,消灭三大差别就要大力发展生产力,并根据生产力变化来调整生产关系,同时要不断提高共产主义觉悟。③

改革开放之后,家庭联合承包责任制的实施和推广大幅提高了农业劳动生产率,为城乡融合发展提供了物质基础,关于城乡融合发展的研究也成为热点。汪巽人(1983)提出了社会主义社会实现城乡融合应当采取的一些措施,主要包括工农业的密切结合;生产力的进一步发展和在全国的均衡分布;人口在全国的平均分布;促进每一个人的全面发展;使城乡之间的文化和生活条件日益接近。④ 冯华(1983)总结了西德依托城市开发农村的有效做法,如强调规划、强调环境建设、强调基础设施建设、强调综合发展和强调依法依规管理,进而提出了我国城乡协调发展的有效途径,一是围绕大城市发展郊区城镇,建设卫星城市;二是以市为基础,建设区域性的中心城市;三是以县为中心,组织推进城乡融合发展;四是发展农村集镇,并作为中国特色的城镇化予以推广;五是在广大农村强调环境建设,提高文明程度。⑤ 这些城乡协调发展路径现在看来都非常有见地。

1984年,党的十二届三中全会通过了《中共中央关于经济体制改革的决定》,决定借鉴农村的改革经验,开展以城市为重点的经济体制改革,因此,我国"城市化"和"城镇化"道路选择成为理论界讨论的焦点。潍坊市市长韩理(1984)提出在城乡人融合发展的过程中,小城镇将起着重要的作用,

---

① 对亦工亦农劳动制度革命意义的初步认识[J].中国经济问题,1965,(02):13-19.
② 城乡兼顾培养亦工亦农的新人[J].人民教育,1966,(S1):11-13.
③ 齐力,史学青.坚持无产阶级专政 逐步消灭三大差别[J].广西师范大学学报(哲学社会科学版),1975,(03):4-9.
④ 汪巽人.初探马克思主义的城乡融合学说[J].福建论坛,1983,(03):46-50.
⑤ 冯华.浅议城乡协调发展[J].建筑学报,1983,(04):1-7.

因此,政府应当出台一系列保障和促进小城镇发展的政策和措施。[①] 吴纪先(1984)结合当时国内广泛开展的城市战略问题研讨背景,提出小城镇在我国经济和文化发展中将起着极其重要的作用,因此一定要建好小城镇网络,这是做好大中型城市的必要条件。[②] 中共盐城市委办公室城乡建设环保局调查组(1984)就如何制定小城镇发展规划进行了探讨,认为必须客观全面地反映小城镇近远期的建设目标;必须以城市群规划作指导;必须坚持有利于发展商品经济的原则;必须做好规划的科学论证;必须使规划法律化。[③] 陈黎(1984)认为建设小城镇是缩小城乡差别的有效途径,因为小城镇是城市过剩人口和农村富余劳动力的蓄水池,是农副产品集散和工业品下乡的重要枢纽,还是发展农村科技和文化的中心,因此必须重视和发展好小城镇。[④] 戴述初(1984)、孙承忠(1984)、刘士群(1984)等对城乡工业结合发展进行了讨论,认为城市工业化是我国实现城乡融合的先导条件,应当充分利用城乡差别来发挥各自优势发展城乡经济,要重视发挥中心城市的作用,让城市领导农村来推进新的城乡结合。[⑤] 赵喜顺(1984)、鲁刚(1985)、杨翼(1985)等对"离土不离乡"进行了探讨,认为农村人口向非农人口转移是历史的趋势,但是结合我国当时的国情来看,"离土不离乡"的就地转移是最适合的城镇化途径。[⑥] 在我国后来的城镇化过程中,"离土不离乡"的劳动力转移方式确实发挥了巨大的作用。吴稼祥等(1984)认为县城是城市和乡村的中继结构,在促进城乡结合的过程中有着显著的优势,因此应当发挥好县城的城乡结合部作用,在城乡一体化过程中,以县域为重点改革经济体制,做好简政放权和大胆探索,为经济体制改革闯出新路。[⑦] 这与乡村振兴将县域作为城乡融合重点如出一辙。

[①] 韩理.要注意城乡融合的动向[J].瞭望周刊,1984,(08):21-22.
[②] 吴纪先.我国城乡人口比例关系的变动与发展小城镇问题[J].江汉论坛,1984,(04):1-6.
[③] 如何制订小城镇发展规划适应城乡改革[J].江苏社联通讯,1984,(06):20-23.
[④] 陈黎.我国小城镇在城乡社会主义建设中的作用[J].农业经济,1984,(04):28-30.
[⑤] 戴述初.城市经济发展战略中的城乡结合问题[J].江汉论坛,1984,(08):13-18.
[⑥] 赵喜顺.论"离土不离乡"[J].社会科学研究,1984,(04):7-14.
[⑦] 吴稼祥,金立佐,陶骅.县级改革是城乡改革的"结合部"[J].瞭望周刊,1984,(45):14-15.

詹卉(2006)在分析马克思主义城乡统筹发展理论的基础上,提出了实现我国城乡统筹发展的措施:一是要大力推进农业现代化,实现工业化、城镇化和农业现代化齐头并进;二是要建立健全城乡平等的制度体系;三是建设与全面小康相适应的新农村。① 孙成军(2006)立足我国当时城乡发展的现实,提出要用"统筹兼顾"的方法处理城乡关系,要优先发展城市以实现工业化,同时要重视农村的战略地位,发挥城市和乡村的良性互动作用,实施以工补农、以城带乡的新政策。②

叶昌友、张量(2009)在分析马克思恩格斯城乡融合理论的基础上,认为对我国城乡发展有几个方面的启示:一是要建立覆盖城乡的公共财政制度;二是要发展壮大县域经济;三是要构建城镇化和新农村建设互进互促的机制。③ 常宗耀(2010)认为城市化是资本主义工业化和现代化进一步发展的必然产物,因此从某种意义上说,城市化、工业化和市场化含义大致相同,在资本主义"三化"实现过程中农民付出了沉重的代价,我国实现现代化的重要途径就是"农村城市化",也就是我国所讲的"城镇化",但是在这个过程中一定要注意不能重蹈资本主义的覆辙,要重视农民问题,中国的城镇化不能以牺牲农民的利益为代价。④ 于霞(2010)在总结马克思恩格斯城乡关系理论的基础上,提出了我国城乡融合的建议:一是要注重保护农民的权益,调动农民的积极性;二是要正确发挥城市的带动作用,推动科技进步,不断提高生产力;三是要推进农村的工业化和城镇化发展,在全国范围内合理布局生产力;四是调整产业结构在农村发展第二、三产业,发展农业合作社,从而实现规模化经营。⑤

刘先江(2013)分析了马克思恩格斯城乡融合理论在我国的应用与创

---

① 詹卉.从马克思主义城乡融合理论看中国城乡统筹[J].重庆工商大学学报.西部论坛,2006, (05):17-20.
② 孙成军.马克思主义城乡关系理论与我们党城乡统筹发展的战略选择[J].马克思主义研究,2006,(04):113-118.
③ 叶昌友,张量.论马克思、恩格斯的城乡融合思想[J].求索,2009,(12):54-56.
④ 常宗耀.乡村城市化:马克思的理论及其启示[J].北方论丛,2010,(03):112-116.
⑤ 于霞.马克思恩格斯城乡关系理论的当代价值[J].大连海事大学学报(社会科学版),2010, 9(05):70-74.

新,并提出了我国城乡融合发展的建议:"一个转变",即在理念上从城市偏向转向城乡统筹。"两个条件",即实现城乡资源的自由流动和权利的平等。"五个突破",即破除部门和行业分割,注重顶层设计上的城乡一体化;破除工农业剪刀差,建立公平开放的市场体系;破除二元的户籍制度及其待遇,建立一体化社会管理体制;破除土地二元制度,建立统一的土地市场;破除发展体制机制,构建城乡一体的服务体系。① 吴宝华、张雅光(2014)结合马克思主义城乡融合理论,探讨了我国农业转移人口的市民化问题,认为农业转移人口的核心利益诉求是居住和户籍的"城镇化"、生存职业的"非农化"、技能素质的"专业化"、生活方式的"市民化"和身份权利的"同等化",但是由于城乡二元结构的制度抑制、城镇化发展质量不高、自身综合素质偏低和城市归属感不强等因素阻碍了农业转移人口市民化的进程,应当有针对性对这些障碍一一破解来推进城乡的融合。② 高宏伟、张艺术(2015)对新型城镇化进行了专门研究,认为新型城镇化的动力应该来自市场自下而上的变革,实现新型城镇化要强调人、产业和城镇之间的协调发展,更加注重人的全面发展,农民的居民权、就业权和发展权都应该得到公平对待,新型城镇化不是人在物理空间上的城镇化,更应该是人自身素质的城镇化,这对我国城镇化率的统计口径变换有很好的借鉴意义。③ 白启鹏、衣保中(2015)认为我国推进城乡一体化建设应当关注的三个重点分别是农民的土地权益如何保障和实现,农民市民化的障碍如何破除,城乡信息化水平如何提高。④

易文彬(2018)认为由于工业化和城镇化的发函,当前乡村出现的空心化问题,引起了地理学、经济学、人口学和社会学等学科的广泛关注,根据马克思恩格斯的城乡关系理论,要治理农村空心化问题,就要充分发挥城市的

---

① 刘先江.马克思恩格斯城乡融合理论及其在中国的应用与发展[J].社会主义研究,2013,(06):36-40.
② 吴宝华,张雅光.马克思主义城乡融合理论与农业转移人口市民化[J].思想理论教育导刊,2014,(07):82-86.
③ 高宏伟,张艺术.城镇化理论溯源与我国新型城镇化的本质[J].当代经济研究,2015,(05):61-66.
④ 白启鹏,衣保中.基于马克思城乡关系理论的我国新型城镇化发展路径分析[J].内蒙古社会科学(汉文版),2015,36(06):92-96.

引领作用,要构建城乡一体化发展的体制机制。① 张凤超、张明(2018)基于马克思空间正义视阈,认为乡村振兴并非简单地将农村变成城市或生产基地,也不是促进农民离土离乡,而是在开放的市场经济的竞争秩序下,将农民主体意识的塑造、农业商品价值的创新和农村生态群落保护"三位一体"纳入整体框架,通过产业联合、科学决策和分工自由实现分配正义、生产正义和发展正义。② 王立胜(2018)等从政治经济学的角度对乡村振兴战略进行了解读,认为乡村振兴必须重塑城乡关系,走城乡融合发展之路;必须深化农业供给侧改革,走质量兴农之路;必须巩固和完善农村基本经营制度,走共同富裕之路;必须创新乡村治理体系,走乡村善治之路。③ 张晖(2018)提出了发展壮大农村集体经济的相关建议,一是要健全农村集体经济发展的规章制度;二是要创新支持农村集体经济发展的财政金融政策;三是要完善集体经济组织的人才培养机制;四是以股份制或合作社形式推进农村集体经济制度改革,完善集体经济和与农民之间的利益联结机制。④

邓金钱(2019)在分析新中国成立70年城乡收入结构变迁的基础上,提出新时代城乡融合发展的有效路径:一是要坚持以人民为中心,使城乡居民平等参与现代化进程,并共同分享现代化成果;二是大力发展生产力,夯实城乡融合发展的物质基础;三是确保农业农村优先发展,建立健全城乡融合发展的体制机制;四是完善乡村治理体系,培育城乡融合发展新动能。⑤ 李华胤、侣传振(2019)认为城乡融合包括产业融合、市场要素融合、工农融合、公共服务融合、基础设施融合等,但关键在于体制的融合,国家顶层设计有

---

① 易文彬.马克思主义城乡观及其对我国农村空心化治理的启示[J].河南大学学报(社会科学版),2018,58(01):1-6.
② 张凤超,张明.乡村振兴与城乡融合——马克思空间正义视阈下的思考[J].华南师范大学学报(社会科学版),2018,(02):70-75.
③ 王立胜,陈健,张彩云.深刻把握乡村振兴战略——政治经济学视角的解读[J].经济与管理评论,2018,34(04):40-56.
④ 张晖.马克思恩格斯城乡融合理论与我国城乡关系的演进路径[J].学术交流,2018,(12):122-127.
⑤ 邓金钱.新中国70年城乡收入结构变迁:历史演进与时代抉择[J].社会科学研究,2019,(05):42-50.

利于城乡融合发展的体制机制是重点。① 刘儒等（2020）提出了我过乡村振兴的有效推进路径：一是要始终坚持党对农村工作的领导，筑牢乡村振兴的政治保障；二是要全面深化农村改革，着力解决农业农村发展不平衡不充分的问题；三是坚持以人民为中心的发展思想，实现城乡融合发展；四是健全德治法治自治相结合的乡村治理体系，推动乡村治理体系和治理能力现代化；五是加大农村人力资本投入，加快新型职业农民队伍建设。② 韩文龙、吴丰华（2020）新时代实现城乡融合要坚持"以人民为中心"，加快形成工农互促、城乡互补新格局，优先发展农业农村，实现城乡之间的制度融合和城乡居民发展权的平等化。③

王芳、贾秀飞（2021）提出在中国城乡融合发展实践过程中，一是要充分尊重城乡发展的规律，立足于土地和农民，规范资本与人本的界线；二是要重视各类资源要素在城乡之间的合理流动，彻底改变城乡二元结构的制度基础；三是要推进城乡体制机制变革和公共服务的均等化；四是要构建乡村振兴、脱贫攻坚和城乡融合发展三者同步推进的兴农格局。④ 周清香、何爱平（2022）认为要实现我国当前城乡融合发展，要深刻把握我国城乡关系变迁的逻辑基础，用马克思恩格斯城乡关系理论作指导，立足当前生产力水平，以制度创新为突破口，推动城乡之间产业、公共服务、生态环境等方面的融合，实现要素的互补互促。⑤ 刘守英、陈航（2023）认为，中国当前的农业生产关系面临新的变革，由于大量农民离土出村，农民的土地观念发生了改变，应当准确把握这一阶段性特征，适时推动新一轮土地制度变革，以实现

---

① 李华胤,侣传振.从分治到合治：现代化进程中的城乡关系转变与走向[J].河南师范大学学报（哲学社会科学版）,2019,46(05):8-15.

② 刘儒,刘江,王舒弘.乡村振兴战略：历史脉络、理论逻辑、推进路径[J].西北农林科技大学学报（社会科学版）,2020,20(02):1-9.

③ 韩文龙,吴丰华.新时代城乡融合发展的理论内涵与实现路径[J].马克思主义与现实,2020,(02):166-173.

④ 王芳,贾秀飞.双重互构逻辑下中国城乡关系的演进规律与时代抉择——基于马克思恩格斯城乡融合思想的分析[J].北京行政学院学报,2021,(01):45-53.

⑤ 周清香,何爱平.中国城乡融合发展的历史演进及其实现路径——马克思主义城乡关系理论的视角[J].西安财经大学学报,2022,35(02):29-38.

生产要素的优化重组,进一步提高生产力。①

总体来说,国内学者在探讨和研究马克思主义城乡融合发展理论中取得了丰富的研究成果。但是正如林密(2020)所说"近年来,马克思恩格斯散见于思想发展不同阶段的城乡融合发展论述,常常被国内学者不加前后区分地援引,或套用于中国城市化进程不同阶段的现实历程分析,或仅仅作为一种价值导向与历史发展趋势的宏大叙事,其历史科学的内涵有待于进一步深入的研究和阐发"。② 从我国推动城乡融合发展的实践对理论指导的需求来看,研究仍需进一步加强和深化。首先,马克思、恩格斯对城乡融合发展理论的相关论述分散在一系列的经典著作当中,这使学者们在研究的过程中发展难于把握马克思主义城乡融合发展理论,如何从整体上理解和把握马克思主义城乡融合发展理论,系统地梳理其内容体系,需要在下一步的研究中深入地进行探索。其次,学者们在研究中大多采用文献研究的方法来认识和理解马克思主义城乡融合发展理论,而与我国城乡关系发展实践结合得不够,如何将理论研究与实践更密切地结合起来,为我国推动城乡融合发展、构建新型工农城乡关系、农民的市民化及市民化之后的出路等问题提供理论支撑和现实指导,应该成为下一步研究的目标和方向。

二、国外关于马克思恩格斯城乡关系理论的研究综述

在对国外马克思主义研究文献梳理的过程中发现国外对于马克思恩格斯城乡关系理论研究内容较少,但是国外学者关于城乡关系的研究有着很长久的历史,"城乡关系"是西方发展理论研究的主要问题之一,我们至少可以从以下群体研究成果中找到一些启示。

---

① 刘守英,陈航.马克思主义乡村转型理论及其对中国的启示[J].中国农村观察,2023,(03):2-24.
② 林密.马克思视域中的城乡不平衡发展及其超越——以《资本论》为中心的再考察[J].厦门大学学报(哲学社会科学版),2020,(01):34-42.

（一）西方经济学关于城乡发展的相关研究

20世纪50年代以来，各国发展经济学家、现代化理论家、区域科学家，不约而同地注重研究经济增长模式和现代化道路，特别是发展中国家或地区的经济增长模式和现代化道路。西方经济学家对城乡二元关系进行深入研究后，提出了著名的二元经济理论，主要包括古典二元经济理论和新古典二元经济理论。

1. 古典二元经济理论

二元结构理论是在第二次世界大战后对发展中国家一种经济现象的描述，这一现象在发展中国家也是普遍存在的。二元结构最早是荷兰经济学家伯克（Booke）于1933年提出的，是以对原荷兰殖民地印度尼西亚经济、社会状况为背景进行考察的，他认为当时的印度尼西亚实际上存在着两种不同的经济活动：以殖民输入为特征的现代工业主要集中在城市，而印尼本地传统农业主要集中在乡村，两种经济活动在制度和社会文化上都存在着巨大的差别，导致了城市和乡村、工业和农业的矛盾和冲突。[①] 这种二元结构理论之后被刘易斯、拉尼斯、费景汉等经济学家加以发展，成为发展经济学的重要理论之一。

刘易斯（William Arthur Lewis）（1954）在《劳动力无限供给条件下的经济发展》中首次提出了二元经济结构理论。二元经济结构理论认为，发展中国家并存着农村中以农业为主的传统部门和城市中以制造业为主的现代部门，传统部门的人口处于过剩状态，劳动的边际生产率为零，劳动的工资水平不变，可以提供大量的剩余劳动力，现代部门可以源源不断地从传统部门获得转移劳动力的供给，通过劳动边际生产力高于劳动工资的差额获取更多的利润，因此传统部门剩余劳动力的非农化转移能够促使二元经济结构逐步消减，当最终两个部门的劳动边际生产率大致相等时，部门之间的差别

---

① 薛晴，霍有光. 城乡一体化的理论渊源及其嬗变轨迹考察[J]. 经济地理，2010，30(11)：1779-1784.

消失。①

缪尔达尔(Karl Gunnar Myrdal)(1957)在《经济理论与不发达地区》中提出了循环累积因果理论,该理论认为,在一个动态的社会过程中,社会经济各因素之间存在着循环累积的因果关系。某一社会经济因素的变化,会引起另一社会经济因素的变化,这后一因素的变化,反过来又加强了前一个因素的那个变化,并导致社会经济过程沿着最初那个因素变化的方向发展,从而形成累积性的循环发展趋势。发达地区和落后地区存在着"扩散效应"和"回波效应",发达地区占据人才、资本、技术等优势,在回波效应作用下,通过抑制落后地区的各种资源要素集聚来实现自身的快速发展;当发达地区发展到一定阶段,会通过扩散效应向落后地区输送资源,促进和带动落后地区发展。缪尔达尔认为回波效应和扩散作用同时存在,但是强度却不均衡,当经济发展水平较低时,回波效应较强,当经济水平越高时,扩散效应越强,这样在实际的经济发展中往往造成发达地区和落后地区的差异日渐扩大,形成地理上的城乡二元结构,要消除这种效应,需要政府的介入,采取积极的政策来提高扩散效应的影响,实现城乡差距的缩小。②

费景汉(John C. H. Fei)和古斯塔夫·拉尼斯(Gustav Ranis)(1961)在考虑工农业两个部门平衡增长的基础上,对刘易斯模型中的假设进行了修正,完善了农业剩余劳动力转移的二元经济发展思想。他们首先将剩余农民分为两个部分,一部分是不增加农业总产出的人,边际产出为零的那一部分人,另一部分是不增加农业总剩余的人,虽然边际产出不为零,但并不能满足自己消费需求的那一部分人。他们认为,工农数量的转换必须经过三个阶段:第一阶段是边际劳动生产率为零的农民向工业部门转移。这部分农民的转移,不会对农业总产出水平发生影响,所以,只要工业部门的发展有增加劳动力的需求,就会吸引这部分农民向工业部门转移。付给这部分农民的工资只要相当于他们在农业部门所得到的报酬就可以,促进工业积

---

① 张杰.关于城乡经济统筹发展的理性思考[J].理论学刊,2007,(04):38-41.
② 王家旭等.马克思与西方经济学城乡发展理论的比较研究[J].商业时代,2014(14):47-48.

累和工业部门的进一步扩张。并且由于农民数量的减少,使其他农民的人均所得也有增加。当前一部分人转移到工业部门之后,后一部分人由于工业部门的吸引也开始流向工业部门,这时,工农数量的转换就进入第二阶段。由于后一部分农民的边际产出不为零,他们转出农业部门后,不仅农业总产出水平会下降,而且其他未流出的农民人均所得也上升,当农民总产出下降到一定水平,必然引起农产品(尤其是粮食)相对价格的上涨,从而迫使工业部门提高工资,增加成本。这样就妨碍工业部门的积累和扩张,进而妨碍其对剩余农民的吸纳,因此,这一阶段必须依靠提高农业劳动生产率的办法,以补偿那些并不完全"剩余"的农民流出农业部门所造成的影响。否则,工农数量的转换就难以顺利实现,当工农数量的转换度过费景汉和拉尼斯所谓的"粮食短缺点"后,工业部门继续吸纳剩余农民。当农业部门中不再有剩余农民(不增加总产出的和不增加总剩余的)时,工农数量的转换就进入第三阶段,这时,社会劳动力在工农两部门间的分配将由竞争性的工资水平决定,不仅农业部门要向工业部门继续提供剩余,而且工业也要反过来支持农业的发展,这就意味着传统农业必然转化为商业化农业。这一模型充分考虑了农业部门的重要性,在两部门平衡增长的基础上进一步发展了刘易斯模型,更加接近于现实,被称为当今最有用的发展中国家经济增长模型。①

2. 新古典二元经济理论

戴尔·乔根森(D.W.Jogenson)(1967)在《过剩农业劳动力和两重经济发展》一文中提出,依据新古典主义的分析方法创立了乔根森二元经济理论。该理论出于对古典主义的反思,认为农村剩余劳动力转移的前提条件是农业剩余。当农业剩余等于零时,不存在农村剩余劳动力转移。只有当农业剩余大于零时,才有可能形成农村剩余劳动力转移。在农业剩余存在的前提条件下,乔根森又提出了一个重要假设,即农业总产出与人口增长相一致。在这种条件下,随着农业技术的不断发展,农业剩余的规模将不断扩

---

① 张杰.关于城乡经济统筹发展的理性思考[J].理论学刊,2007,(04):38-41.

大,更多的农村剩余劳动力将转移到工业部门。因此,农业剩余的规模决定着工业部门的发展和农村剩余劳动力转移的规模。这样,对于二元经济两种研究方法的主要差别在于支配工业部门劳动供给的条件。在古典理论方法中,实际工资率被假定按照农产品价格固定的,从工业的角度看,劳动在固定工资率下可以无限地利用。在新古典理论方法中,如果不牺牲农业产出,劳动是绝对不能为工业所利用的,从工业部门的角度看,实际工资率在长期稳定地上升,主要取决于两部门的技术进步率和资本积累率,伪装的失业是被假定不存在的。

托达罗(Michael P.Todaro)于20世纪60年代末70年代初提出了预期收入差异论。他就农业劳动力的转移提出了以下假设:(1)农村人口向城市的迁移量或迁移率与就业概率成正相关,城市就业机会越多,来自农村的劳动力移民规模越大。(2)农村劳动力依据自己对城市就业机会的了解而作出迁移的决策,带有很大的"盲目性"。(3)农村剩余劳动力进入城市后,并非全部立即进入现代工业部门,其就业过程分为两个阶段,第一阶段,没有技术的农村劳动力迁入城市后,首先是在所谓"城市传统部门"找工作,如个体商贩、非熟练服务员、非熟练手工业者、非熟练建筑工人等;而到了第二阶段,他们从"城市传统部门"中出来,到现代工业部门中找到固定工作。对此应当研究城市传统部门的规模、比例和城乡实际收入差异等。(4)农村劳动力觉得移入城市的因素有三个。一是人们对城乡间"预期收入"的期望。二是城市就业的可能性,就业可能性越小,农村人口就会认真对待这种迁移行为的选择。三是城市人口自身的自然增长的状况。因此,发展中国家应采取措施,减少城乡经济机会的不均等,不要人为扩大城乡收入差别。在努力创造城市就业机会的同时,不断提高农村收入和增进农村就业机会,纠正偏重城市、忽略农村的发展政策。

利普顿(Michel Lipton)(1968)在《为什么穷人总是穷?——关于发展中的城市偏向问题研究》一书中提出了城市偏向理论。认为,贫困国家内最主要的冲突是在乡村阶级与城市阶级之间,即本国城乡间的冲突。发展中国家城乡关系的实质就在于城市人利用自己的政治权力,通过"城市偏向"

政策使社会的资源不合理地流入自己利益所在地区,而资源的这种流向很不利于乡村的发展,其结果不仅使穷人更穷,而且还引起农村地区内部的不平等。一个国家在经济发展战略上以城市为中心,集中国家各种资源优先发展城市和工业,并设想在未来以先进的工业化和城市带动农业和农村共同发展的偏向城市的发展模式是不公平和低效率的。该理论认为经济发展的初期阶段,发展中国家所制定的价格、税收及其他政策均有利于城市集团,这些政策所引起的价格扭曲会人为压低农产品价格而抬高工业品价格,损害农村集团的社会福利,结果使社会资源更多地流向城市地区,而造成对乡村不利的局面。Ⅱ日他指出,城市偏向政策主要表现在价格、投资、税收、金融、外贸等各个方面,大致可分为价格政策与非价格政策两大类,这种"城市偏向"的城乡关系必然进一步引起了城乡差距的出现。另外,他进一步指出,发展中国家应坚持城乡均衡化的发展战略,削弱甚至摒弃各种畸形的偏向城市战略,以实现城乡间的均衡发展。

3. 城市发展阶段理论

库兹涅茨(Simon Smith Kuznets)(1955)提出了收入分配状况随经济发展过程而变化的倒U形字曲线假说,即库兹涅茨曲线理论。库兹涅茨分析经济增长与收入不平等的关系是基于从传统的农业产业向现代工业产业转变过程进行的。他认为工业化和城市化的过程就是经济增长的过程,在这个过程中分配差距会发生趋势性的变化。但是研究这样的问题却受数据缺乏与合理理论模型的制约。库兹涅茨设计了两个部门,一个是农业部门,另一个是非农业部门。这种分法实际上相当于刘易斯的二元结构,即传统的农业部门和现代产业部门。库兹涅茨设计和研究了它们之间产业结构变化对收入差距变化产生的影响。库兹涅茨利用各国的资料进行比较研究,得出结论:在经济未充分发展的阶段,收入分配将随同经济发展而趋于不平等。其后,经历收入分配暂时无大变化的时期,到达经济充分发展的阶段,收入分配将趋于平等。因此,库兹涅茨主张国家的立法干预,并进行适当的政策调节,通过技术革新促进新兴产业的发展,进而缩小城乡差距。

威廉姆逊(J. G. Williamson)(1965)在其发表的《区域不平衡与国家发展过程》一文中提出了倒"U"型理论。与以往理论不同的是,该理论是建立在实证研究基础之上的,而且将时序问题引入到了区域空间结构变动分析。威廉姆逊把库兹涅茨的收入分配倒"U"型假说应用到分析区域经济发展方面,提出了区域经济差异的倒"U"型理论。他通过实证分析指出,无论是截面分析还是时间序列分析,结果都表明发展阶段与区域差异之间存在着倒"U"型关系,也就是说经济活动的空间集中式极化是国家经济发展初期不可逾越的阶段,但由此产生的区域经济差异会随着经济发展的成熟而最终消失。该理论是以库兹涅茨的"倒 U 型假说"为基础的,1955 年库兹涅茨在美国经济协会的演讲中提出了这一著名的假说:即在经济发展过程中,收入差别的长期变动轨迹是"先恶化,后改进"。威廉姆森受伊斯特林实证思维的启发,把对区域不平衡增长问题的研究,由纯理论的假设和推演,转向了实证分析。他利用英格兰东部长达 110 年的经济统计资料进行了分析,同时根据全世界 24 个国家的资料进行了"剖面和时间序列分析",提出了"倒 U 型理论",即:随着国家经济发展,区域间增长差异呈倒"U"型变化。在国家经济发展的初期阶段,随着总体经济增长,区域差异逐渐扩大,然后区域差异保持稳定,但是经济进入成熟增长阶段后,区域差异将随着总体经济增长而逐渐下降。[①]

(二) 西方马克思主义关于城市问题的相关研究

西方马克思主义学者的城市理论分散于社会学、经济学、地理学等不同学科,被分别称为"马克思主义城市社会学""马克思主义地理学""新城市政治经济学""结构主义城市研究"等,这些研究统称为"新马克思主义城市理论"。

---

① 王家旭,郭艳,仲深.马克思与西方经济学城乡发展理论的比较研究[J].商业时代,2014,(14):47-48.

卡斯泰尔（Manuel Castells）(1972)在其研究城市空间问题的代表作《城市问题：马克思主义方法》中引入了"城市系统"的概念，以"城市系统"作为分析城市空间的基本术语。他在探讨资本主义城市系统时，将马克思主义原理与结构主义方法有机结合起来。他认为城市内部之间的联系较于乡村地区更加复杂，城市内部结构中的每一个要素都与其他要素有密切的联系，进而形成了有机的功能化整体。在他看来，城市空间指的是城市系统的、复杂的社会结构。这种社会结构包括意识形态、政治、经济三大系统及其相互关系组合和由此产生的社会实践，这三大系统又区分为一系列不同层次的亚要素。卡斯泰尔斯认为城市系统中存在的不同亚要素及其作用和层次之间的关系以及与社会结构的关系，规定了城市系统的组合。结构背景中支撑性活动者的介入将规定城市的社会实践，即我们所研究的唯一重要的现实。卡斯泰尔斯的观点对于加深认识资本主义城市的要素、亚要素、角色和层次内在联系过程有一定的启发性意义。

列斐伏尔（Henri Lefebvre）(1974)在其代表作《空间的生产》中阐述了其对城市空间理论的认识。列斐伏尔认为，空间组织和形式是生产方式的产物，空间具有政治性和策略性，是一种不能离开意识形态或政治内容而存在的科学对象。在列斐伏尔看来，空间生产是资本主义生产和发展的重要条件，资本主义生产力的发展与社会关系的再生产是通过空间的物质和文化生产实现的。因此，重视空间的生产成为资本主义维持发展的一个重要途径，资本主义将空间纳入商品生产和资本积累轨道，从而不断扩大自己的"生存空间"。同时，空间结构的生产和组织是资本主义政治经济的核心功能，不同的阶级和利益集团也会围绕空间的生产和占有而发生矛盾与冲突。正是由于空间生产的重要性以及在政治和社会再生产中的重要作用，新马克思主义城市学者认为空间研究应在马克思主义理论体系中占有足够的地位成为社会理论的特定研究对象。

大卫·哈维（David Harvey）继承了列斐伏尔关于历史唯物主义的认识，认为"时间和空间的客观性在各种情况下都是由社会再生产的物质实践活动所赋予的……简言之，各种独特的生产方式或者社会构成方式，都将体现出一系列独特的时间和空间实践活动和概念"。① 哈维对历史唯物主义空间维度缺失原因进行了探寻,以"社会过程决定空间形式"的方法论原则为指导,通过对资本积累过程的研究,揭示出了资本积累、空间生产和地理景观三者之间的内在逻辑关联,并在此基础上展开了对当代资本主义的空间批判。哈维开创性地将"社会正义"纳入其空间分析视阈,把社会进程和空间形式统一起来,深刻阐明了当代社会现实生活的复杂图景和内在矛盾,开拓了正义的微观视角和现实基础,开启了空间正义实践的新视野,为处于困境之中的人们带来了新的希望。②

(三) 城乡规划领域学者关于城乡问题的相关研究

埃比尼泽·霍华德(Ebenezer Howard)(1898)在《明日:一条通往真正改革的和平道路》(后再版时改名《明日的田园城市》)一书中提出了城乡成婚的论题,他认为"城市和乡村都各有其优点和缺点,而城市—乡村则避免了二者的缺点……城市和乡村必须成婚,这种愉快的结合将迸发出新的希望,新的生活和新的文明"。③ 霍华德认为应该建设一种兼有城市和乡村优点的理想城市,他称之为"田园城市",这种田园城市实质上就是城市和乡村的结合体。霍华德关于解决城市问题的方案主要内容包括三点。其一,疏散过分拥挤的城市人口,使居民返回乡村。他认为此举是一把万能钥匙,可以解决城市的各种社会问题。其二,建设新型城市,即建设一种把城市生活的优点同乡村的美好环境和谐地结合起来的田园城市。这种城市的增长要遵循有助于城市的发展、美化和方便。当城市人口增长达到一定规模时,就要建设另一座田园城市。若干个田园城市,环绕一个中心城市(人口为5—8万人)布置,形成城市组群——社会城市。遍布全国的将是无数个城市组群。城市组群中每一座城镇在行政管理上是独立的,而各城镇的居民实际

---

① 谢菲.马克思恩格斯城市思想及其现代演变探析[J].马克思主义研究,2012,(09):32-40.
② 王芳,贾秀飞.双重互构逻辑下中国城乡关系的演进规律与时代抉择——基于马克思恩格斯城乡融合思想的分析[J].北京行政学院学报,2021,(01):45-53.
③ 埃比尼泽·霍华德.明日的田园城市[M].金经元译.北京:商务印书馆,2000:8-9.

上属于社会城市的一个社区。他认为,这是一种能使现代科学技术和社会改革目标充分发挥各自作用的城市形式。其三,改革土地制度,使地价的增值归开发者集体所有。在霍华德田园城市思想影响下,英国建设了莱奇沃思(Letchworth)和韦林(Welwyn)两座田园城市,奥地利、澳大利亚、比利时、法国、德国、荷兰、波兰、俄国、西班牙和美国等国也都建设了"田园城市"或类似称呼的示范性城市。

刘易斯·芒福德(Lewis Mumford)(1961)在《城市发展史:起源、演变与前景》中从有利于城市发展的角度指出"城与乡,不能截然分开;城与乡,同等重要;城与乡,应当有机结合在一起,如果问城市和乡村哪一个更重要的话,应当说自然环境比人工环境更重要。"[①]明确指出了城乡关系的紧密型和平等性。从"城乡应当有机结合在一起"这个观点出发,芒福德非常赞成美国城乡规划学者亨利赖特(Herry Wright)关于"区域一体化"的观点,即通过分散权利来建造许多的新城市中心,形成一个更大的区域统一体,通过现有城市为中心和引领,带动附近的新的城市中心,可以重建城乡之间的平衡,把城市和乡村的要素统一到多孔可渗透的区域综合体,实现全部居民在任何地方都能够享受城市生活的便捷,又能避免"城市病"带来的困扰。[②]

---

① 刘易斯·芒福德.城市发展史:起源、演变与前景[M].宋俊岭,倪文彦译.北京:中国建筑工业出版社,2005:66.
② 徐杰舜.城乡融合:新农村建设的理论基石[J].中国农业大学学报(社会科学版),2008,(01):61-67.

第二章 马克思恩格斯城乡关系理论

马克思恩格斯对城乡关系的论述和相关观点广泛分布于《英国工人阶级状况》《德意志意识形态》《共产主义原理》《共产党宣言》《论土地国有化》《论住宅问题》《反杜林论》《资本论》《家庭、私有制和国家的起源》《法德农民问题》等著作中。

第一节 马克思恩格斯城乡关系理论产生的背景

一、马克思恩格斯城乡关系理论产生的时代背景

"一切划时代的体系的真正的内容都是由于生产这些体系的那个时期的需要而形成起来的。所有这些体系都是以本国过去的整个发展为基础的,是以阶级关系的历史形式及其政治的、道德的、哲学的以及其他的成果为基础的。"①因此,一定要将时代的理论置于其产生的特定时代背景中去解读。马克思恩格斯所处的时代背景是理解马克思、恩格斯城乡关系理论的关键所在,对马克思恩格斯所处时代背景进行考察,有助于我们更好地理解和认识其城乡关系理论产生的原因和当时城乡之间面临的时代问题。马克思恩格斯研究人

---

① 马克思恩格斯全集:第3卷[M].北京:人民出版社,1956:544.

类社会问题的时期正是世界第二次产业革命发生并不断扩展的时期,一方面西方主要发达国家的城市化进入快速发展阶段,造成城市与乡村之间的差距不断地扩大;另一方面,矛盾的统一性孕育于矛盾的对立性之中,在自由资本主义城乡关系对立的同时,也孕育出了城乡协调发展的条件性因素。比如,一方面,资产阶级扩张的手法层出不穷,商人借助货币在世界市场的舞台风生水起;另一方面,接连不断的剥削压迫使得工业工人逐渐蜕变成了无产阶级,工人意志的觉醒让文明世界意识到了他们的存在。

(一) 城市快速发展

1640年,英国议会抨击国王的专权行为,揭开了英国资产阶级革命序幕,此后英国君主立宪制的确立确定了资产阶级的民主与资产阶级对国家的统治权力。钱乘旦的《英国通史》记载:"到光荣革命为止,合适的政治和社会环境已经在英国形成了,正是在这种环境下,英国率先走向工业革命,也就从一个文明边缘的小国走向了世界的中心,并开创了一种新的文明。"于是,工业革命率先发生于英国。伴随着海外贸易、殖民掠夺,资本原始积累与日俱增,18世纪60年代,以英国产业革命为起点,西方主要资本主义国家开始了城市化进程。

工业革命打破了以往狭隘的区域市场。在农村,机器的使用使得家庭手工业陷入了囹圄,局限于居所附近的区域市场已经无法再维持家庭生活的继续,于是小农为了生存抛弃了土地争相涌进城市,为城市发展预备了充足的廉价劳动力。"第三个土地占有阶级是自耕农……这个阶级在英国也消失了……英国的小块土地却被大地产侵占和吞并""和自耕农同时存在的还有小租佃者……这些人在现代的英国再也找不到了……大租佃者的竞争把小租佃者和自耕农从市场上排挤出去,使他们穷困潦倒;于是他们就变成雇农和靠工资生活的织工,这些人大批流入城市,使城市以极其惊人的速度扩大起来"①。其次,航海事业的发展,使资本找到了新的乐园。殖民扩张使

---

① 马克思恩格斯选集:第1卷[M].北京:人民出版社,1995.6(2008.11重印):26.

得原本局限于海峡对岸的市场扩展至全世界。"随着美洲和通往东印度的航线的发现,交往扩大了……市场已经可能扩大为而且日益扩大为世界市场"。① 通过殖民掠夺,开拓并垄断了世界市场,完成了资本主义的原始积累,主要资本主义国家的城市化进程也进入了快速发展的阶段。"各殖民地开始成为巨大的消费市者;各国经过长期的斗争,彼此瓜分了已经开辟出来的世界市场"。② 经过较彻底的产业革命和资产阶级革命,资产阶级逐步掌握了国家政权,从封建主义桎梏下解放了生产力。"资产阶级在它的不到一百年的阶级统治中所创造的生产力,比过去一切世代创造的生产力还要多,还要大。"③

在这些资本主义国家中,由于英国的工业化发生的最早,其城市化进程发展的也最快最为典型。英国的城市化快速发展一方面表现在城市面积的扩张和数量的增加,另一方面表现在城市人口的增加。1801年时,英国的城市化水平大致为26%,但到1851年时,英国已经成了世界上第一个城市化水平超过50%的国家。恩格斯在《英国工人阶级状况》中详细描述了英国城市化的过程:"工业集中化的趋势并没有就此停止。人口也像资本一样集中起来……于是村镇变成小城市,而小城市变成大城市。城市越大,定居到这里就越有利……这样一来,大工厂城市的数量就以惊人的速度增长起来。"④以当时纺织工业的中心兰开夏郡为例,"兰开夏郡是棉纺织业的摇篮,棉纺织业使得兰开夏郡发生了深刻的变革,把它从一个偏僻的很少开垦的沼泽地变成了充满生机和活力的地方;这种工业在80年内使兰开夏郡的人口增加了9倍"。⑤

(二) 城乡协调发展的条件性因素产生

在人类社会的历史进程中,人类的需求伴随着生产实践推动着生产力

---

① 马克思恩格斯选集:第1卷[M].北京:人民出版社,1995.6(2008.11重印):110.
② 马克思恩格斯选集:第1卷[M].北京:人民出版社,1995.6(2008.11重印):111.
③ 马克思恩格斯选集:第1卷[M].北京:人民出版社,1995.6(2008.11重印):277.
④ 马克思恩格斯文集:第1卷[M].北京:人民出版社,2009.12(2011.4重印):406-407.
⑤ 马克思恩格斯文集:第1卷[M].北京:人民出版社,2009.12(2011.4重印):394.

的进一步发展,城乡关系也因此从混沌到对立。产业革命之后,资本将人口笼络到城市工厂,城乡对立尤为尖锐,乡村成了城市的附庸。"在这里,居民第一次划分为两大阶级,这种划分直接以分工和生产工具为基础。城市本身表明了人口、生产工具、资本、享乐和需求的集中这个事实;而在乡村则是完全相反的情况:隔绝和分散""城乡之间呢的对立只有在私有制的范围内才能存在。城乡之间的对立是个人屈从于分工、屈从于他被迫从事的某种活动的最鲜明的反映,这种屈从把一部分人变为受局限的城市动物,把另一部分人变为受局限的乡村动物,并且每天都重新产生二者利益之间的对立"。①

  矛盾的统一性往往孕育于矛盾的对立性之中。城乡之间固然对立,但西方几个主要国家的城乡关系也出现了一些积极因素,并将最终演变成消解这种对立的条件性因素。乡村中形成一批新兴的城镇,乡村生活质量和社会环境得到了提高,城市和乡村的联系开始增多。同时,在城市的吸引力作用下,大批农民由乡村向城市转移。马克思恩格斯看到并分析了这些变化,指出:"资产阶级使农村屈服于城市的统治。它创立了巨大的城市,使城市人口比农村人口大大增加起来,因而使很大一部分居民脱离了农村生活的愚昧状态。"②与此同时,资产阶级还使生产资料、财产和人口统一起来,生产资料和财产得以集中,人口得以组织起来。"各自独立的、几乎只有同盟关系的、各有不同利益、不同法律、不同政府、不同关税的各个地区,现在已经结合为一个拥有统一的政府、统一的法律、统一的民族阶级利益和统一的关税的统一的民族。"这为生产力的大幅提升创造了条件,为无产阶级组织起来创造的条件。当然,当时这些积极变化在自由资本主义时期仅仅是萌芽,不能算作严格意义上的城乡协调发展,城市仍然在政治上统治乡村,在经济上掠夺乡村,农村居民的生活质量和社会环境仍十分悲惨,人口流动还只是乡村向城市的单向流动。

---

  ① 马克思恩格斯选集:第1卷[M].北京:人民出版社,1995.6(2008.11重印):104.
  ② 马克思恩格斯选集:第1卷[M].北京:人民出版社,1995.6(2008.11重印):277.

（三）资本主义的扩张

资产阶级掩饰工人灾难的手法一直在进步，资本掠夺的手段似乎也变得文明起来了。"资产阶级无意中造成而又无力抵抗的工业进步，使工人通过结社而达到的革命联合代替了他们自由竞争而造成的分散状态。"①但是，为了避免工人们的小纷争造成工厂的损失，他们已经开始默认工联的存在，工人们仅有的手段——罢工，也成了资本家息事宁人的小技巧与工人愚弄自己的工具。"工人是分散在全国各地并为竞争所分裂的群众。工人的大规模集结，并不是他们自己联合的结果，而是资产阶级联合的结果。"②极致分工条件下所形成的联合对无产者来说也是一种异化的联系，工人的联合抵御不住资本扩张的步伐，只有源源不断的劳动力前仆后继的变成商品，这对工人来说似乎是一种死循环，但对资本主义生产来说却是巨大的推力。

在资本扩张的过程中，产生了一个特殊的阶级：商人。"随着商人所促成的同城市近郊以外地区的通商的扩大，在生产和交往之间也立即发生了相互作用。"③商人的逐利性使其奔走于各个有利可逐的城市之间，以极快的速度联通各个城市的交往，商人以及随这个阶级而产生的令人匍匐的货币扎根于城市，城市成了资本主义生产确立的最佳场所、滋养资本主义的温床。现代交通与市场将一切资源集中向着最有利于资本主义发展的方向，每一个文明国家都被动的被资本所附带的货币关系卷挟。交通、铁路掌控在资产阶级所寄生的国家机器手中，以普遍利益的形式向国民大众传递着本阶级的意志。地域的局限被无限的扩张取代，文明修改着所有荒凉地界的边缘。

资产阶级彻底的摧毁了传统的社会伦理、结构，打破了束缚生产力进一步发展的行会制度，将奴隶、农民从土地的依附中解放，汇聚于资本主义工厂，伴随着新航路开辟而开拓世界市场，把以往彼此相互分离的地域强制性

---

① 马克思恩格斯选集：第1卷[M].北京：人民出版社，1995.6(2008.11重印)：412.
② 马克思恩格斯选集：第1卷[M].北京：人民出版社，1995.6(2008.11重印)：408.
③ 马克思恩格斯选集：第1卷[M].北京：人民出版社，1995.6(2008.11重印)：187.

缝合在一起为资产阶级服务。

（四）无产阶级产生

"机器劳动在英国工业的各个部门战胜了手工劳动,从那时起,英国工业的全部历史所讲述的,只是手工业者如何被机器驱逐出一个个阵地。①"同时,机器的发明使用促进了无产阶级的诞生。"资本主义生产一旦占领农业,或者依照它占领农业的程度,对农业工人人口的需求就随着在农业中执行职能的资本的积累而绝对的减少……因此,一部分农村人口经常准备着转入城市无产阶级或者制造业无产阶级的队伍,经常等待着有利于这种转化的条件。"②只需要一个工人,纺出的纱就比以往多。于是生产费用下降,纱布价格降低,对布匹的需求越加上升。织工工资的上涨吸引着清苦的小农,贫穷使穷人带上了资产阶级的枷锁。在城市,大量的农民涌进城为工业卖命,生产力的发展让他们不至于饿死。工业的繁荣碾压过农业生产,身份的转变带来了农业生产无法给予的所得。于是人口再次上升,为工业生产更新新一轮的劳动力。随着生产进步,劳动工作变得简化,劳动力过剩就出现了,农村农民在城市变成了资产阶级用之即弃的物件。于是,他们渐渐觉醒,"伦敦东头甩掉了绝望的冷漠;它复活了,并且成了'新工联',即'没有技术的'广大工人群众的组织发源地……丝毫没有沾染上传统的'体面的'资产阶级偏见"。③ 这些最前线面对压迫的劳动者在争取领导工人运动的过程中格外的勇敢、坚定。而在农村,粗陋的耕种方式比不过大规模的经营,祖辈沿袭的土地被出租给了大佃农,而他们则束缚在自己抛却的土地之上,匍匐于自己所生产的廉价的劳动产品,农业无产阶级诞生了。此后,资本便更加醉心于土地,农民拥有土地成了不幸？资本掠夺的手段罢了。

产业工人日益增多,他们的身心健康令人担忧,为了维护自身权益,其实更多的只是想改善点生活条件,他们联合起来罢工,用暴力反对机器。

---

① 马克思恩格斯选集:第1卷[M].北京:人民出版社,1995.6(2008.11重印):92.
② 马克思恩格斯选集:第2卷[M].北京:人民出版社,1995.6(2008.11重印):287.
③ 马克思恩格斯选集:第1卷[M].北京:人民出版社,1995.6(2008.11重印):78.

"因为工人必须宣布,他们是人,不应该让他们去顺从环境,而应该让环境来适应他们,适应人。"①觉醒的工人,无论是城市还是农村的产业工人,是"不堪忍受"的力量锻造了他们,把他们变成了"没有财产的人",只有完全失去了整个自主活动的现代无产者,才能够实现自己充分的不、再受限制的自主活动,这种自主活动就是对生产力总和的占有以及由此而来的才能总和的发挥。②工人们越来越扩大的联合,在交通工具的作用下向着全国性方向发展,他们寻找被资本主义生产方式捆绑的同类,他们联合起来反抗资产阶级的镣铐。逐渐的他们意识到了自己不是可以任人买卖的商品必须作为一个具有意志的人更好的争取自身独立。"与此同时还产生了一个阶级,它必须承担社会一切重负,而不能享受社会的福利,它被排斥于社会之外,因而不得不同其他一切阶级发生最激烈的对立;这个阶级构成了全体社会成员中的大多数,从这个阶级中产生出必须实行彻底革命的意识,即共产主义的意识",③伴随贫困与暴动,这是对建立在工人阶级的竞争之上、依靠工人竞争而扩大生产的资本家的震慑。得益于工业革命的鼓吹,无产阶级产生了并且将变得更加的彻底,彻底的坚定让文明世界看到他们的存在。而资产阶级再持续将这种"不堪忍受的力量"强加于劳动者身上时,无产阶级将被赋予世界性的历史意义而所向披靡。

无产阶级诞生于资产阶级生产关系,"它迫使一切民族——如果他们不想灭亡的话——采用资产阶级的生产方式;它迫使它们在自己那里推行所谓的文明,即变成资产者。一句话,它按照自己的面貌为自己创造出一个世界"。④ 资产阶级无限的使人口集中于城市服务于自己的统治,虽然一定程度上使农民阶层摆脱了愚昧。但是人口的集中和生产资料的集中以及政治集中,同时也锻造了置自己于死地的武器——无产阶级,曾经用于对抗封建专制的武器如今却对准了自己。

---

① 马克思恩格斯选集:第1卷[M].北京:人民出版社,1995.6(2008.11重印):110.
② 马克思恩格斯选集:第1卷[M].北京:人民出版社,1995.6(2008.11重印):209.
③ 马克思恩格斯选集:第1卷[M].北京:人民出版社,1995.6(2008.11重印):170.
④ 马克思恩格斯选集:第1卷[M].北京:人民出版社,1995.6(2008.11重印):404.

二、马克思恩格斯城乡关系理论产生的理论渊源

(一) 空想社会主义者关于城乡关系的观点

托马斯·莫尔(St. Thomas More,1478—1535 年)是欧洲早期空想社会主义的鼻祖,他的《乌托邦》是社会主义的开山之作,构建的是一个永远无法实现但又极具美好吸引力的社会,其中蕴含着对资本主义私有制的强烈批判。托马斯·莫尔揭露了英国资本主义圈地运动的实质是资产阶级敛财的丑恶手段,资本原始积累造成"羊吃人"的局面。对于此观点,比起那些在资本主义范围内为资本主义辩护的论调,而实际上只是想分一杯资本主义的羹汤的某些学者,马克思给予了很高的评价。"我们刚才所叙述的苏格兰'圈地'的过程,在英国是 16、17 和 18 世纪发生的。还在 16 世纪时托马斯·莫尔就曾对这一点大鸣不平。"①其中对于私有制的批判,"任何地方私有制存在,所有的人凭现金价值衡量所有的事物,那么,一个国家就难以有正义和繁荣。"②这一观点影响了后世对于资本主义私有制的否定。恩格斯在梳理社会主义思想的萌芽时,更是把莫尔的乌托邦视为社会主义的起源。他指出"伴随着一个还没有成熟的阶级的这些革命暴动,产生了相应的理论表现。在 16 和 17 世纪有理想社会制度的空想的描写,而在 18 世纪已经有了直接共产主义的理论。"③依托于产生社会弊端的根源所反思出的未来社会的蓝图,为后来的马克思和恩格斯所设想的关于消灭资本主义私有财产实现城乡融合的思想具有深远影响。

意大利的康帕内拉(Tommas Campanella,1568—1639 年)因宣传思想自由,多次受到宗教法庭的审判,1599 年被捕入狱后,于 1602 年在狱中撰写了《太阳城》,在他对太阳城的描述中,每个人既从事手工业有自觉参加农

---

① 马克思恩格斯全集:第 8 卷[M].北京:人民出版社,1961.
② [英]托马斯·莫尔.乌托邦[M].戴镏龄译.北京:商务印书馆,1982.
③ 马克思恩格斯文集:第 3 卷[M].北京:人民出版社,2009.

业劳动,每人每天从事四个小时的体力劳动,其余时间用来学习、科研和娱乐活动,儿童也要由老师带着参观生产劳动,游戏也以生产为主,让他们从小就热爱劳动并学习生产知识。私有制是产生利己主义的根源,而利己主义将导致诡辩、伪善和残暴行为。在康帕内拉看来,在私有制下,一切受自私自利思想的支配,"因为人们都想使自己孩子得到很多财富和光荣地位,都想把大批的遗产留给自己的后代;我们当中的每个人为了想成为富人或显贵,总是不顾一切地掠夺国家的财产;而在他还没有势力和财产的时候,还没有成为显贵的时候,都是吝啬鬼、叛徒和伪君子。"在社会主义思想史上,康帕内拉第一次把利己主义同私有制联系起来,把私有制看成是利己主义泛滥的物质基础,因此抨击了由私有制产生的各种罪恶和弊病,主张废除私有制,建立公有制,初步提出了一个社会主义的思想体系。①《太阳城》出版后,不仅对意大利文艺复兴中产生了不小的影响,还为后来的空想社会主义者提供了丰富的思想来源。

资本主义只能使城乡对立愈加尖锐化,对此,空想社会主义者圣西门、欧文和傅立叶已经有正确的认识,在他们的模范大楼中城乡对立已经不存在了。②圣西门(Claude-Henri de Rouvroy,1760—1825年)认为资本主义对劳动阶级的剥削使农工业发展不平衡,他通过"实业制度"赋予物质劳动生产者一切权力,从而重点发展农业,实现农业工业化、农业资本主义发展。傅立叶(Baron Jean Baptiste Joseph Fourier,1768—1830年)提出以"和谐制度"替代资本主义制度,以工农业融合发展协调城乡矛盾。在傅立叶所创建的"法郎吉"当中现实城乡的一切差距都消失了,工业居于农业之下,人们根据爱好劳动,没有任何贫富之分。在这种自觉劳动的欲望所引起的自由分工,对于旧式的分工是一种极大的进步。欧文(Robert Owen,1771—1858年)则对资本主义私有制进行了严厉的批判,所设想的城乡结合体——农业新村,联合城乡优势,它以城乡分立为基础,而又超越其

---

① 陈晏清,许瑞祥.求知、博学、读书、成才文库:哲学思想宝库经典[M].大连:大连出版社,1994:718-724.
② 马克思恩格斯选集:第3卷[M].北京:人民出版社,1995.6(2008.11重印):223.

分立现实。① 马克思曾对此做过很高的评价:"正如我们在罗伯特·欧文那里可以详细看到的那样,从工厂制度中萌发出了未来教育的幼芽,未来教育对所有已满一定年龄的儿童来说,就是生产劳动同智育和体育相结合,它不仅是提高社会生产的一种方法,而且是造就全面发展的人的唯一方法"。②

无产阶级在普遍激动的时代、在推翻封建社会的时期直接实现自己阶级利益的最初尝试,都不可避免地遭到了失败,这是由于当时无产阶级本身还不够发展,由于无产阶级解放的物质条件还没有具备,这些条件只是资产阶级时代的产物。③ 而圣西门、傅立叶、欧文等人的体系,正是在资产阶级和无产阶级的斗争还尚未完全发展的时期所出现的。所以他们看不到实现解放的基础条件,只能在资产阶级的笼罩之下,用幻想的条件来弥补当前共产主义斗争所缺乏的物质基础。这种向统治阶级妥协,意图让统治阶级看到工人阶级的苦难以求怜悯的做法,毫不意外是空想的,但是他们关于对未来社会的积极主张是有所进步的。

(二) 亚当·斯密"自然顺序论"

重商主义认为通过政府管控农业、商业、制造业保护国内市场,并且利用殖民地为本国提供原材料与市场,以贸易顺差积累财富。而法国重农学派代表布阿吉贝尔则反对重商主义的观点,认为农业才是创造财富的源泉,以上理论影响着亚当·斯密。1776年英国自由主义学派鼻祖亚当·斯密(Adam Smith,1723—1790年)发表《国民财富的性质和原因的研究》(即《国富论》),在其关于城乡关系的论述中,亚当·斯密认为"按照事物的自然趋势,每个处于发展中社会的大部分资本的投入顺序,首先是农业,其次是工业,最后是国外贸易。斯密认为,在所有拥有领土的社会,投资总是在某种程度上遵循这种极自然的顺序。总是先开垦了一些土地才能建立很多城

---

① 林密,余慧君.恩格斯的城乡理论对空想社会主义的继承与超越[J].北华大学学报(社会科学版),2020,(06):95-102.
② 马克思恩格斯全集:第23卷[M].北京:人民出版社,530.
③ 马克思恩格斯选集:第1卷[M].北京:人民出版社,1995.6(2008.11重印):431.

镇;正是城镇里那些粗糙的制造业的持续经营,才使人们投身于国外贸易。"①这既是产业发展顺序也是城乡发展顺序,在没有人为制度扰乱的情况下,一切都是由乡村耕作及改良事业发展的结果。

亚当·斯密的"自然顺序"是分析城乡关系的重要理论之一。斯密认为城乡之间是一种基于产业分工而形成的互为市场的互利关系,确定了城乡关系的初始状态(也可以称为"理想状态"),从而强调城镇的增设应该与农村和农业发展成比例。② 在自然顺序的影响下城乡发展是一种良性循环,农村居民将生活资料、原材料供应给城市,而城市则将生活产品供给农村,并为农村或者说是就近的农村的剩余产品的消费提供市场,二者呈现一种互利的状态。他认为劳动生产力最大的进步源于分工,城市分工的精细化促进了城市发展,引起了城市对乡村改良。在亚当·斯密看来,在自由经济市场下,生产要素先从农村流入城市,但最终又会从城市回流到农村,促进城乡平衡发展。城市工商业的发展使城市的规模不断扩大,人口将增加将引起城市对农产品的需求,为乡村农产品提供了销售市场。市场需求的扩大激励农民改良土地、耕作技术,刺激城市的财富用于购买农村土地,尤其是尚未开垦的土地,最终促进农业、农村进步。在城市产业发展到一定限度,各生产要素间的竞争就会加剧,利润减少。这将迫使城市资本流入农村,新一轮的劳动力需求,必然会极大地改善农村人口的工资水平、生活状态。与此同时,亚当·斯密也认识到由于乡村市场的分散性,乡村对城市的依赖要远大于城市对乡村的依赖,并且对于海外贸易的城市,他们完全不局限于农业生产产品,

亚当·斯密强调了城乡分工相互促进,却忽略了城乡分工的另外一面。局限于历史发展的某一阶段,资产阶级在政治、经济上形成的统治让资本主义生产方式过于膨胀造成了破坏性的力量,马克思不仅仅阐述城乡分工有利的一面,还深入了解了城乡分工所造成的不利结果。

---

① 亚当·斯密.国民财富的性质和原因的研究[M].北京:商务印书馆,1974.
② 叶超,曹志冬.城乡关系的自然顺序及其演变——亚当·斯密的城乡关系理论解析[J].经济地理,2008(01):79-82+95.

（三）马克思"现实人"对费尔巴哈"感性人"的超越

黑格尔认为"绝对精神"的存在主导着人类世界，而"绝对精神"外化于神。在费尔巴哈看来，黑格尔哲学从意识概念出发，将已然存在的自然界当做是其理念的衍生物，用抽象去代替和证明自身存在，存在一开始就是理念使得一切只有形式意义。费尔巴哈认为哲学与宗教都是依附于人的、人的本质的异化，而黑格尔的思辨哲学蕴含着神学的内核。费尔巴哈主张：思维与存在的统一，只有在将人理解为这个统一的基础和主题的时候，才有意义。① 费尔巴哈的进步性在于将人作为黑格尔虚空世界的媒介，将对精神的把握归结于现实的人。费尔巴哈认为宗教实际上就是人的本质的映射，"上帝的人性格，本身不外乎就是人之被异化了的、被对象化了的人格性。"② 神或者上帝为什么具有和人类似的体征面貌，无非是人类自我臆想出的、对自身的素描罢了。一种事物或者实体是不能单独存在的，它的存在必须要有对象的存在才能存在，主体如果没有对象，它就是"无"。③

但是，费尔巴哈的感性直观仍然也没能逃脱形而上学的幻象。他的人是脱离了社会历史条件的人，即抽象人，他没有看到人在社会历史条件所具备的历史性、实践性，这种抽象人的感性直观构成了费尔巴哈对世界的解释。因此，在对感性对象的单纯直观中，费尔巴哈并没有注意到感性世界的历史性生成过程，因为他在感性的直观带给他的只能是眼前的静止、片面，而不是社会历史的、活动的产物。他将对感性世界局限于个人单纯的直观的感觉，于是他再难区辩直观事物与事物本质之间的实质。费尔巴哈的进步性在于把人看作"感性对象"，但他也只把人看作"感性对象"，而非"感性活动"。这是因为他并没有从塑造人类活动的社会生活出发了解人为什么

---

① 路德维希.费尔巴哈.费尔巴哈哲学著作选集（上卷）[M].荣震华等译，北京：商务印书馆：1984：181.
② 路德维希.费尔巴哈.费尔巴哈哲学著作选集（下卷）[M].荣震华等译，北京：商务印书馆：1984：267.
③ 涂良川,陈大青.马克思异化劳动理论的思想来源及其超越性——以卢梭、斯密、黑格尔和费尔巴哈为参照系的考查[J].学术研究,2021(11):37-45.

是人,只停留在"抽象"的人层面,从未触及"活动"的人,所以对于费尔巴哈除了爱与友情,而且是理想化了的爱与友情外,他不知道"人与人之间还存在什么其他的人的关系。"①将人置于自我意识的统治下,任何话语的解放从一开始就是徒劳,因为人是、也只能是现实世界的人,是一定时期的社会活动塑造的"现实的人"。当费尔巴哈是一个唯物主义者时,历史在他的视野之外;当他去探讨历史时,他不是一个唯物主义者。在他那里,唯物主义和历史是彼此完全脱离的。②

马克思始终站在现实历史的基础上,将感性世界化解为人的实践活动的结果。当马克思从现实有生命的个人出发,在感性对象性关系中以"感性意识的有限性"来消解"思辨意识的无限性"之时,便已将时间性纳入现实的个人的自我生成和自我创造过程之中。③"现实的历史的人"的实践活动促进了社会交往,在感性活动中把握人的本质、社会存在的本质,构建了社会现实、赋予了社会存在历史性意义。正是由于人们的感性活动才达到自己的目的和获得自己的材料的。这种活动,这种连续不断的感性劳动和创造、这种生产,正是整个现存的感性世界的基础。④ 这种基础让马克思看到了资本主义社会弊端产生的根源、城乡对立分离的实质,并且更加长远的关注在社会发展中、城乡关系修复中关注人本价值的必要性。

第二节　马克思恩格斯视域下西欧城乡关系的演进历程

在马克思恩格斯城乡关系视野下,人类社会发展的总体趋势表现为从"城乡一体"、"城乡分离"到"城乡关联",最终走向"城乡融合"的过程。人类

---

① 马克思恩格斯选集:第1卷[M].北京:人民出版社,1995.6(2008.11重印):157.
② 马克思恩格斯选集:第1卷[M].北京:人民出版社,1995.6(2008.11重印):158.
③ 陈永杰,柴玉芳.论感性活动对意识内在性的彻底翻转——马克思对费尔巴哈真理观的超越[J].福建论坛(人文社会科学版),2021(12):145-156.
④ 马克思恩格斯选集:第1卷[M].北京:人民出版社,1995.6(2008.11重印):157.

文明的诞生,就是在城乡对立当中所孕育的,在城市和乡村的分离和对立的不平衡关系中行进。这种不平衡关系在不同历史时期有不同的表现。马克思恩格斯在具体分析社会经济发展过程中,对不同历史时期城乡关系的特点及历史作用有过深刻的阐述。根据欧洲社会进程,认为"古典古代的历史是城市的历史,不过这是以土地财产和农业为基础的城市中世纪日耳曼时代是从乡村这个历史舞台出发的,然后,它的进一步发展是在城市和乡村的对立中进行的,现代的历史是乡村城市化,而不像在古代那样,是城市乡村化。"①通观马克思恩格斯的有关思想,西欧社会进程中城乡关系的重要特点,是社会分工基础上的经济利益对立关系突出及其城市的文明先导作用。

一、西欧古代社会城乡关系:"古典古代的历史是城市的历史"

　　城市最初形态的产生是用于防守,随着生产力的发展、分工的逐渐明朗,城乡由混沌到对立。起初的城乡关系是相对稳定的结构,几乎可以说是混沌合一的。若干血缘相近的氏族结合而成的部落渐渐的突破自身部落的地域限制向外交往,这种交往首先从家庭内部向外交往,从血缘家庭到普纳路亚家庭,乃至对偶、专偶制家庭,从父母子女、兄弟姐妹间性关系的摒弃为始。此时的分工只是性行为方面的分工,是纯粹自然产生的分工。② 之后第一次社会大分工,使需要的、自然的分工更进一步,频繁的交换成为可能。随后社会生产率的提高,使人能够生产出超过维持自身生活所必需的产品,人口增加、财富与生产领域的扩大,社会阶级分裂。在野蛮时代的高级阶段,随着金属、铁器的运用拉开了第二次大分工的序幕:手工业与农业的分离。

　　生产力更新,交往扩大。亲属部落的联盟,到处都成为必要的了。不久,各亲属部落的融合,从而分开的各个部落领土融合为一个民族[Volk]的

---

① 马克思恩格斯全集:第46卷(上)[M].北京:人民出版社,1995:480.
② 马克思恩格斯选集:第4卷[M].北京:人民出版社,1995.6(2008.11重印):175.

整个领土,也成为必要的了。① 民族的形成,使社会历史踏入了文明时代。手工业与农业的分工,使交换固定下来。文明时代巩固并加强了所有这些已经发生的各自分工特别是通过加剧城市和乡村的对立(或者是像古代那样城市在经济上统治乡村或者是像中世纪那样乡村在经济上统治城市)而使之巩固和加强②,城乡对立成了现实。

马克思所说的"古典古代的历史",主要是指古代希腊罗马时代的历史。以城邦形式出现的政治体决定了其狭隘的领地要想继续存活必须通过对外贸易才能凭借经济实力支配乡村。而频繁的海外贸易造就了古典古代城市与乡村的差别,形成了"城市在经济上统治乡村"的格局。城市对乡村的剥削和掠夺,为古代城市畸形的兴盛提供了物质条件,并进一步提高了城市的地位。而这一时期的城市是"以土地财产和农业为基础的城市",农业是决定性的生产部门。以商业贸易为基础的城市一旦对外贸易为海上战争所破坏,便失去了生存的基础。无止境掠夺和勒索乡村,使乡村无法继续再生产或提供剩余产品,文明亦会衰败。当蛮族人入侵给罗马以致命一击,显赫一时的罗马文明便被夷为废墟和荒野,即所谓"城市乡村化",西欧因此跌落到中世纪封建社会。

二、西欧中世纪城乡关系:"乡村在经济上统治城市"

在古希腊罗马文明遗留下来的废墟和荒原上,最先形成的是一个个以农业为基础,以农奴依附于领主为特点的乡村领主庄园。整个西欧封建社会便是由一个个分散、孤立、封闭的领主庄园构成的。但随着中世纪封建社会的发展,在地中海沿岸和一些商业贸易交结点上逐步生长出一些以工商业为基础的城市。这些城市直接来源于工商业和农业的社会分工。它们一出现就与以农业为基础的乡村庄园处于相互分离和经济利益对立状态,西

---

① 马克思恩格斯选集:第4卷[M].北京:人民出版社,1995.6(2008.11重印):180.
② 马克思恩格斯选集:第4卷[M].北京:人民出版社,1995.6(2008.11重印):182.

欧社会因此开始在城市和乡村的对立中行进。

在中世纪西欧,占统治地位的阶级居住在乡村庄园城堡。在新兴的工商业城市兴起之初,乡村领主利用其统治地位,从经济上剥削城市商人阶级,形成"乡村在经济上统治城市"的城乡关系。但是,随着乡村领主消费欲求的扩大,在经济上愈来愈依赖于城市工商业大批农奴为获得人身自由权而纷纷逃向"空气使人自由"的城市,造成封建人身依附关系的崩溃以及城市商人无止境地积累财产,从而大大增强了城市的经济力量,并使城市一步一步成为与封建领主庄园不同的主权团体。在城市,以行会为代表的手工业封建组织吸收了这些农奴,农奴依附于行会,最初的城市居民由此而来。由于行会所秉持的世袭相传的技术使得分工在此并不明显。分工的进一步扩大是生产和交往的分离,是商人这一特殊阶层的形成。① 商人在城市间的流动使交往进一步扩大,新的生产方式在各城市间引起新的分工——工场手工业产生。工场手工业最早表现于织布业,由于无需高超技术,加之人口增加、需求上涨,使其独立于行会之外,而织布业所在的乡镇也渐渐地变成了繁荣的城市。正是在与封建关系为基础的乡村的对立发展中,城市里生长出资本主义生产萌芽这一革命性因素。随着资本主义萌芽的生长和资产阶级力量日益壮大,资产阶级进一步提出了政治要求,希望建立具有民族国家性质的资产阶级社会。马克思早期著作中经常将资产阶级社会称之为"市民社会",其原因就在于资产阶级最初来源于中世纪城市市民。资本主义社会可以说拿以城市为起点建立起来的。

三、西欧近代社会城乡关系:"现代的历史是乡村城市化"

当工场手工业向大工业过渡时,传统的手工工场被大工厂替代,现代工厂制度确立。大批农村工人被吸纳到城市中心,乡村成了资本家的乐园。它建立了现代的大工业城市——它们的出现如雨后春笋——来代替自然形

---

① 马克思恩格斯选集:第1卷[M].北京:人民出版社,1995.6(2008.11重印):187.

成的城市。凡是它渗入的地方,它就破坏手工业和工业的一切旧阶段。它使城市最终战胜了乡村。① 在工场手工业时期,城乡之间的矛盾逐步激化,城市开始不依赖于乡村而独立存在和发展。在机器大工业时期,城市得到了前所未有的高速发展。② 资本大量的集中在资本家手中,大量的劳动力也往资本主义的工厂中聚集,这些都是通过对农村的掠夺而来的。他们通过其特殊的经济政治优势支配乡村、剥夺和分散屠弱的乡村农民,变相的强制将农民与自己的土地相分离。最后,没有财产的人被抛向市场,出售自身仅剩的劳动力。机器使农业和农村家庭手工业分离,为资本原始积累提供了充足的劳动力后备军。

在工业革命崛起的时代,城市和乡村的差别不再是同一文明时代社会分工造成的,而意味着工业文明和农业文明的差别。先进的工业文明正是以人口、财富、资本、需求日益集中的城市为依托崛起和发展的,它使人口不断地流向城市,并迫使乡村屈服于城市的统治。所以马克思认为"现代的历史是乡村城市化。"

第三节　马克思恩格斯城乡关系的主要内容

一、马克思恩格斯关于城乡关系的核心观点

（一）城乡分离与对立有其必然性、合理性和历史进步性

历史唯物主义认为历史发展的根本动力是生产力的发展,生产力和生

---

① 马克思恩格斯选集:第1卷[M].北京:人民出版社,1995.6(2008.11重印):194.
② 申长鹤,邓谨.马克思恩格斯城乡关系思想及其当代价值[J].武汉理工大学学报(社会科学版),2013,26(02):180-185.

产关系矛盾运动,形成了生产方式的变换,也决定着人类社会形态的变迁发展。通过对生产力和生产关系相互关系的考察可以看出,在一定社会历史时期产生的城市和乡村的分离和对立,是在科技进步推动的生产力快速发展的必然产物。事物往往是辩证地存在着。城乡关系的分离与对立虽然在一定时期内给农村带来了衰败,但是却在相当的程度上促进了城市的发展,促进了生产力的快速提高,促进了城市与乡村的交流,而这些恰恰隐含着城乡融合所需要的条件,因此,从这个角度来看,城市和乡村的分离与对立具有其合理性的一面。以近代工业化、城市化为特征的工业文明对农业文明、资本主义生产方式对封建制生产方式的取代体现了人类历史的进步性。①

1. 必然性:城乡分离乃至对立具有历史必然性

首先,城乡关系是由生产力水平所决定的,随着所有制的变化城乡的关系呈现出不同的状态。"一定的生产方式或一定的工业阶段始终是与一定的共同活动或一定的社会阶段联系着的,而这种共同活动方式本身就是'生产力';由此可见,人们所达到的生产力的总和决定着社会状况。"②原始社会的城乡关系是无差别状态;奴隶制社会乡村占统治地位;到封建时期,城市开始反制乡村;直到资本主义社会,城市乡村完全对立,乡村完全成为城市的附庸。从原始社会到工业革命后的资本主义社会,城乡关系随着生产力的发展和所有制的变革而不断的演进,这是由生产力发展所决定的不可逆转的过程,具有历史必然性。

其次,资本主义发展到一定的阶段,生产就会变成具有破坏性的力量。手工业者被驱逐出手工劳动领域,市场被价格低廉的流水线产品占领,资本财富累积,侵占一切有利可图的地界。但是,自资本主义取代封建专制以来,实现了对土地、政权的占有,只有通过不断地扩张、累积才能够维持资产阶级所创造的巨大财富的长久存在。而城乡分离作为资本主义生产巩固分工的手段,以此来稳固资产阶级地位、发展资本主义经济,不至于被旧的生

---

① 周志山.从分离与对立到统筹与融合:马克思的城乡观及其现实意义[J].哲学研究,2007(10):9-15.

② 马克思恩格斯选集:第 1 卷[M].北京:人民出版社,1995.6(2008.11 重印):160.

产关系僭位。从这一点来看城乡分离是有存在是必然的。

最后,导致城乡分离的资本主义的这种破坏性的力量是由资本主义"生产力有所发展但又发展不足"所引起的。[1] 马克思恩格斯所讲的生产力"有所发展",主要是指"农业劳动生产率"的提高,就是农业剩余产品超过了农业劳动者维持所需还有剩余,有了劳动剩余才能为城市的发展和扩大再生产提供物质基础。随着资本的积累和资本向城市的转移,城市和乡村,工人和农民之间的距离越拉越大。"社会上的一部分人用在农业上的全部劳动——必要劳动和剩余劳动——必须足以为整个社会,从而也为非农业工人生产必要的食物;也就是使从事农业的人和从事工业的人有实行这种巨大分工的可能;并且也使生产食物的农民和生产原料的农民有实行分工的可能。"[2]马克思恩格斯所讲的生产力"发展不足",主要是指整个社会的劳动生产率还没有达到一种非常高的水平,生产力还没有达到城乡互通,实现城乡之间融合发展的水平。"乡村农业人口的分散和大城市工业人口的集中,仅仅适应于工农业发展水平还不够高的阶段"。[3]

2. 合理性:造就社会文明新格局

城乡对立作为巩固分工的形式,极大程度上促进了资本主义经济的发展,经济的发展从另一面来看,让城市作为人类居所的存在变得更加便捷。城市作为近代市民社会的诞生地、资本主义制度的温床,促进了社会环境变革,这一切都表现在资本主义生产方式所创建的现代工业城市上。现代城市是经济、政治和文化生活的中心,蕴含着社会历史前进的动力。城市本身表明了人口、生产工具、资本、需求的集中,同时城市也有能力吸纳外来的资本、人口,这种集中与吸纳赋予了城市强大的集聚经济效益和辐射扩散效应,使不同的城市以自身的特质相互联系,成为某个领域的绝对核心。例如恩格斯在《英国工人阶级状况》中提到的英国的棉纺织业中心——兰开夏

---

[1] 周志山.从分离与对立到统筹与融合:马克思的城乡观及其现实意义[J].哲学研究,2007(10):9-15.
[2] 马克思恩格斯选集:第1卷[M].北京:人民出版社,1995.6(2008.11 重印):612.
[3] 马克思恩格斯选集:第1卷[M].北京:人民出版社,1995.6(2008.11 重印):308.

郡,"是棉纺织业的摇篮,棉纺织业使得兰开夏郡发生了深刻的变革,把它从一个偏僻的很少开垦的沼泽地变成了充满生机和活力的地方……在南兰开夏郡的历史上可以看到近代的一些最大的奇迹,所有的这些奇迹都是棉纺织业创造的。"①其次,工业革命的时代是自由竞争的资本主义向全球扩张的时代,同时也是城市化崛起、城乡关系走向尖锐对抗的时代。城市的兴起伴随着资本主义生产的工业化过程,工业化与城市化息息相关。而资本主义的工业化从农村掠取了大量的资源,促进了资本主义社会特有的城市文明的诞生,使传统落后的乡村社会向现代先进的城市社会转变,使小城市变为大城市。

城市对农村的辐射,促进了农村社会阶级关系的变革。资本主义进入机器工业之后,城市工业的进步为农业生产率的提高提供了技术、设备支持,破除了以往小农经济的分散性,能够将农村零散的土地集中进行大规模的农业作业,农业经营向着集约化、规模化的方向发展。而小农经济的瓦解,让以往束缚于土地的个体农民,摇身一变成为农场的农场主或者是被农场主所雇佣的农业工人。"大工业在农业领域内所起的最革命的作用,是消灭旧社会的堡垒——农民,并代之以雇用工人。因此,农村中社会变革的需要和社会对立,就和城市相同了。最陈旧和最不合理的经营,被科学在工艺上的自觉应用代替了。"②

3. 历史进步性:人类文明形态跃迁

"物质劳动和精神劳动的最大一次分工,就是城市和乡村的分离。城乡之间的对立是随着野蛮向文明的过渡、部落制度向国家的过渡、地方局限性向民族的过渡而开始的,它贯穿着全部文明的历史直至现在。"③城乡分离一定程度上可以看作是人类文明、国家和民族的历史起点。

在恩格斯笔下,当家庭成了与氏族所对立的力量、财产差别产生、奴隶制所钳制的范围变广等,这一切的准备就为国家机器的到来做出了铺垫。

---

① 马克思恩格斯选集:第1卷[M].北京:人民出版社,1995.6(2008.11重印):93-94.
② 马克思恩格斯全集:第23卷[M].北京:人民出版社,1958:551.
③ 马克思恩格斯选集:第1卷[M].北京:人民出版社,1995.6(2008.11重印):184.

资产阶级国家保证个人财富不受侵犯，它所实行的私有财产神圣化，打断了封建社会卑微的服从式的交往。它"宣布这种神圣化是整个人类社会的最高目的，而且还给相继发展起来的获得财产从而不断加速财富积累的新的形式，盖上社会普遍承认的印章……它不仅使正在开始的社会分裂为阶级的现象永久化，而且使有产者阶级剥削无产者阶级的权利以及前者对后者的统治永久化。"① 国家成了资产阶级协调各阶级矛盾的工具，更重要的是阶级进行政治统治的机器，这些都是以往封建社会所不具备的。资本主义制度对封建专制政体的取代，让资产阶级的民主思想——主张私有制、个人利益至上，民主、自由、平等、博爱的人道主义，主张用法治反对封建等级制度等，在现代国家的运行当中也颇为受用。而资本主义城市是现代文明、政治、经济、文化的中心，而"随着城市的出现，必然要有行政机关、警察、赋税等等，一句话，必然要有公共机构从而也就必然要有一般政治。"② 一般政治的出现，让人摆脱了原始社会甚至是封建社会的那种依附于绝对外力生存的状态，现代文明城市的机构很大程度的满足人类的对于实现欲求、维护权力的需要，相较于以往群居状态的紊乱治理是有一定进步的。

资产阶级追求个性解放、反对封建专制对平民阶级和压制，是对封建专制思想的部分否定，是区别于封建专制社会的人类文明形态的另一大跃迁。

（二）资本主义私有制是城乡对立的根源

城乡分离与对立是生产力发展与生产关系变革的结果，是社会分工深化和私有制发展的产物。现代的工人却相反，他们并不是随着工业的进步而上升，而是越来越降到本阶级的生存条件以下。③ 而工人阶级处境悲惨的原因不应当到这些小的弊病中去寻找，而应到资本主义制度本身中去寻找。④ 资本主义以自身独特的手段诱惑淳朴的劳动者，使其堕落、俯首。以

---

① 马克思恩格斯选集:第4卷[M].北京:人民出版社,1995.6(2008.11 重印):123.
② 马克思恩格斯选集:第1卷[M].北京:人民出版社,1995.6(2008.11 重印):184.
③ 马克思恩格斯选集:第1卷[M].北京:人民出版社,1995.6(2008.11 重印):412.
④ 马克思恩格斯选集:第1卷[M].北京:人民出版社,1995.6(2008.11 重印):67.

分工使他们的人格固化,成为机器上的一个零件;再将社会划分为简单的无产阶级和资产阶级,用无产阶级的鲜血滋养资产阶级的生命;让工人们在私有制之下竞争,竞争的微薄薪资却是工人的全部生活资料,而工人阶级在短时间之内就生产出来的剩余却成了资产阶级的私人财富。他们以国家机器的形式强制地使这种私人财富变得好像理所当然,并且以自身意志外化的法律条文企图让劳动者也认为这并不是属于自己财富。社会分工为城市和乡村的分离提供了一定历史前提,私有制、阶级和国家则使城市和乡村形成了剥削与被剥削、统治与被统治的阶级对立关系,使城市和乡村发展在严重的失衡状态中扩大了城乡间的差别。[1] 资本主义社会不能消灭这种对立相反它必然使这种对立日益尖锐化[2]。资本主义使人口集中于城市,榨取农村剩余价值的生产方式,只适用于工农业发展水平还不够高的阶段。目前,资本主义城市已经产生了大量问题。其中包括住宅、污染、交通等,而资本主义的私有制使社会福利集中于少数人手中,这必然导致社会矛盾无法隐藏。

　　生产力随人口的增加与交往扩大的可能而蓬勃发展。最开始一个民族内部的分工,首先引起工商业劳动同农业劳动的分离。农业与畜牧业的发展为生存提供了剩余粮食,于是从部落到封建社会,分工分解着城乡。城乡一开始处于混沌状态,单纯地作为人类的栖息地而存在。分工产生了利益对立,无论是个人、家庭甚至相互交往的一切对象。于是有一方为了维护自身的特殊利益,采取了国家这个独立形式机器,将其伪装成共同利益,堂而皇之地统治其他阶层,也就使城乡产生了对立。分工带来的不平等的分配,促进了私有制的形成。私有制借助商人与货币在城市扎根。资本主义私有制将城乡居民以不同形式的生产工具为基础划分阶级,将城市变为人口、资本、生产工具的集中地。交往手段的扩大,使得资本积累与日俱增。长此以往,耕地变成了牧场,农民变成了工人,市场的扩大、资本的积累、各阶级的

---

[1] 徐勇.马克思恩格斯有关城乡关系问题的思想及其现实意义[J].社会主义研究,1991(6):36-41.
[2] 马克思恩格斯选集:第3卷[M].北京:人民出版社,1995.6(2008.11重印):223.

社会地位的改变、被剥夺了收入来源的大批人口的出现,工场手工业形成了。① 分工与交往的扩大促使工场手工业的产生,依赖于乡村人口于城市的集中与积聚的资本,工场手工业蓬勃发展。摆脱了行会固执的生产方式,工人统一受分工支配,工场手工业所带来的劳动者和生产工具的积聚与分工是不可分割的。

机器的普遍采用加剧了社会内部的分工,人被进一步被分割。产业革命之后,超过生产力的需求引起了中世纪以来私有制发展的第三个时期的动力,即大工业。依托世界市场与普遍竞争,完全克服了工场手工业对于商业的依赖性,使资本在全球范围内流通。"大工业创造了交通工具和现代的世界市场,控制了商业,把所有的资本都变为工业资本,从而使流通加速(货币制度得到发展)、资本集中。大工业通过普遍的竞争迫使所有个人的全部精力处于高度紧张状态。它尽可能地消灭意识形态、宗教、道德等等,而在他无法做到这一点的地方,它就它们变成赤裸裸的谎言。"②"它首次开创了世界历史,因为它使每个文明国家以及这些国家中的每一个人的需要的满足都依赖于整个世界,因为它消灭了各国以往自然形成的闭关自守的状态。它使自然科学从属于资本,使分工丧失了自己自然形成的性质的最后一点假象,它把自然形成的性质一概消灭掉(只要在劳动的范围内有可能做到这一点),他还把所有自然形成的关系变成货币的关系。"③逐渐地分工使劳动成为异化的力量,分工使劳动者的劳动凌驾于自身之上,农民的劳动力在雇佣劳动制度下异化为凌驾于他个人之上的力量,并通过劳动力的再生产维持了资产阶级的统治。④ 资本主义就是这样一步步使城乡对立加深。它造成了商品市场经济在城市和工业部门的发展速度和程度快于农村和农业;工业比农业快,劳动生产率更高;城市工人在提高工资水平方面处于比农业工人和农村家庭工人更为有利地位;城市文明和工业文明的熏陶使城市居

---

① 马克思恩格斯选集:第1卷[M].北京:人民出版社,1995.6(2008.11 重印):244.
② 马克思恩格斯选集:第1卷[M].北京:人民出版社,1995.6(2008.11 重印):194.
③ 马克思恩格斯选集:第1卷[M].北京:人民出版社,1995.6(2008.11 重印):194.
④ 隋筱童.马克思恩格斯城乡关系理论研究及新时代启示[J].兰州学刊,2020(10):103-117.

民的文明程度高于农村居民。①

无法解决资本主义生产方式过程中所出现的危机,就以掩盖这个阶级存在的方式来掩盖自身的罪恶。他们以国家机器来统治分化了的社会阶层,用自己意志所拟定的法律意志来管控社会。资本主义生产所带来的金钱、地位,成了其权力统治的城墙。这一切的根源都是资本主义生产方式所带来的弊端。

(三) 未来社会城乡融合是必然趋势

城乡对立消除后,城乡融合将是未来社会城乡关系的最终形态,同时这也将是未来共产主义社会的标志之一。"资产阶级在它不到一百年的阶级统治中所创造的生产力,比过去一切世代创造的全部生产力还要多,还要大。"②但是它所创造的资产阶级的文明不仅仅使城乡对立,还破坏了工农业间相互依存的关系。马克思恩格斯提出的城乡融合概念,并将其作为未来社会发展的主要特征,是因为城乡融合能够消除资产阶级所带来的弊端,并且城乡的融合是建立在更高级的形态上的融合。

1. 消灭城乡对立不是空想

在马克思和恩格斯的视野下,城乡从对立走向融合是必然的结果。恩格斯是在与蒲鲁东等人的论战中提出城乡融合是社会历史发展的必然趋势。首先,关于蒲鲁东企图在资本主义范围内解决住在问题的观点,恩格斯进行了强烈的批判,他指出"资产阶级社会主义的实质是希望保全现代社会一切祸害的基础,同时又希望消除这些祸害,"③这是不现实的,对于和认为仅仅改善劳动阶级住房进而就可以提高劳动者精神、物质福利的观点一样是不切实际的。在《论住宅问题》当中,恩格斯还批判了米尔伯格关于消灭城乡对立是一种空想的言论,米尔伯格认为城乡对立是历史自然形成的,因

---

① 何增科.马克思、恩格斯关于农业和农民问题的基本观点述要[J].马克思主义与现实,2005(05):49-59.
② 马克思恩格斯选集:第1卷[M].北京:人民出版社,1995.6(2008.11重印):405.
③ 马克思恩格斯选集:第3卷[M].北京:人民出版社,1995.6(2008.11重印):215.

此不能被消除,只能采取另外合理的政治形式取而代之。对此恩格斯强调:"断定人们只有在消除城乡对立后,才能从他们以往历史所铸造的枷锁中完全解放出来,这完全不是空想;当有人硬要从现有情况出发,预先规定一种据说可以用来消除现存社会中这种或其他任何一种对立的形式时,那才是空想。"①"城市和乡村的对立的消灭不仅是可能的,而且已经成为工业生产本身的直接需要,同时也已经成为农业生产和公共卫生事业的需要。"②对于城乡融合,恩格斯还再次强调了城乡关系改变会导致整个社会面貌也跟着改变。消除城乡对立不仅不是空想,而且对于社会环境也是具有牵动性的。

2. 消灭城乡对立需要资产阶级发展生产力

资产阶级和无产阶级之间的存在是相互的,无产阶级是由资产阶级生产关系造成的,同时又是这些生产关系继续存在的条件。③ 但是,因为共产党人致力于支持一切反对现存社会、政治制度的革命运动,这其中当然也包括资产阶级反对封建专制的运动,所以目前要消灭城乡对立只有继续帮助资产阶级。共产主义者不能指望在资产阶级取得统治以前就和资产阶级进行决战。所以共产主义者为了本身的利益,必须帮助资产阶级尽快地取得统治,以便尽快地再把它推翻。④ 工人的游行罢工成了资本家实现自己目的的有效手段,工厂的工人和被利益渗透的工联,并非完全代表到了劳动者的根本利益。实际上这两类人已经完全不同于出靠劳动力为生的曾经的那个悲惨的阶级,他们为工厂主、资本家卖命。很显然,怀柔政策有效了。工厂主日益清楚地了解到:"没有工人阶级的帮助资产阶级永远不能取得对国家的完全的社会统治和政治统治。"⑤因此,在马克思恩格斯笔下的阶段,消灭城乡对立必须依靠资本主义发展生产力,即"欲灭之,必助之"。

---

① 马克思恩格斯选集:第3卷[M].北京:人民出版社,1995.6(2008.11 重印):265.
② 马克思恩格斯选集:第3卷[M].北京:人民出版社,1995.6(2008.11 重印):684.
③ 马克思恩格斯选集:第3卷[M].北京:人民出版社,1995.6(2008.11 重印):215.
④ 马克思恩格斯选集:第1卷[M].北京:人民出版社,1995.6(2008.11 重印):311.
⑤ 马克思恩格斯选集:第1卷[M].北京:人民出版社,1995.6(2008.11 重印):72.

3. 城乡将会重新在更高级的形态上实现融合

资本主义发展在加剧城乡对立的矛盾的同时，又孕育着新的消除城乡对立的新社会的可能性，马克思和恩格斯认为，城乡会重新在更高级的形态上实现融合，是经济社会协调发展的客观要求。消除城乡对立后"才能使农村人口从他们数千年来几乎一成不变地栖息在里面的那种孤立和愚昧的状态中挣脱出来"[1]。使农村成为安居乐业的场所、使农业摆脱落后的生产方式，进而使农民衣食富足。"消灭城乡对立不是空想，不多不少正像消除资本家与雇佣工人的对立不是空想一样。消灭这种对立日益成为工业生产和农业生产的实际要求那么消灭城乡对立的这个空想便有了值得注意的实际基础。"[2]"只有通过城市和乡村的融合，现在的空气、水和土地的污染才能排除，只有通过这种融合，才能使目前城市中病弱的大众把粪便用于促进植物的生长，而不是任其引起疾病。"[3]城乡对立的消除为大工业发展拓展了空间，缓解城市化进程中所产生的城市弊病。消除城乡对立是人自由而全面发展的需要，那时从事农业和工业劳动的将不再是两个不同的阶级，而是同样的人。资本主义生产所造成的畸形劳动是劳动力量异化，当以巩固城乡对立为发展手段的旧分工的消除，社会生产必将向着有利于人类社会发展的方向前进，生产劳动将不再是奴役人的工具，社会生活也将不再固化。

二、马克思恩格斯视野下城乡融合的主要途径

（一）大力发展生产力

"生产力的这种发展之所以是绝对必须的前提，还因为如果没有这种发展，那就只会有贫穷、极端贫困的普遍化；而在极端贫困的情况下，全部陈腐

---

[1] 马克思恩格斯选集：第3卷[M].北京：人民出版社，1995.6(2008.11重印)：215.
[2] 马克思恩格斯选集：第3卷[M].北京：人民出版社，1995.6(2008.11重印)：214.
[3] 马克思恩格斯选集：第3卷[M].北京：人民出版社，1995.6(2008.11重印)：646-647.

污浊的东西又要死灰复燃。"①资产阶级正是靠着生产力的发展而"飞黄腾达",如今城乡对立作为资本主义社会生产方式发展的产物,消灭对立亦是随着生产力的高度发展实现的。

1. 发挥资本主义城市的引领作用

资本主义条件下城市是生产、需求的集中地,是社会经济活动的纽带。工人聚集在大工业企业的附近,工人产生的生活、文化需求衍生了一个小型的村镇。于是,农村逐渐城镇化、小城市逐渐发展为大城市。而大城市间的分工协调关系着国民经济的发展,依托于城市,工业很快建立起联通世界市场的工业体系,中心城市的经济活动调节着全国性甚至是世界性的经济活动。由此产生的城市的规模效应和集聚效应,对提高劳动者素质、让劳动者摆脱乡村愚昧落后状态、促进农业和农村发展具有极大的带动作用。

其一,城市是各个领域生产要素的集散地,是经济文明的集中体现和经济信息集散的中心。城市具有的规模经济、聚集效应能吸引一切有利于生产力发展的要素聚集,一定程度后也能够使一定资本回流到农村、农业领域。城市引起的新一轮的向外扩张,包括铁路、航运等交通方式。使大量企业集聚使开办工厂的成本不那么高,而工厂吸引着劳动力。最终,城市拥有了足量的产出和足够的需求,这就造成了大工厂城市惊人迅速地成长。"要想能够利用新发明的辅助工具,修筑良好的道路,买到便宜的机器和原料,雇到经过良好训练的工人,就必须建立整套的工业体系。要建立整套的工业体系,就需要把一切工业部门紧密地联系起来,就需要有依赖于内地工业的、商业繁荣的沿海城市。"②正如英国的曼彻斯特,不仅仅是英国工业发源地,更是英国工业生活中一切波动的寒暑表。而当大城市发展到一定程度时就会产生规模不经济,资本在趋利的天性驱使下向农业领域回流。"城市中利润的降低,促使资本流入农村,这就造成对农业劳动的新的需求,从而提高农业劳动的报酬。那是资本就可以说是遍布全国,并在农业中找到用

---

① 马克思恩格斯选集:第1卷[M].北京:人民出版社,1995.6(2008.11重印):166.
② 马克思恩格斯选集:第2卷[M].北京:人民出版社,1995.6(2008.11重印):322.

途,于是原来在很大程度上是靠农村积累起来的城市资本又部分地回到了农村。"①

其二,城市是工人阶级诞生、无产阶级阶级意识觉醒的摇篮。资本主义城市吸引着农民变为一无所有的工人,但是资本主义带给工人却是无尽的压迫。"如果没有大城市,就没有它们推动社会意识的发展,工人决不会像现在进步这么快。"②在城市,资本主义大工业的发展让工人们看到了彼此间的共同利益。"大工业到处造成社会各阶级间的相同关系,从而消灭了各民族的特殊性。最后,当每一民族的资产阶级还保持着它的特殊的民族利益的时候,大工业却创造了这样一个阶级,这个阶级在所有的民族中都具有同样的利益,在他那里民族独特性已经消失,这是一个真正同整个旧世界脱离而同时又与之对立的阶级。大工业不仅使工人对资本家的关系,而且使劳动本身都成为工人不堪忍受的东西。"③在农村,由于资本主义的生产方式下人口和资源源源不断地向城市集中到一定阶段,城市就会使资本回流到农村,从而引起城镇化发展,使农村小农阶层一定程度上克服了自身的局限性、愚昧性。最后,中心城市带动农村发展,城市工业引领农村农业,并在工人阶级逐渐觉醒的意识之下使发展起来的生产力不再是凌驾于自身的力量。

2. 坚持农业基础地位,实现工农业融合发展

农业作为城乡经济关系调整变化的物质基础,应给予相当的重视。首先,"我们首先应当确定一切人类生存的第一个前提,也就是一切历史的第一个前提,这个前提是:人们为了能够'创造历史',必须能够生活。但是为了生活,首先就需要吃喝住穿以及其他一些东西。因此,第一个历史活动就是生产满足这些需要的资料,即生产物质生活本身"④。农业生产关系着人类生产活动的延续与人类社会的生存,人类只有果腹之后才有余力进行其他物质生产活动。当劳动生产出超过劳动者自身需要的物质资料时候,农业

---

① 马克思恩格斯全集:第3卷[M].北京:人民出版社,1959:261.
② 马克思恩格斯选集:第2卷[M].北京:人民出版社,1995.6(2008.11重印):408.
③ 马克思恩格斯选集:第1卷[M].北京:人民出版社,1995.6(2008.11重印):195.
④ 马克思恩格斯选集:第1卷[M].北京:人民出版社,1995.6(2008.11重印):78-79.

劳动生产率就提高了。农业劳动生产率的提高使劳动的深度和广度得到了拓展。手工业从农业中分离出来，愈加频繁且扩大的交往使交换成了可能，商品交换塑造了新一轮的城市形态，即商业城市。城市从农村中汲取发展的养分，也就发展了城市对农业的依赖。

再者，农业劳动生产率制约着农业和工业之间社会分工的发展程度。农村的劳动力源源不断地向城市集中，旧式家庭的小农经济被消灭。但是随着生产方式的不断革新，对农村、农业、农民的要求只会上升。农业劳动必须有足够的生产率和提供足够的剩余产品，才有可能使农业和工业之间实行巨大的分工。"社会上的一部分人用在农业上的全部劳动——必要劳动和剩余劳动——必须足以为整个社会，从而也为非农业工人生产必要的食物；也就是使从事农业的人和从事工业的人有实行这种巨大分工的可能；并且也使生产食物的农民和生产原料的农民有实行分工的可能。"① 农业的劳动剩余为城市提供生产资料的同时促进分工深化，资本主义生产取代原始的家庭手工业，推动城乡经济结构改变。

最后，"只有使工业生产和农业生产发生紧密的联系，并适应这一要求，使交通工具也扩充起来——同时就要以废除资本主义生产方式为前提，才能使农村人口从他们数千年，几乎一成不变的，在其中受煎熬的那种与世隔绝的，愚昧无知的状态中挣脱出来"②。资本主义生产力的发展为城乡融合创造了物质条件。资本主义大工业使资本回流农村，工业为农业提供的技术与设备，使农业实现大规模耕作，大大提高了劳动生产率，改变了传统的、粗制的农业生产方式，促进了农业向集约化、规模化方向发展与农村社会关系变革。此外，生产力的高度发展，特别是大工业的发展。只有通过工业的发展，改变农业的传统技术基础，实现农业工业化，乡村城市化。恩格斯为此认为，大工业在全国的尽可能平衡的分布，是消灭城市和乡村的分离的条件，并主张虽然资本主义生产方式撕裂了农业和手工业的原始纽带，但是同

---

① 马克思恩格斯选集：第2卷[M].北京：人民出版社，1995.6(2008.11重印)：544.
② 马克思恩格斯选集：第3卷[M].北京：人民出版社，1995.6(2008.11重印)：265.

时又为农业和工业在对立发展的形式的基础上创造了更高级的联合,即工农业的联合。

(二) 废除资本主义私有制

城乡之间的对立只有在私有制的范围内才能存在,因此废除私有制建立生产资料公有制是实现城乡融合的前提。城乡之间的对立是个人屈从于分工、屈从于他被迫从事的某种活动的最鲜明的反应,这种屈从把一部分人变为受局限的城市动物,把另一部分人变为受局限的乡村动物,并且每天都重新产生二者利益之间的对立。[①] 所以消灭资本主义私有制,进而建立社会主义制度才是正解。只有在社会主义制度下,才能改变城乡间剥削与被剥削、统治与被统治的关系,合理地配置资源、人口,加强城乡间的有机联系,实现城乡间的均衡发展,并通过创造巨大的生产力最终消灭城乡差别。

无产阶级在缓慢改造社会的过程中实现着逐步废除私有制的目的。其一,强调土地国有化。资本主义发展有如今成就很大一部分原因就是使农村土地私人占有。马克思恩格斯强调,实现土地国有化将随着社会经济的发展、人口的增长与集中以及工业机器在劳动领域的广泛运用而成为一种必然。"一旦土地的耕作由国家控制,为国家谋利益,农产品自然就不可能因个别人滥用地力而减少。"除此之外,"土地国有化将使劳动和资本之间的关系彻底改变,归根到底将完全消灭工业和农业中的资本主义生产方式。那时,阶级差别和特权将与它们赖以存在的经济基础一同消失。他人的劳动而生活将成为往事。同社会相对立的政府或国家将不复存在!农业、矿业、工业,总而言之,一切生产部门都将逐渐地用最合理的方式组织起来。生产资料的全国性的集中将成为由自由平等的生产者的联合体所构成的社会的全国性的基础,这些生产者将按照共同的合理的计划自觉地从事社会劳动"[②]。

---

① 马克思恩格斯选集:第1卷[M].北京:人民出版社,1995.6(2008.11重印):185.
② 马克思恩格斯选集:第3卷[M].北京:人民出版社,1995.6(2008.11重印):178.

其二,将生产资料转为国有财产。资本主义生产方式下所获得的生产力,在目前看来已经超出了他所能控制的范围,对资本主义自身、社会乃至自然已经产生了反噬。"无论信用无限膨胀的工业高涨时期,还是由大资本主义企业的破产造成的崩溃本身,都使大量生产资料不得不采取像我们在各种股份公司中所遇见的那种社会化形式。某些生产资料和交通手段一开始规模就很大,它们,例如铁路,排斥任何的资本主义经营形式。在一定的发展形式上,这种形式也嫌不够了:资本主义社会的正式代表——国家不得不承担起对它们的管理。这种转化为国家财产的必要性首先表现在大规模的交通机构,即邮政、电报和铁路方面。"①但是无论是转化为股份公司还是国有财产,都无法消除生产力的资本属性。现代国家是资产阶级意志的体现,就这一点就揭露了这个国家的阶级局限性。但是无止境的资本积累总会引发变革,生产资料国家所有就包含着解决冲突的机遇。

"在大工业中,生产工具和私有制之间的矛盾才是大工业的产物,这种矛盾只有在大工业高度发达的情况下才会产生。因此,只有随着大工业的发展才有可能消灭私有制。"②资本主义大工业用机器为资本主义农业的发展提供了牢靠的基础,使农业和农村家庭手工业分离。但是,现代大工业应以消灭城乡对立为目的,"那些将要消灭旧的分工以及城市和乡村的分离,将使全部生产发生变革的革命因素已经以萌芽的形式包含在现代大工业的生产条件中,"③资本主义的大工业属性是资本主义式的,要从已有的大工业发展引导大工业为未来社会服务,从带动到均衡,这势必会使工业农业的劳动观念、生产力发展等发生变革。曾经的大工业使城市战胜了乡村,未来大工业也一定可以实现城乡的融合。

(三)无产阶级专政

资产阶级的野心是想要资产阶级,但是不要无产阶级,这怎么可能呢。

---

① 马克思恩格斯选集:第3卷[M].北京:人民出版社,1995.6(2008.11重印):666.
② 马克思恩格斯选集:第1卷[M].北京:人民出版社,1995.6(2008.11重印):184.
③ 马克思恩格斯选集:第3卷[M].北京:人民出版社,1995.6(2008.11重印):685.

正如《共产党宣言》中所说:"资产阶级社会主义者想要'消除社会的弊端,以便保障资产阶级社会的生存';他们想要'资产阶级,但是不要无产阶级'。"①首先,资本主义的发展实质更多是为了确保自身利益不受损害,即使如他所说希望消除的这些祸害,也仍只是阻碍其生产力进一步发展的、对于他来说处于对他不利地位的"祸害"。例如工人为维护自身的权益而举行的罢工活动。资本主义社会从内在看来是利己的,他力图排除任何一切阻碍自身发展的不利因素,无论是生产的趋利性还是阶级性格的狭隘性,都是资本主义与生俱来的难以磨灭的劣根性。因此,对于这样的资产阶级,"只要有产阶级不但自己不感到有任何解放的需要,而且还全力反对工人阶级的自我解放,工人阶级就应当单独的准备和实现社会变革"。②

"迄今为止的一切革命始终没有触动活动的性质,始终不过是按另外的方式分配这种活动,不过是在另一些人中间重新分配劳动,而共产主义革命则针对活动起已经具有的性质消灭劳动,并消灭任何阶级的统治以及这些阶级本身。"③资本主义与生俱来的掠夺,使资本主义的分配方式只不过是在同一群人中间重新按另外的方式分配而已。这一群人中间,当然不会有无产阶级劳动者。只有无产阶级能够代表广大劳动人民的利益,只有无产阶级能够在革命当中抛却自身陈旧。"进行革命的阶级,仅就它对抗另一个阶级而言,从一开始就不是作为一个阶级,而是作为全社会的代表出现的。"④无产阶级作为全社会的代表,具有资产阶级所不能比拟的彻底性与普遍性。无产阶级将带领人类实现解放,进而解放自身。只有在共同体中,个人才能获得全面发展其才能的手段,也就是说,只有在共同体中才可能有个人自由。⑤ 其一,无产阶级消除竞争。雇佣劳动完全是建立在工人的自相竞争之上的,只有在无产阶级所建立的共同体中,竞争才可消除。其二,无产阶级在政治上建立统治后建立工农联盟,发挥无产阶级对农民的领导核心作用,

---

① 马克思恩格斯选集:第3卷[M].北京:人民出版社,1995.6(2008.11重印):215.
② 马克思恩格斯选集:第1卷[M].北京:人民出版社,1995.6(2008.11重印):70.
③ 马克思恩格斯选集:第1卷[M].北京:人民出版社,1995.6(2008.11重印):170.
④ 马克思恩格斯选集:第1卷[M].北京:人民出版社,1995.6(2008.11重印):180.
⑤ 马克思恩格斯选集:第1卷[M].北京:人民出版社,1995.6(2008.11重印):199.

让这个阶级学会维护自身利益,那么无论是封建的、资本主义的任何反动政权都将被摧毁。最后,无产阶级的共产主义并不剥夺任何人占有社会产品的权力,它只剥夺利用这种占有去奴隶他人劳动的权力。① 让个人在整个社会范围内有计划、组织的占有、利用一切生产资料,乃至重新驾驭分工的力量,这些等等没有无产阶级是不可能实现的。

资产阶级造就了无产阶级现如今的地位,他们不区分任何民族的利益,代表的是在与资产阶级斗争中最广泛的劳动者的利益,他们的现实让这一部分人的意志无比的坚决,坚决的让无产阶级致力于把连同资本家在内的整个社会从现存关系的狭小范围中解放出来。使无产阶级形成为阶级,推翻资产阶级的统治,由无产阶级夺取政权。② 无产阶级及政党掌握政权后,就能够"把大地产转交给(先是租给)在国家领导下独立经营的合作社,这样国家仍然是土地的所有者。……至于在向完全的共产主义经济过渡时,我们必须大规模地采用合作生产作为中间环节。这一点马克思和我从来没有怀疑过。但事情必须这样来处理,使社会(即首先是国家)保持对生产资料的所有权,这样合作社的特殊利益就不可能压过全社会的整个利益。"③当工人阶级自己占有自己所生产的全部的生活和劳动资料时,也就在逐步的消灭资本主义生产方式。在《论住宅问题》中也如此提到,"只要无产阶级取得了政权,这种具有公共福利形式的措施就会像现代国家剥夺其他东西和征用民宅那样容易实现了。④"并且在工农业相结合的前提条件下,让已经联合的无产阶级来领导进行大规模的农业耕作,更加地有利于一切现代工具在农业生产之中的应用发展,从而提高农业生产率。以无产阶级为领导核心的农业生产,是区别于以往资产阶级剥削式的提高农业生产率的极端方法,能够一定程度上使劳动者不再被其劳动力量的异化所支配。

"工人阶级在反对有产阶级联合权力的斗争中,只有把自身组织成为与

---

① 马克思恩格斯选集:第 1 卷[M].北京:人民出版社,1995.6(2008.11 重印):416.
② 马克思恩格斯选集:第 1 卷[M].北京:人民出版社,1995.6(2008.11 重印):413.
③ 马克思恩格斯全集:第 36 卷[M].北京:人民出版社,1975:416-417.
④ 马克思恩格斯选集:第 3 卷[M].北京:人民出版社,1995.6(2008.11 重印):206.

有产阶级建立的一切旧政党不同的、相对立的独立政党,才能作为一个阶级来行动。为保证社会革命获得胜利和实现革命的最高目标——消灭阶级,无产阶级这样组织成为政党是必要的。"①从封建社会的灭亡中产生出来的现代资产阶级社会并没有消灭阶级对立,所以,现在要求工人阶级拥有自己独立的政党,之后一切都会和所有过去的不同:它推翻一切旧的生产关系和交往关系的基础,并且第一次自觉地把一切自发形成的前提看作是前人的创造,消除这些前提的自发性,使这些前提受联合起来的个人的支配。② 以上,这一切都是无产阶级专政的结果。

(四) 提高教育水平

资产阶级在将无产阶级卷进政治运动的过程中,将反对自身的武器给予了无产阶级,即教育。资产阶级的教育掺杂为自身获利的不良动机,教予人的无非是俯首帖耳地对钱的卖命。资产者唯恐失去的那种教育,对绝大多数人来说,是把人训练成机器。③ 工人渴求教育,这样他才能够看清楚资本家的野心,看清楚所谓神圣的律法都只不过是资产阶级的律法。所以,共产党一分钟也不忽略教育工人尽可能明确地意识到资产阶级和无产阶级的敌对的对立。

实际上城乡对立的本质是人服从于分工的衍生物,使得异化的劳动力量压迫人,只能机械的从事流水线工作。因此,只有通过教育提高人的素质,消除劳动差别、城乡差别,才能够消除旧式分工给人带来的畸形影响。在旧式分工里,每个人都只能发展自己才能的一方面,只能熟悉整个生产领域的某一个部门,或专职于某一个部门,造成了劳动者的片面性。教育将使他们摆脱现在这种分工给每个人造成的片面性。同时在马克思恩格斯的笔下,未来大工业的发展需要的是高素质的农业技术人才,教育将会使劳动者更好的操控摆脱了私有制压迫的、变得宏伟的大工业。

---

① 马克思恩格斯选集:第 3 卷[M].北京:人民出版社,1995.6(2008.11 重印):173.
② 马克思恩格斯选集:第 1 卷[M].北京:人民出版社,1995.6(2008.11 重印):202.
③ 马克思恩格斯选集:第 1 卷[M].北京:人民出版社,1995.6(2008.11 重印):417.

三、马克思恩格斯关于未来城乡融合的展望

未来社会的共同体是消灭私有、发展生产力实现城乡融合的关键,共同体所带来的融合是相较于资本主义更高阶段的融合。"消灭城乡之间的对立,是共同体的首要条件之一,这个条件取决于许多物质前提,而且任何一个人一看就知道,这个条件单靠意志是不能实现的。"[1]马克思恩格斯式的城乡融合并非"乌托邦"的空想,是在社会历史发展的基础上阐述了实现融合的必然。在马克思恩格斯看来,城乡融合实际上是以城市的生产方式改造农村传统的生产方式,包括农业生产资料、农业生产者以及劳动者的地域居所。但是,比起资本主义霸道的对小农经济的改造,城乡融合体现出来的是高度的对自然界、人类社会和人的"还原"。

(一)城乡融合是解决"城市病"的关键

19世纪初的英国,环境污染严重,疫病肆虐。资本主义城市在短暂的时间内积聚了大量的人口、工厂,承受着人口、资源以及环境、交通等多方面的压力。这些压力限制着城市的发展程度,甚至还会引起城市内部的社会动荡。城乡融合引导城市资本回流农村,引导城市资源要素向乡村转移,能够一定程度上破解工业城市的"城市病"问题。首先,发挥城市在资本、技术、管理等方面的优势,实现以城带乡、城乡一体的协调发展。导入乡村所不具备的生产要素,促进农村经济变革、农业生产率提高。而农村所具有的生态环境、邻里情感等一系列价值和功能,能够有效缓解城市环境压力,弥补工业城市城市化所带来的人际交往冷漠。

(二)城乡融合促进人自由而全面的发展

资本主义的生产方式造成劳动异化为不堪忍受的力量,但是处于底层

---

[1] 马克思恩格斯选集:第1卷[M].北京:人民出版社,1995.6(2008.11重印):185.

的劳动者却只能忍受这"不堪忍受的力量",这就造成了社会的冲突、矛盾,而矛盾的背后实际的人与人的矛盾。城乡的分离和对立造成了人的畸形和片面,机械的特定劳动,使劳动者完全依附于机器生存,人由人变成了动物,区别只是城市动物或是乡村动物。在未来城乡融合的社会,小农不再是被剥削阶层,而是共同体中一员,每个劳动者都能自由的选择自己所喜爱的劳动,劳动也不再是异化的力量。对小农实行的生产教育、变换工种,使其变换为不再具有阶级局限、而是一个自由全面发展的劳动者。同时城乡融合同时表现为人口的流动与人口素质的提升,乡村居民素质的提升使其逐渐摆脱城市居民和乡村农民间被贴上的不合理的标签。

(三) 城乡融合促进人与自然和谐共生

人与自然关系是人类社会最基本的关系。恩格斯指出:"我们每走一步都要记住:我们决不像征服者统治异族人那样支配自然界,决不像站在自然界之外的人似的去支配自然界——相反,我们连同我们的肉、血和头脑都是属于自然界和存在于自然界之中的。"[①]"人靠自然界生活……所谓人的肉体生活和精神生活同自然界相联系,不外是说自然界同自身相联系,因为人是自然界的一部分"[②],马克思与恩格斯所关注的人的发展不仅仅是局限于人的健康发展更包括人内在的精神发展,人与自然界相互共生。人的内在精神发展与外在的物质环境是无法脱离的。工业革命一开始就是以牺牲生态自然环境为代价进行的,资本主义国家走的高资源消耗型的,先污染后治理的道路,在创造巨大财富的同时也造成了人与自然的矛盾日益加深。而在未来社会的城乡融合中,人类社会不再通过支配自然界从而达到自身目的,人与自然和谐共生、人类文明与自然环境共存共荣是现实存在的。

---

① 马克思恩格斯选集:第3卷[M].北京:人民出版社,1995.6(2008.11重印):998.
② 马克思恩格斯选集:第1卷[M].北京:人民出版社,1995.6(2008.11重印):56.

第四节 马克思主义城乡关系蕴含的辩证法思想及当代应用

马克思主义城乡关系理论蕴含深刻的辩证法思想，这里的辩证法是指由原意的"对话"发展到以人的现实的存在及实践活动为基础去解决现实问题的过程。辩证法经历了黑格尔对形而上学的否定构建成本体论、认识论与逻辑学相统一的辩证法，进而经由马克思对"抽象存在"的批判进入历史的辩证法。辩证法将目光聚焦于研究人类把握世界的基本方式及其内在矛盾，将现代的科学、文化等实践作为理解它的逻辑，并将人类的生存发展的反思作为主要任务。① 城乡作为人生存发展的空间载体，成为人类存在的另外一种表现，然而在人类追求现代化的进程中，城乡关系却由统一走向分离与对立。如何以城乡融合发展来破解"城乡发展不平衡、农村发展不充分"的困境是新时期处理城乡关系的重要任务。马克思主义城乡关系理论蕴含的辩证法思想，从城乡关系的发展、城乡之间矛盾的转化以及城乡之间潜在的联系三个方面寻求弥合城乡分裂的可能性，为新时期推动城乡融合发展指明了方向。

一、发展逻辑："连续性"与"阶段性"的统一

唯物史观认为，物质生产活动是人类社会发展的根本动力，以生产力和生产关系矛盾统一体所形成的生产方式的更替，演绎出了社会文明的演进次序。受生产力与生产关系的矛盾运动影响，城乡关系的发展形态呈现出"连续性"和"阶段性"相统一的特征。

---

① 孙正聿.马克思主义辩证法研究的当代课题[J].社会科学辑刊，2012(4):5-10.

(一) 连续性：城乡关系的演进是一个自然的历史过程

马克思恩格斯认为，城乡关系的演进始终遵循生产力与生产关系的矛盾运动，在社会发展一定历史阶段上产生的城乡关系形态与生产力的发展程度是相对应的，城乡的对立根源于生产力有所发展但又发展不足的客观要求。① 第一，"人们所达到的生产力的总和决定着社会状况"②。当人开始生产自己的生活资料时，新的需求与供给循环往复的交互作用，推动人类生产力的进步，使劳动生产率、特别是农业劳动生产率显著提高。一定的生产方式与一定的社会阶段是相互联系的，进步的生产力使城乡突破了混沌的界限。第二，超过劳动者自身需要的劳动生产率成了社会发展的基础。农业劳动生产率制约着社会分工规模，农业劳动生产率提高促使用于农业生产的时间减少，用于其他物质或精神生产的时间增多。从农业中分离出来的多余劳动力开始从事其他活动，使社会劳动分工精细化，城乡与工农之间的分工扩大，城乡分离产生。但是，生产力的有限发展仍然难以避免城乡分化，反而使城乡间的分离适应了生产力发展的客观要求，从而导致城乡对立加剧。

(二) 阶段性：城乡关系发展中的否定之否定过程

生产力不同发展阶段所呈现出的城乡关系不同表现形式，即城乡一体、城乡分离、城乡对立、城乡融合，体现了城乡关系发展的辩证原则。城乡的分离否定了城乡一体的状态，城乡在分离过程中所积聚的矛盾使城乡之间逐渐对立，在矛盾运动的作用下，城乡关系又向着更加合理的城乡融合阶段迈进，也就是否定之否定。城乡关系发展中的否定之否定过程，既揭示了城乡关系的阶段性特征，又指明了城乡的发展趋势。人类对于居住地域的选择受制于生产方式，部落式的群居狩猎使分工仅局限于家庭内部，城乡之间没有明显界限，即马克思恩格斯所说的浑然一体状态。到公社及国家所有

---

① 周志山.从分离与对立到统筹与融合：马克思的城乡观及其现实意义[J].哲学研究，2007(10)：9-15.

② 马克思，恩格斯.马克思恩格斯选集(第1卷)[M].北京：人民出版社，2012：160.

制时,因为共同利益抑或是姻亲关系而结成同盟,否定了最初家庭范围的简单生产,通过契约或征服联合为一个城市,地域差别逐一显现,但由于仍以自足的传统农业为基础、公社成员拥有土地所有权,城市只是公社制度的表现形态,并非真正意义上的城乡分离。① 在封建或等级的所有制下,乡村形成了一种经济上自给自足、政治上拥有相对独立权力的庄园制社会单元,这时的城乡关系呈现出乡村统治着城市的局面。"城乡之间的对立是随着野蛮向文明的过渡、部落制向国家的过渡、地域局限性向民族的过渡而开始的。"②进入文明时代,封建的庄园经济没落,获得自由的农奴,代表新兴生产力与封建领主庄园制这一旧生产方式产生决裂,以工商业为主的新生产取代了旧式生产方式。③ 城乡的真正分离是城市工商业经营者脱离土地所有者统治而取得政治独立权开始。城市的产生使交往与分工打破了地域的限制,同时商人这一特殊阶层的形成,使城市之间、城乡之间建立了联系。由于城市的行会制度限制自由竞争,随着分工的深化,直接后果就是工场手工业的产生,并且为了寻求发展转向农村开辟市场,既为资本主义生产方式的诞生奠定了物质基础,也是"乡村城市化"的开始。直到第一次工业革命,大工业替代了工场手工业,"大工业创造了交通工具和现代的世界市场,控制了商业,把所有的资本都变为工业资本……使每个文明国家以及这些国家中的每一个人需要的满足都依赖于整个世界,因为它消灭了各国以往自然形成的闭关自守的状态……它使城市最终战胜了乡村。"④

二、矛盾逻辑:城乡矛盾的"对立性"与"统一性"

马克思恩格斯充分肯定了资本主义文明带来的历史进步性,"资产阶级

---

① 石正瑀.马克思恩格斯城乡关系思想及其在乡村振兴战略中的实践发展[J].上海师范大学学报(哲学社会科学版),2023,52(4):93-101.
② 马克思,恩格斯.马克思恩格斯选集(第1卷)[M].北京:人民出版社,2012:184.
③ 屈婷.城乡分工的演进和社会历史的发展:《德意志意识形态》的城乡分工思想及其现实意义[J].毛泽东邓小平理论研究,2012(6):75-80+116.
④ 马克思,恩格斯.马克思恩格斯选集(第1卷)[M].北京:人民出版社,2012:194.

在它的不到一百年的阶级统治中所创造的生产力,比过去一切世代创造的全部生产力还要多,还要大。"①但也深刻批判了资本主义生产方式的不合理性,为城乡关系的未来发展趋势擘画了蓝图。

(一) 对立性:资本主义生产方式以分工、私有制巩固城乡分离的藩篱

由于资本主义自身的局限性,使其无法消灭城乡的对立性,并且"文明时代巩固并加强了所有已经发生的分工,特别是通过加剧城市和乡村的对立而使之巩固和加强"②,"城乡之间的对立只有在私有制的范围内才能存在"③。第一,社会分工基础上产生的利益使每一个国家的城乡之间都存在着对立,并且分工的深化直接以城乡的对立形式来巩固。在前资本主义时期,以家庭为单位的手工生产可以满足整个家庭的日常需要。到了资本主义时期,资本家为了维系资本主义生产,千方百计剥削工人的剩余价值,促使他们屈从于劳动工作。"这种屈从把一部分人变为受局限的城市动物,把另一部分人变为受局限的乡村动物,并且每天都重新产生二者利益之间的对立。"④分工的发展使城乡对立进一步深化,并导致了劳动与人的异化。第二,立足于资本主义生产的交换、分工以及衍生出的分配,特别是不平等的分配,导致了私有制的产生与城乡间的对立。当资产阶级占据统治地位时,便借助国家、法律等一切自诩合理的手段实现自身的利益。劳动工人被迫延长劳动时间,但身体与精神的状况却难以得到改善。城市生产规模日益扩大,进而向乡村延伸,大批土地被无偿侵占,乡村人口涌向城市,但苛刻的生存环境再次使城乡矛盾激化。

(二) 统一性:城市和乡村间的共生与互动是普遍存在的

在《论住宅问题》当中,恩格斯批判了米尔伯格关于消灭城乡对立是一

---

① 马克思,恩格斯.马克思恩格斯选集(第1卷)[M].北京:人民出版社,2012:405.
② 马克思,恩格斯.马克思恩格斯选集(第4卷)[M].北京:人民出版社,2012:182.
③ 马克思,恩格斯.马克思恩格斯选集(第1卷)[M].北京:人民出版社,2012:184.
④ 马克思,恩格斯.马克思恩格斯选集(第1卷)[M].北京:人民出版社,2012:185.

种空想的言论,并辩证地指出,社会分工与生产力的发展导致城乡分离与对立,这仅仅是生产力发展所呈现出的阶段性特征,当生产力进一步发展时城乡对立将会消失。① 城市是人类文明诞生的标志之一,而早期文明的基础则是乡村农业,城乡分离可以说是人类生产物质资料由个体或家庭模式走向更大范围群体合作的标志。在漫长的传统农业社会里,城乡关系虽表现出种种分离与对立形态,但城市和乡村间的共生与互动无疑是普遍存在的。主要表现在:第一,工农业的结合能够革命地改变旧分工存在的物质条件。马克思认为,把农业与工业结合起来,农业为工业提供原材料,工业为农业生产的进步提供技术支持,以新型分工取代旧式分工,能消除工业只分布于城市与农业分布于农村的格局。当工农业发生紧密联系时,工农业结合主要体现为劳动者脑力和体力的全面结合,是一种以新的自由自觉的分工取代资本主义强制奴役的分工,是消除异化劳动、满足人自由全面、可持续发展的生产力形式。这种崭新的生产力形式能够改变以私有制为基础的资本主义生产关系,进而消灭城乡对立。第二,资本主义城市作为现代社会活动的中心,使以发达城市为引领带动促进城乡良性互动成为可能。城市是人类文明的标志,依托自身集聚与辐射作用创造出巨大的物质和精神财富。通过发达城市的引领和带动,可以推动人口和资源在城乡间流动,满足城市与乡村的多样化需求。第三,资产阶级的剥削使无产阶级专政成为可能。无产阶级专政有利于工农业的结合、发挥中心城市的带动作用、消灭私有制。无产阶级代表广大劳动人民的利益,从一开始就不是作为一个阶级,而是作为全社会的代表出现,这使城乡融合发展更具可能性。

三、联系逻辑:城乡融合发展的"整体性"与"部分性"

马克思恩格斯所阐述的城乡融合既是作为未来共同体发展需要的整体

---

① 张晖.马克思恩格斯城乡融合理论与我国城乡关系的演进路径[J].学术交流,2018(12):122-127.

融合,也是城乡内部人与人、人与社会、人与自然之间的部分融合。

(一) 整体性:城乡融合是实现真正共同体的前提

资本主义阶级社会的共同体将自身的特殊利益以普遍利益的形式表达出来,是一种虚假的共同体,而城乡融合的实现代表着虚幻共同体的破灭。在虚幻共同体中,以阶级关系建构城乡关系,其出发点决定了城乡对立的必然。特别在资本主义时期,城乡对立又具有新的特征,是资本与工业对乡村的绝对控制,乡村被动纳入现代工业体系而走向衰落。在真正共同体中,农民是具有全面发展能力的自由劳动者,乡村以新的有机形态得以复兴,与城市形成一种平等协作关系下的有机联动。城乡融合作为实现真正共同体的前提,是对资本逻辑的现代性的批判与扬弃。① 第一,城乡融合中农民成为具有全面发展可能的自由个性的人。个人劳动成为驾驭物的力量,从事劳动旨在满足主体需要,既脱离资本主义生产方式的束缚,也从小农形态中得到蜕变。第二,城乡融合发展使乡村摆脱资本压迫带来的衰败命运,作为独立有机体存在成为可能。乡村居民脱离愚昧无知后的自我觉醒,在自由联合的劳动生产形式下充满生产积极性。同时,在现代科技的作用下,乡村同样具有城市工业所具有的多样性新业态,与城市形成平等关系下的协作互动关系。将城乡融合作为实现真正共同体的前提,是真正共同体追求的价值所在,是乡村与乡村居民实现自身独立的必由之路。

(二) 部分性:城乡融合是对城乡对立的扬弃

城乡融合是对城乡对立的扬弃。第一,城乡融合实现人与人、人与社会的融合,特别是工人阶级内部的融合。资本主义的生产方式使工人阶级和农业无产阶级成了城市与乡村的主体②,但资本主义生产过程表现出来的二

---

① 廖胜华.建设"真正共同体":马克思主义视域下城乡融合的本质[J].新经济,2023(5):5-14.
② 李红玉.马克思恩格斯城乡融合发展理论研究[J].中国社会科学院研究生院学报,2020(5):36-45.

重性使劳动成果与劳动者相互脱离,阶级间的对立不断加剧,必然会导致庞大的工人团体"开始意识到自己是一个阶级,并作为一个阶级行动起来。"①同时,资本主义大工业为农业带来的先进技术,大大提高了农业劳动生产率,农业集约化、规模化的生产促进了小农经济的瓦解,产业工人在世界范围内的广泛分布,形成了反抗资产阶级的力量,促进了人与人、特别是工人阶级内部的融合与革命意识觉醒,使其更有可能采取行动推动城乡融合的实现。第二,城乡融合符合社会发展规律,有利于人与自然的融合。城乡两个区域的形成是人类社会交往发展到一定阶段的产物,人类对环境的利用和影响根本上就是人类实践活动的反映。城乡对立导致人与自然被割裂、自然内部被分裂,自然环境中空气、水、土壤被污染,城乡融合一定程度上缓解了过渡城市化带来的环境污染,减少了城乡生态的牺牲。

四、马克思主义城乡关系蕴含的辩证法思想对当代中国实践的启示

新时期推进城乡融合发展,应汲取马克思主义城乡关系蕴含的辩证法思想的精髓,坚持党对农村工作的全面领导,将城市与乡村作为一个相互联系的整体,更加注重农民的创造性与主体性,站在人类社会发展全局加快推进城乡融合发展。

(一) 中国共产党的领导是推进城乡融合发展的根本保障

改革开放特别是党的十八大以来,中国的城乡关系取得了历史性的进步。在马克思主义城乡关系理论的科学指引下,我国的城乡关系有序地步入到城乡融合发展的历史阶段。其中,中国共产党的领导是中国特色社会主义最本质的特征和优势,是推进城乡融合发展的根本保障。

---

① 马克思,恩格斯.马克思恩格斯选集(第3卷)[M].北京:人民出版社,2012:28.

1. 中国共产党对城乡关系的探索始终遵循社会发展规律

中国共产党在推进城乡融合发展的过程中始终发挥着总揽全局、协调各方的作用。第一,对城乡关系有目的、有意识地探索历程始终遵循历史发展规律的客观性。① 以"三产融合"作为实现工农业结合的手段,打破工业化发展对汲取农业农村剩余的路径依赖,同时发挥城市与乡村各自的优势实现相关产业的互补,促进二者相互联系。第二,始终坚持在现代化建设中探寻城乡融合的方向。现代化是以工业化为核心所引起的社会变革,是世界历史的必然进程,乡村建设本质上是中国整体上的社会建设和社会革命②,将城乡社会的发展特别是乡村社会的发展纳入现代化发展历程,以大历史观看待"三农"问题,能够把握未来发展的主动权③。从优先发展城市到优先发展农村的根本转变,既是应对社会发展矛盾的措施,也是对社会历史发展规律的遵循。

2. 中国共产党对城乡关系的探索始终坚持以人为本的价值取向

中国共产党始终秉持"以人民为中心"的核心原则,更加注重对推进城乡融合发展"手段"与"目的"之间的有机统一。④ 第一,在乡村建设方面,注重物质文明和精神文明相协调。受市场经济影响,农村社会以血缘和地缘为纽带的"熟人"社会正在日益解构,村社内部的道德规范与价值共识逐渐倾覆。⑤ 为了提高农村居民的文化素养与文化认同,中共中央、国务院发布的《乡村振兴战略规划(2018—2022 年)》强调,以传承发展中华优秀传统文

---

① 邓玲.中国共产党引领城乡关系发展的逻辑理路及实践进路[J].理论导刊,2023(1):22-28+58.
② 唐任伍,唐堂,李楚翘.中国共产党成立 100 年来乡村发展的演进进程、理论逻辑与实践价值[J].改革,2021(6):27-37.
③ 郭如才."建设什么样的乡村、怎样建设乡村"的新探索:学习习近平总书记关于实施乡村振兴战略重要论述[J].党的文献,2022,(4):26-32.
④ 翟昕,李志军.中国共产党城乡关系统筹发展认识的历史演进[J].社会科学家,2021(7):28-33.
⑤ 段雨.乡村振兴战略下乡村文化振兴的多维检视:价值、困境与路径[J].图书馆,2024(3):55-62.

化为核心,培育文明乡风、淳朴民风。① 第二,在农业建设方面,稳步推进农业现代化建设,不断补齐基础设施短板与基本公共服务,以农村一、二、三产业融合的形式,积极开拓农业新业态。第三,在对待农民方面,充分尊重农民在乡村振兴中的实践主体地位,坚持乡村振兴成果由农民共享。中国共产党人对城乡关系的探索始终坚持以人为本的价值取向,在城乡融合发展中站稳人民立场。

(二) 坚持"连续性"量变,把握"阶段性"质变

党的十六届四中全会第三次全体会议上,胡锦涛同志明确提出,"两个趋向"的重要论断,即"综观一些工业化国家发展的历程,在工业化初始阶段,农业为工业提供积累是带有普遍性的趋向;但在工业化达到相当程度以后,工业反哺农业、城市支持农村,实现工业与农业、城市与农村协调发展,也是带有普遍性的趋向"。② 前期"连续性"量变是为应对工业化初始阶段而进行的积累,随着我国工业化进入成熟期,要加快推进城乡融合发展,尽快实现"阶段性"质变。

1. "连续性"量变,实现城乡二元到互动的波动过程

新中国成立前,中国共产党在对革命道路的探索中,形成了"农村包围城市"的思想,工作重心从城市转移到乡村,农民问题受到重视。党的七届二中全会提出,"从现在起,开始了由城市到乡村并由城市领导乡村的时期。党的工作重心从乡村转移到了城市……城乡必须兼顾……绝不可丢掉乡村"③,充分体现了马克思恩格斯城乡关系的辩证法思想。社会主义建设时期,为实现建设先进工业国的目标,我国建立统购统销制度实现了农业农村积累向工业转移,建立二元户籍制度形成了人口与劳动力的二元市场,构建

---

① 中共中央、国务院印发《乡村振兴战略规划(2018—2022年)》[N]. 人民日报,2018-09-27(1).
② 中共中央文献研究室. 十六大以来重要文献选编(中)[M]. 北京:中央文献出版社,2006:311.
③ 毛泽东. 毛泽东选集:第4卷[M]. 北京:人民出版社,1991:1427.

人民公社体制形成了公共资源配置和基层治理的二元体制,三者相互作用的中国特色城乡二元体制破解了在生产力欠发达的条件下实现工业化的矛盾。①

得益于前期不断的经验探索,改革开放后,党的工作中心转移到了经济建设中,但是城乡二元体制与市场化改革产生了巨大张力。基于此,中国共产党从土地、户籍、社会保障制度等多个方面进行改革,逐步放松了对城乡要素流动的管控。农村集体经济组织实行家庭承包经营为基础、统分结合的双层经营体制,激发了农民的生产积极性和农户家庭的经营活力。1984年通过的《关于经济体制改革的决定》将经济体制改革的重点由农村转向城市,虽然在城市的集聚效应下,城乡互动显著增强,但是也带来了生产要素自发流向城市、城乡差距扩大的困境。党的十六大提出"统筹城乡经济社会发展"的方针②,将改革的重点从打破经济二元扩展到实现城乡经济发展、社会治理等多领域协调发展。城乡统筹是在总结几十年来处理城乡关系问题上的实际经验而提出的创新举措,既是对以往处理城乡关系经验的承接,又为之后城乡融合发展提出做了充分的铺垫。

党的十八大以来,党中央持续深化对城乡关系规律的认识,创造性地提出城乡融合发展的战略部署。在面对城乡地区差异、各乡村间差异以及城乡居民间差异,党的十九大报告强调,"建立健全城乡融合发展机制体制和政策体系"③,以破除妨碍城乡要素自由流动和平等交换的体制机制壁垒为着力点,形成城乡各生产要素相互作用、城市帮扶乡村、乡村间发展经验相互借鉴以及城乡居民和谐交流的良性循环,为乡村振兴注入动能,为深化城市改革提供契机。面对"城乡发展不平衡、农村发展不充分"的问题,党的二

---

① 金三林,曹丹丘,林晓莉.从城乡二元到城乡融合:新中国成立70年来城乡关系的演进及启示[J].经济纵横,2019(8):13-19.
② 中共中央文献研究室.十六大以来重要文献选编(中)[M].北京:中央文献出版社,2006:440.
③ 中共中央文献研究室.十九大以来重要文献选编(上)[M].北京:中央文献出版社,2019:23.

十大报告指出,"坚持农业农村优先发展"①,在资金投入、要素配置、公共服务、基层干部配备资源上坚定向农业农村倾斜,打破长期以来重工轻农的思维定式。新时期城乡融合实践,更加注重利用前期量变的积累辩证地化解城乡矛盾,同时注重发挥城市的带动作用以实现乡村的可持续性和全面性发展。

2. 把握"阶段性"质变,以融合实现新时期城乡关系的飞跃

统筹思想是对长期以来形成的重工轻农、忽视乡村思想及政策的逆转,侧重如何处理城乡关系,城乡融合则作为城乡关系的目标应运而生②,新时期的城乡融合内化于人民的需求和现代化的需要两个维度,实现城乡关系质的飞跃。第一,城乡融合发展思想回应了社会矛盾变化的需要。从实现先进工业国的目标到满足人民日益增长的物质文化需求,再到现阶段满足人民对美好生活向往,城乡关系从"城市引导农村""城乡统筹"进阶到"城乡融合"阶段,社会矛盾的转变指引着城乡关系的调整。第二,城乡融合发展思想根植于现代化发展的需要③。党的二十大报告强调,中国式现代化是人口规模巨大的现代化④,在实现现代化过程中,要合理安置农村剩余劳动力,就必须通过城乡融合实现有序的城镇化。中国式现代化是农民富足的现代化,城乡收入差距关系到社会稳定,也是实现共同富裕需要解决的关键性问题,城乡融合在推动生产要素合理流动和三产融合过程中,为农民增收提供了渠道与契机。中国式现代化是物质与精神文明相协调的现代化,城乡融合通过城市对乡村的带动,赋予农耕文明新的精神活力。中国式现代化是人与自然和谐共生的现代化,国家的生态基础在农村,良好的生态是乡村振兴的支撑,也是人类文明永续发展的前提。

---

① 习近平.高举中国特色社会主义伟大旗帜 为全面建设社会主义现代化国家而团结奋斗:在中国共产党第二十次全国代表大会上的报告[M].北京:人民出版社,2022:31.

② 邹心平.论城乡统筹、城乡一体化、城乡融合概念的歧见及使用[J].老区建设,2019(12):16-21.

③ 冯永泰.新时代城乡融合发展的依据、问题与路向:基于马克思恩格斯城乡关系理论视角[J].当代经济研究,2023(8):23-31.

④ 习近平.高举中国特色社会主义伟大旗帜 为全面建设社会主义现代化国家而团结奋斗:在中国共产党第二十次全国代表大会上的报告[M].北京:人民出版社,2022:22.

（三）辩证把握新时期城乡矛盾的"对立性"，促进城乡发展的"统一性"

习近平总书记指出："要有强烈的问题意识，以重大问题为导向，抓住关键问题进一步研究思考，着力推动解决我国发展面临的一系列突出矛盾和问题……改革是由问题倒逼而产生，又在不断解决问题中得以深化。"[①]具体到城乡融合发展中，就是要辩证把握城乡发展的"对立性"，在解决实际问题中实现城乡发展的"统一性"。

1. 辩证把握新时期城乡矛盾的"对立性"

城市和乡村是相互联系的有机整体，城市的产生是为了适应"生产力有所发展"，如今生产力进一步跃进，就要深入思考城乡融合的新时代内涵。国家统计局数据显示，改革开放以来，我国的城镇化水平虽从 1978 年的 17.92% 上升到 2022 年的 65.2%，但在这个进程中出现了过度追求城镇化指标，而忽视城镇化的服务对象城镇居民的幸福指数问题。城镇化不是单纯的完成指标，而是要找到城乡融合的平衡点，转化城乡间的对立性。2023 年，中央经济工作会议指出"要把推进新型城镇化和乡村全面振兴有机结合起来"，"有机结合"就是要摒弃将城镇化等同于"去农村化"的观点，肯定城乡具有长期共生的可能，在城乡融合发展中实现有机结合。

就城乡产业布局而言，既存在区域性的矛盾，又蕴含着破解的方法。根据国家统计局 2023 年发布的《中华人民共和国 2022 年国民经济和社会发展统计公报》显示，2022 年第一产业人口占三次产业从业人口的 24.1%，但是第一产业所创造的产业增加值仅占全年国内生产总值的 7.3%，农业从业人员收入低于其他产业。直观来看确实如此，但从另一角度看就是农民增收仍有极大的提升空间，而提升的媒介就是城市产业向农村的合理转移以及乡村产业的有效联动。城市工业的组织、技术等能够有效地改造小农以及传统农业生产方式。各乡村存在的异质性不仅是正处于工业化后期的城

---

① 中共中央文献研究室.十八大以来重要文献选编：上[M].北京：中央文献出版社，2014：497.

市所需要的出路,也是乡村激发内生动力的禀赋。新时代的城乡融合发展,应当看到"对立性"具有相互转化的可能,辩证把握城乡发展的"对立性",将城乡间存在的矛盾化作城乡融合的动力。

2. 转变"对立性",把握城乡融合理论与实践的"统一性"

城乡对立的矛盾运动推动城乡关系的发展,城乡间存在的统一内涵使城乡不断发展并向自己的对立面转化。转变"对立性",既要在实现城乡融合的过程中揭示城乡各要素主体之间的相互作用,又要调整理顺主体要素内部的运行逻辑。第一,农村农业现代化单单依靠农村自身的努力是完全不够的,城市、工业对乡村、农业的支持仍是农业农村现代化发展不可或缺的要素。农业人口向城镇和工业转移是大势所趋,但是农村留守人口既是维系中华民族农耕血脉、又是维持城乡平衡的关键,因此要深刻把握城乡融合的"统一性",在政策制定过程中避免"一刀切"现象,注重多元化。第二,在调整主体要素内部运行中,始终关注乡村居民的主体性。近代民族工业一定程度上起到了开启民智的作用,但其实际上并不注重培养农民群体的主体性,对于乡村的认识,大多局限于农业或农业发展这一产业或经济的维度[1],而忽视作为乡村主人的农民的主体性。长此以往,导致了农民对自身身份的不自信与对乡村文化认同的缺失[2]。城乡融合发展既要充分尊重农民在农村的主体地位,又要注重提升农民素质。2024年,中央一号文件提出,"加快打造适应现代农业发展的高素质生产经营队伍"[3],农业农村的发展思路,从改造传统农民,转向培育具有较高文化素养与科技能力的新型农业经营主体,在尊重农民主体性的基础上,调动农民生产、生活积极性。在农民精神层面,通过弘扬优秀的传统文化培育乡村居民的文化自信,从而增强乡村居民对自身所具有的主体性、创造性的自信,加强城乡融合在精神层

---

① 吴理财.近一百年来现代化进程中的中国乡村:兼论乡村振兴战略中的"乡村"[J].中国农业大学学报(社会科学版),2018,35(3):15-22.

② 皮永生,王艺雄,綦涛.文化—制度—行为:农民主体参与乡村建设研究[J].重庆大学学报(社会科学版),2024(2):1-16.

③ 中共中央 国务院关于学习运用"千村示范、万村整治"工程经验有力有效推进乡村全面振兴的意见[J].农村工作通讯,2024(05):4-8.

面的黏度。

中国共产党对城乡关系探索,历经了城乡兼顾、城乡二元分治、城乡统筹以及城乡融合发展四个阶段。在马克思主义城乡关系理论的科学指导下,中国的城乡发展实践始终遵循社会发展规律,坚持以人民为中心的价值取向,在不断地探索中辩证把握城乡发展存在的"连续与阶段""对立与统一""整体与部分",以农业农村优先发展的战略远见推进农业农村现代化建设,激发了农民的主体性和创造性,实现了城乡间的良好互动与新时期城乡关系质的飞跃。

第三章 我国城乡关系的发展与实践

第一节 我国城乡关系的历史进程

一、古代中国社会的城乡关系

最初人类社会并无什么城市和乡村之分，自然也无所谓"城乡分离"。人类"穴居野处"，与环境互生。在漫长的、人类对于工具的驯化过程中，逐渐脱离了原始群居形态。社会大分工后的人类社会才开始渐渐具有现代社会的缩影。随着掌握社会财富或是权力的阶级为了实现对社会生产的统治，便将一定的聚集区域规划为城市，赋予城市一般政治用于维护统治。而在统治者利益之外或者是利益牵动不大的地域，也就是乡村，多采取放任形式管理，所以长久以来在政治、经济等方面乡村多逊色于城市。在城市，统治者在自己所属的区域利用人口、财富和权力的集中对全社会进行统治。乡村作为被统治的一方，必然就得履行好统治阶层的意志。城市是适应国家产生和政治统治需要而出现的，而乡村是作为城市的依附并为其提供生产资料而存在的。随着统治地域的扩大，各个部落或者地区逐渐形成联盟，联盟不断扩大，最初的国家也就诞生了。国家的出现以社会分工和社会分化为基础，从内部将阶级分化，外部促使城市与乡村分离和对立。

从城乡分离的历史进程可以看出,城市和乡村是两个具有不同质的规定性的共同体。就人类生存条件而言,城乡差别主要为:城市具有集中性,乡村具有分散性。正是由于人口、财富、需求集中到某一地点而形成了城市,乡村则与之相反。所以,迄今为止世界各国大都以人口集中程度作为划分城市和乡村的标准和界限。就人类生存活动而言,城乡差别主要在于,城市人口一般从事非农业活动,乡村人口一般从事农业活动。由于社会分工和阶级分化,从事工商业活动的人口从农业中分离出来,从事政治统治活动的人渐渐脱离物质生产劳动,并相对集中于城市,城市因此成为与乡村不同的有机体。在古代中国,早期城市产生于原始社会末期向奴隶社会过渡时期。进入奴隶制国家,社会阶层主要由奴隶与奴隶主两大阶级构成,这是一个"大人世及以为礼,城郭沟池以为固"的时代。之后城市的发展由作为政治统治中心的"城"和商业活动中心的"市"两部分构成,它们都以非农业活动为特征。乡村由于人口主要从事农业活动,又称之为农村,表明为农业人口居住的地方。

(一)城堡崛起:城乡分离的萌芽

关于古代中国城市的起源假说众多,其中"防御说"认为城市是统治阶级防止敌袭、维护自身利益的工具,而城堡的产生佐证了其观点。我国的地理位置、温暖的气候条件适宜农耕生产,因此农耕文明萌发较早且较发达。随着农业的发展,出现了以农业为生存基础的氏族聚落。《国语·晋语》记载:"黄帝以姬水成,炎帝以姜水成。"黄、炎两个氏族部落以作为农业命脉的水为界,并形成部落之间的关系。而氏族部落之间的战争活动和作为农业命脉的水利事业在中国由氏族部落向国家转变以及相应的城乡分离的过程中具有特别的意义。战争使部落有了防守的需要。为了部落安全,人们开始有意识地选择一些有利地形建立居所,并修筑一些防御性设施,即城市最原始的萌芽形式——设防邑落。如,《史记·五帝本纪》记载:"黄帝邑于涿鹿之阿。"《轩辕本纪》说:"黄帝筑城造五邑。"《汉书·郊祀志》记述:"黄帝为五城十二楼。"《淮南子·原道训》说:"黄帝始主城邑以居。"《黄帝内传》记述:"(黄)帝既杀蚩尤,因之筑城。"水利事业促使出现了大量的灌溉排水工程,促进农业生产力发展、社会安定与城市扩张。

约公元前 2070 年,夏朝建立,国家的初步出现又为大规模的大范围修筑防卫性城堡提供了可能。国家的出现使以往可能是部落中心的城堡,从规模和作用上有了巨大改变。城堡提供的安全防护吸引人口聚集,人口带来生产和财富,城市形成了等级,具有了非农业性质的政治、军事、经济功能,这些为古代城市的形成及城乡分离提供了起源形态。城堡作为早期城市的萌芽形态,它的崛起意味着城市和乡村分离的萌芽。

(二) 宗庙到宫室:城乡分离的开始

商周时期,人类社会第三次社会大分工,商品交换促使生产力迅速发展,我国早期城市形成,这时的城市相较于以往已经具备了城市的基本要素。夏代到商王朝,生产力的发展促进了生产领域的扩大,阶级矛盾的复杂化,让国家更需要将社会冲突控制在一定秩序内,所以国家逐渐发育成型,国家的成型对国家管理形式水平产生了要求。于是,便形成了古代重要的行政统治场所——宗庙,而早期都城代表性的建筑宫室,则是在其基础上发展而来。城市有了更为规范的治理结构,势必引起城乡治理失衡。

殷人善贾,"殷君善治宫室,大者百里,中有九市。"商业的发展伴随着货币的使用,促进土地买卖和旧领主制的瓦解,为早期商业城市的产生奠定了基础,早期商业城市的市场区域自然而然地向繁荣的地域迁移,在宫室庇护、人头攒动的市集买卖,吸引了原依附农业的手工业部门,乡村手工业逐渐转移到城市,势必引起城乡在经济上的差距。到商代晚期,城市已经具备了所需要的基本的交通、建筑、市政等生产要素,城市功能逐步齐全,城乡分工亦开始并渐渐拉大距离。

(三) 城市要素完备:城乡分离格局定型

春秋战国是中国古代历史的大变革时期。中国奴隶制社会在经历了一个短暂的鼎盛时期后迅速走向衰落,奴隶主贵族阶级的统治日益崩溃,封建制度逐步建立,中国从此进入了长达两千多年的封建社会。中国古代城市的形成及城乡分离格局的定型正是在这一历史大背景下进行的。

春秋战国时期的工商业有了更进一步的进展,摆脱了"工商食官"的羁绊,有了具有独立性和固定性的"市"和非农业人口的"市民"。"城"和"市"开始寓为一个统一体,为城市成为有别于乡村的独立有机体奠定了基础。战国时期的文献开始出现"城市"这一名词。如,《国策·赵策一》中有:"今有城市之邑七十,愿拜内之于王,唯王才之。"春秋战国时期工商业和农业的分离和相对独立的市民阶层的出现,为城乡分离提供了一方面的基础;农业生产的发展和生产关系变革引起的农业生产方式变化,使乡村成为有别并相对城市的有机体,则是城乡分离的另一方面基础。

从公元前230年至公元前221年,秦国陆续灭亡了韩、赵、燕、魏、楚、齐六国,建立了统一的秦帝国,城乡分离的格局得以定型。一方面,秦王朝将原来各个诸侯国的领域联为一个整体,诸侯国成为中央统一国家的郡县地方,诸侯国都城大多成为郡县治所,由此形成从中央都城到地方郡县城市的城市网络,城市的行政功能大为突出。另一方面,为加强中央集权统治,秦统一后进一步采用并严格推行户籍制度。户籍制度犹如一道不可破的屏障,人为地将人口严格限制在城市和乡村这两块地方,"居民在政治上已变为地区的简单的附属物"。这样,城市和乡村不仅在地域上相分离,而且阶级利益相对立,古代社会城市与乡村分离并对立的格局由此定型:城市在政治上统治乡村,在经济上剥夺乡村。

二、近代中国社会的城乡关系

近代是传统社会向现代社会的转型期,也即是传统城市向现代城市转型,传统乡村向近代乡村转型。关于社会转型的起止时间,学术界有不同的看法。历史学家通常认为,1840年发生的鸦片战争是中国近代史的开端。也有学者提出中国社会是在20世纪处才进入转型期的。以传统乡村向现代乡村转型为例,于建嵘认为,1840年的鸦片战争对传统中国社会的冲击是巨大的,但是从具体社会结构来看,1840年之后的乡村社会并没有发生根本性的变化,而到了20世纪初,尤其是1905年科举制度的废除,才逐渐触动乡村社会发生结构性的变化。① 因为"科举制度曾经是联系中国传统的社会动力和政治动力的纽带,是维持儒家学说在中国正统地位的有效手段,是攫取特权向上爬的阶梯,它构成了中国社会思想的模式,由于它被废除,整个社会丧失了它特有的制度体系"②,科举制度不仅为农民升入主流社会提供了机会,同时造就了大批代表地方权威的士绅,科举制的废除使乡村社会和国家联系的这一重要纽带失去作用。

(一) 近代化与近代城市的崛起

中国的近代化是在西方列强的侵略下,在半殖民地半封建社会框架下进行的,是被动的现代化。帝国主义侵略由商品输出转向资本输出,被迫开放的通商口岸,使西方的近代工业、交通等冲击着封建社会。尤其是沿海城市,形成了具有半殖民地半封建性质的以上海为中心、南北沿海、东西沿江的贸易港口城市,以及近代交通城市等。因帝国主义入侵和本国资本主义的发展,许多城市发生了突出的变化。由于工矿业、交通业的发展许多名不见经传的小地方变为了大城市,特别是某些农村因为自给自足的自然经济受到冲击进而导致部分生活资料产生了对市场的依赖,逐步形成了小城镇乃至大城市。这期间城市数量猛烈增长,规模迅速扩大,少数城市的人口急剧膨胀。

城市的性质、作用和地位有了很大的改变。传统的行政中心城市与新兴的贸易港口城市、近代交通城市、工矿业城市相结合,共同的形成了半殖民地半封建性质的具有现代生产要素的城市。城市的功能向多样化和综合化发展。除了少数大城市外,许多城市并不再以行政统治中心的功能为主,而是以经济功能占重要地位。城市的作用本质上是为帝国主义服务,沦为

---

① 于建嵘.岳村政治:转型期中国乡村政治结构的变迁[M].北京:商务印书馆,2001:56.
② 吉尔伯特罗兹曼.中国的现代化[M].上海:上海人民出版社,1984:339.

列强侵略中国的媒介。其中远在内陆的城市却仍然保留着封建性、半封建性的性质,而沿海地区的城市则具有殖民地、半殖民地性质,近代城市的形成具有二重性。

（二）自然经济解体与近代乡村

近代外国资本主义的入侵过程也是封建社会小农自然经济解体的过程。个体分散的小农自然经济,由于技术的极端低劣和停滞,加上得不到国家政权的有效保护,抵挡不住夹带工业文明的外国资本主义的入侵,逐步趋于瓦解。首先,耕与织的分离,即家庭手工业与农业的分离,农民的部分生活消费品开始依赖市场。其次,农产品商品化的发展,农产品的产出逐渐以出售为目的。再次,耕织分离和农产品商品化的过程,也是乡村社会从封闭状态日益走向开放的过程。最后,伴随自然经济解体和商品经济发展,乡村开始出现资本主义性质的生产关系。

近代中国城乡分离的进程是一种外部暴力干预所导致的突变。近代城市的发展,大城市和小城镇呈现出两极分化的,不同于以往以政权力量强制定型的城乡关系所造成的政治性城市,近代中国的城乡分离是由于帝国主义武力入侵,以经济力量促使城乡发生的分离。其结果是城市由单一性质的政治城市转变为经济功能日益突出并具有资本主义性质的城市,与停留在传统状态下的乡村形成鲜明的对立。但有一点可以确定的是,这并没有改变统治者依赖城市统治乡村的基本格局,城乡关系仍然是不平等的统治与被统治的关系。这种统治与被统治、剥削与被剥削的关系不仅使近代中国的城市和农村构成了社会结构中不平等的两极,而且两极分化突出,形成了尖锐的城乡对立关系。表现为严重的发展不平衡状态。少数大城市的发展是以广大农村的衰败为基础为代价的。城乡之间的矛盾是对抗性的矛盾。近代中国的城市和乡村政治社会发展正是在这样一种经济社会发展不平衡的基础上展开的,因而极具不平衡、不一致、相对立、相冲突的特点。

（三）城乡群体结构的变化

在由传统向现代过度的转型期，乡村人员结构变化上，有一个值得注意的群体——士绅。胡庆均曾指出，中国传统社会里很早就分化出两种人，这就是农民和士绅。组织农业社区的分子大多数是在田地里直接生产的农民，而士绅却是主要依赖地租为生的少数只是地主或隐退官吏。农民与士绅代表两种不同的经济基础、生活程度和知识水平，他们是上与下，富与贫，高贵与卑微的分野，在传统的社会结构里，具有声望的人物不是农民而是少数的士绅。费孝通认为，士绅是封建解体，大一统的专制皇权确立后，中国传统社会所特具的一种人物。这些人是一个特定的群体，其资格和作用，以及参与政治的方式和途径都是由国家法律严格规定的。张仲礼认为，绅士是中国传统社会自科举制以来产生的一个特殊的社会阶层，是与功名、学品、学衔和官职相联系的一种身份，具有人们所公认的政治、经济和社会特权以及各种权力，同时承担了若干社会责任，他们视自己家乡的福利增进和利益保护为己任，他们承担了诸如公益活动、排解纠纷、兴修公共工程，有时还组织团练和征税等许多事务。这些以士绅为主体的地方精英是国家和地方政治衔接的桥梁，作为地方的领袖，他们与政府结成联盟，在本地承担许多责任，成为国家与乡村社会联系的桥梁和纽带。①

于建嵘对士绅的特征进行了概括，并对士绅发生作用的机制进行了解读。乡村士绅的特征主要有：一是他们具有较平均水平更多的财产，包括土地及财物；二是他们有较多的社会关系，能够与各级官员打交道；三是这些士绅都受过较多的教育，有一些还考取过功名，在农村代表着知识阶层。在作用发挥方面，第一，绅权与皇权保持一致性，士绅是皇权在基层社会治理发挥作用的重要支撑；第二，绅权具有一定区域性的权威，在一定区域内成为乡村公共事务的组织者和代表者，同时也与宗族权力具有密切联系；第

---

① 张仲礼.中国士绅——关于在19世纪中国社会中作用的研究[M].上海:上海社会科学院出版社,1991:48-50.

三,绅权同时受到皇权和族权的制约,因为毕竟不存在一个完整的士绅统治形态。实际上,因为并非官方法定权力,士绅的权力或影响力大多来自一定区域内乡村民众的内心信服,一个绅士,在领导推行地方的自治行为时,只要他不利用特权,侵吞共产,而真能用之于公,做些有益的工作,他就可以获得公正绅士的美名,得到农民的赞扬和拥护。①

在 19 世纪末,士绅群体经历了一次性质变换和地理迁移的过程。一是我国性质变为半殖民地半封建社会之后,西方现代化因素对我国的城市发展产生了影响,西式医院、学校等优质生活资源在城市出现并集中,对散居在乡村的士绅和各种能人产生了巨大的吸引力;第二,科举制取消之后,农村的士绅和各种能人向上晋升的通道被切断了,在乡村继续生活失去了希望和政治庇护的屏障,开始谋求向城市的迁移;第三,由于我国"皇权不下县"的传统,官方在基层的直接统治力量薄弱,在一部分优良士绅和能人向城市迁移后,导致以暴力为手段的恶霸和地痞等边缘人物开始侵蚀乡村的权力中心,士绅性质发生变化,最终成为我们所熟知的名词——土豪劣绅,同时日益恶化的乡村环境加剧了乡村精英向城市迁移的进程。士绅这一群体的迁移和转变对乡村的政治、经济、文化都产生了巨大影响,乡村发展的人才支撑遭受重大损失。

三、现代中国社会的城乡关系

(一) 1921—1949:新民主主义革命时期的城乡关系

中国是一个农业大国,有着长期的农业文明的影响,因此,毛泽东在《中国社会各阶级分析》中开篇就指出"谁是我们的敌人?谁是我们的朋友?这个问题是革命的首要问题。"②在城市经济比较薄弱,农村封建土地所有制根

---

① 于建嵘.岳村政治:转型期中国乡村政治结构的变迁[M].北京:商务印书馆,2001:89-90.
② 毛泽东.毛泽东选集(第一卷)[M].北京:人民出版社,1991.6(2008.6 重印):3.

深蒂固的中国,要实现中国革命的胜利,正确看待城市和农村的关系,无产阶级和农民阶级的关系是中国革命能否取得胜利的决定性条件。

1984年以来,中国经历了"三千年未有之大变局",在西方列强的船坚炮利下沦为了半殖民地半封建社会,在此情况下,社会各阶级开始自己的实践探索,代表农民阶级的太平天国运动,代表地主阶级的洋务运动和代表资产阶级改良派的戊戌变法都没有挽救中国衰败的局面。辛亥革命虽然推翻了两千多年的封建君主专制制度,但是因为资产阶级革命的不彻底性,并没有完成反帝反封建的任务,革命的任务落到了中国共产党人的身上。根据马克思恩格斯经典作家的城乡发展理论,应该城市领导农村,苏联共产党也是执行的以城市为中心的革命路线,并且取得了胜利,所以中国共产党成立之后,早期中国共产党人也将城市作为革命的重点,在城市中组织工人暴动和武装起义。但是当时中国总人口有大约4.5亿人,而城市中的产业工人仅有200万人,占比不到0.5%,而农民占比约80%[①],并且城市又是国民党反动统治的重心,想要将城市作为革命的突破口是不太现实的,实践也证明,通过武装暴动夺取革命胜利的道路走不通。毛泽东为代表的共产党人认识到"认清中国的国情,乃是认清一切革命问题的根本的根据",中国必须走无产阶级领导的工农联盟的道路,并且要走"农村包围城市"的道路。

大革命失败之后,中国共产党以武装斗争的形式在敌人统治较为薄弱的农村开辟根据地,开始了武装斗争为主要形式、以土地革命为主要内容,以农村革命根据地为阵地三者相结合的革命道路。因为农民问题归根结底主要还是土地问题,所以,新民主主义革命时期的土地政策也在随着革命形势不断调整。1928年制定的《井冈山土地法》坚持土地国有化,主张没收一切土地归政府;1931年制定的《兴国土地法》对土地政策进行了修改,将"没收一切土地"修改为"没收公共土地及地主阶级土地",后来又解决了农民土地所有权的问题,最终形成了一套成熟的土地革命路线"依靠贫农、雇农,联合中农,限制富农,消灭地主阶级,变封建土地所有制为农民土地所有制"。

---

① 吴文晖.中国土地问题及其对策[M].上海:商务印书馆,1947:16.

抗日战争时期,为了适应革命形势发展的需要,土地政策又调整为"减租减息";解放战争时期为了更好地满足农民土地要求,发布了《关于土地问题的指示》寻找适当方法实现耕者有其田;1947年中共中央又颁布了《中国土地法大纲》,通过土地改革,废除了封建土地制度,挖掉了帝国主义和国民党政府的统治基础,巩固了根据地;农民分到了土地,为了保护自己的革命果实,组织人民武装,建立人民政权,并积极参加人民解放军;农民的革命热情被激发出来,促进了社会生产力的发展,为解放战争的胜利奠定了物质基础。

与中国共产党"农村包围城市"对城乡关系塑造同时进行的还有国民党统治下的有识之士。梁漱溟、晏阳初、黄炎培、等一批先进知识分子,面对时局动荡和乡村衰败,从不同的角度提出了自己的乡村建设思想,并进行了乡村建设的实践,产生了著名的"定县模式""邹平模式""无锡模式"等。这些乡村建设形式各异但总体目标趋同,都是想从经济、文化、道德、教育等方面切入,实现乡村重建和振兴,进而寻求救亡图存的道路,但是这场由知识分子倡导的乡村建设运动,由于缺乏底层民众旷日持久的支持,所以乡村振兴的效果并不明显。①

(二) 1949—1978:社会主义革命和建设时期的城乡关系

早在1949年初,中国共产党就开始对革命胜利后新政权的政治、经济、文化等方面进行理论思考和实践准备,提出了革命胜利后党的工作重心从农村向城市的转移、城市领导乡村以及城乡兼顾的思想。1949年3月,毛泽东在中共七届二中全会上明确提出:"从一九二七年到现在,我们的工作重点是在乡村,在乡村凝聚力量,用农村包围城市,然后取得城市。采取这样一种工作方式的时期现在已经完结。从现在起,开始了由城市向乡村并由城市领导乡村的时期。党的工作重心由乡村转移到了城市"。与此同时,

---

① 张海鹏,郜亮亮,闫坤.乡村振兴战略思想的理论渊源、主要创新和实现路径[J].中国农村经济,2018,(11):2-16.

毛泽东还提出了城乡兼顾的思想:"城乡必须兼顾,必须使城市工作和乡村工作,使工人和农民,使工业和农业,紧密地联系起来。绝不可以丢掉乡村,仅顾城市,如果这样想,那是完全错误的。但是党和军队的工作重心必须放在城市,必须用极大的努力去学会管理城市和建设城市"。①

新中国成立后,一穷二白,百废待兴,这一时期的城乡关系前期主要以恢复城乡交流为主。1949年9月,中央提出,有步骤地将封建、半封建的土地所有制改变为农民的集体土地所有制,拉开了中国农村土地革命的序幕。1952年,土地改革在全国范围内基本完成,但在取得成绩的同时,也出现了一些新的矛盾。在农村,土改以后农民分散落后的个体经济难以满足城市发展和工业发展对粮食和农产品不断增长的需求,而土改后农村出现的贫富差距也引起党的关注。在城市,工人阶级与资产阶级之间限制与反限制的斗争,给城市经济带来了很大影响。国家需要把有限的资源、资金和技术集中到重点建设任务中来,而私人资本主义的经济则要求扩大自由生产和自由贸易,这就引起了矛盾和冲突。②

早在七届二中全会就提及的"由新民主主义向社会主义过渡的问题"也被提上日程。1953年6月,在借鉴苏联经验的基础上,毛泽东在中央政治局扩大会议上首次提出了党在过渡时期总路线的基本内容,后来在《为动员一切力量把我国建设成为一个伟大的社会主义国家而斗争》中表述为:"从中华人民共和国成立,到社会主义改造基本完成,这是一个过渡时期。党在这个过渡时期的总路线和总任务,是要在一个相当长的时间内,基本上实现国家工业化和对农业、手工业和资本主义工商业的社会主义改造。这条总路线应该是照耀我们各项工作的灯塔,各项工作离开它就要犯'右倾'或'左倾'的错误。"③1953年12月,通过了《中共中央关于发展农业生产合作社的决议》,强调这一阶段党在农村的主要工作就是引导农民以土地入股,创办

---

① 毛泽东.毛泽东选集:第四卷[M].北京:人民出版社,1991.6(2008.6重印):1426-1427.
② 中共中央党史研究室.中国共产党的九十年:社会主义革命和建设时期[M].北京:中共党史出版社,2016:417.
③ 中共中央文献研究室.建国以来重要文献选编(第4册)[M].北京:中央文献出版社,2011:602-603.

初级农业生产合作社,以便实现对农业的社会主义改造。初级社的特点在于实行土地和生产资料入股,土地的所有权仍归农民所有,使用权归集体,实行集体劳动、集体经营、集体分配。① 1954年,党的七届四中全会批准了党在过渡时期的总路线。作为过渡时期各项工作的指南,土地改革和社会主义改造变革了旧的生产关系,在社会主义过渡阶段奠定了物质基础。农业生产恢复,农民取得生产资料。同时政府以农业生产合作社形式领导农民生产经营,促进农业、农民增收。1955年,国务院发布了《关于城乡划分标准的规定》,规定指出,由于城市和乡村人民的经济条件和生活方式不同,政府的各项工作应当针对不同的区域和群体有所区别,在统计上也应当分别予以计算,并列出了划分城乡的五条标准。② 1956年毛泽东同志在《论十大关系》中深刻阐述了轻、重工业和农业之间关系,突出二者协调的重要性。农业为工业提供生产原料,工业为农业提供生活资料,城乡互动频繁,推动国民经济快速发展,人民生活水平提升。1956年6月,由于觉得初级社的社会主义程度不够高,为了推动初级社向高级社转变,毛泽东以国家主席的名义公布了《高级农业生产合作社示范章程》,截止1956年底,中国农村普遍建立了高级合作社,集体不仅有使用权,而且所有权和经营权也归集体所有,确立了土地公有制,实现了小农经济向集体经济的转变,成为中国农村发展史的重要里程碑。

为了实现由落后的农业国向发达的工业国的变换,城乡关系进入二元分割阶段。首先,人民公社会化运动使乡村社会发展陷入徘徊不前的局面。其次,对粮食实行统购统销政策,粮食定产、定购、定销,粮食在市场的流通被计划经济所取代,农业生产剩余为工业发展服务,这一时期的政策为城市现代化初期积累了大量的农村农业资源。正如毛泽东指出的那样:"我国是一个农业大国,农村人口占全国人口的百分之八十以上,发展工业必须和发展农业同时并举,工业才有原料和市场,才能为建立强大的重工业积累较多

---

① 中共中央党史研究室.中国共产党的九十年:社会主义革命和建设时期[M].北京:中共党史出版社,2016:454.
② 国务院关于城乡划分标准的规定[J].中华人民共和国国务院公报,1955,(20):988-989.

的资金。"①1958年《中华人民共和国户口登记条例》以法律形式明确将城乡居民划分为农业与非农业户籍,限制人口在城乡之间的流动。统购统销、农业合作化和户籍制度为城市获取农民农业剩余奠定了制度基础。新中国通过构建二元制的城乡结构,实现了农村农业对城市工业化的持续性支持。1953—1978年,我国农业为工业提供的积累资金达5 100亿元,约占同期农业净产值的1/3,这几乎相当于20世纪80年代初国有企业固定资产原值的总额。② 以国家手段调配资源配置有效地推动了工业化发展,但是城乡差距也不断扩大。

总的来看,改革开放之前的"三农"问题的主导因素是国家重工业优先发展战略下形成的工农也关系,工农关系决定了农民的身份及其和市民之间的区别,决定了城乡之间的对立与统一,形成了"三农"问题的体制性因素。中国的农民、农业和农村在改革开放前为中国的工业化作出了重大贡献,通过提供农产品剩余价值为工业化和城市化发展提供了物质基础,而改革开放之后农民、农业和农村对工业化和城市化的支持则转变为提供劳动力和土地的方式进行。③

(二) 1978—2012:改革开放和社会主义现代化建设新时期的城乡

改革开放之后,我国进入到社会主义建设的新时期,党和国家的工作重心转移到社会主义现代化建设上来,在四个现代化中也提出了农业现代化的目标,城乡关系进入到一个新的发展阶段,过去由政府控制的城乡关系开始向市场调节转变。1978年,安徽遭遇大旱灾,秋种遇到困难,11月,有些地方在"通过借地能够唤醒农民积极性"的启发下,自发采取了包干到户和包产到组的做法,如凤阳县梨园公社小岗村18户农民创造的"包干到户",

---

① 孙成军.马克思主义城乡关系理论与我们党城乡统筹发展的战略选择[J].马克思主义研究,2006,(04):113-118.
② 李成贵.1953—1978年:国家工业化与农业政策选择[J].教学与研究,1997(03):37-41.
③ 王伟光.建设社会主义新农村的理论与实践[M].北京:中央党校出版社,2006.

受到农民的欢迎,这些大胆的尝试,拉开了我国农村改革的序幕。1979 年,为了加快农业生产,实现农业现代化,进而促进整个国民经济蓬勃发展,《中共中央关于加快农业发展若干问题的决定》指出:"总的来看,我国农业近二十年来的发展速度不快,它同人民的需要和实现四个现代化的需要之间存在着极其尖锐的矛盾……农业发展速度不加快,工业和其他各项建设事业就上不去,四个现代化就化不了。我国农业问题的这种严重性、紧迫性,必须引起全党同志的充分注意。"邓小平在《建设有中国特色的社会主义》中总结改革开放以来的经验时指出:"从中国的实际出发,我们首先解决农村问题。中国有百分之八十的人口住在农村,中国稳定不稳定首先要看这百分之八十稳定不稳定。城市搞得再漂亮,没有农村这一稳定的基础是不行的。"①

1980 年 5 月,邓小平发表相关讲话,谈到"农村政策放宽以后,一些适宜搞包产到户的地方搞了包产到户,效果很好,变化很快"。1980 年 9 月,中共中央印发了《关于进一步加强和完善农业生产责任制的几个问题》,认为"在生产队领导下实行的包产到户是依存于社会主义经济,而不会脱离社会主义轨道的,没有什么复辟资本主义的危险"。② 1982 年,中央一号文件转批了《全国农村工作会议纪要》,明确了"目前实行的各种责任制,包括小段包工定额计酬、专业承包联产计酬、联产到劳、包产到户、到组、包干到户、到组等等,都是社会主义集体经济的生产责任制"。家庭联产承包责任制是农村改革重要标志,分户经营、自负盈亏,这种制度使农民获得的生产和分配的自主权,把权责利结合起来,克服了平均主义和大锅饭的弊端,纠正了统得过死、经营方式单一的缺点。随着家庭联产承包责任制普遍推广和农业劳动生产率的不断提高,广大农民充分利用剩余劳动力和资金来发展多种形式的经营,农村很快就出现了一批专业户和重点户,这是中国农村向专业化和商品化方面迈进的开始。劳动生产率的提高和剩余产品扩大,为剩

---

① 邓小平.邓小平文选:第 3 卷[M].北京:人民出版社,1993:65.
② 中共中央政策研究室.三中全会以来重要文献选编(上)[M].北京:中央文献出版社,2022:474.

余劳动力向城镇的转移奠定了基础。农村的改革,特别是家庭联产承包责任制的实行,对调动亿万农民的积极性起了重要作用,对加快农村农业发展产生了深远而巨大的影响。①

城市经济体制的改革比乡村改革更复杂。十一届三中全会之后,在试点改革经验的基础上,开始了对城市经济体制改革的探索。1978—1984年,人均粮食占有量由318.5公斤增长到393.5公斤,为农业人口转移提供了粮食基础,农民和农业产品逐步打破地域限制向城镇化和市场化发展。1979年起,中央采取支持城镇集体经济和个体经济发展的政策方针,并取得了积极成效。乡镇企业的发展为农村劳动力就业提供了空间,农业剩余劳动力开始向城镇转移。1981年,中共中央、国务院发布《关于广开门路,搞活经济,解决城镇就业问题的若干决定》,指出"在社会主义公有制经济占优势的根本前提下,实行多种经济形式和多种经营方式长期并存,是我党的一项战略决策,绝不是权宜之计。只有这样,才能搞活整个经济,较快较好地发展各项建设事业,扩大城镇劳动就业"。②

党的十二大以后,农村改革以稳定和完善家庭联产承包责任制为主要内容进一步深入。1982年起,中央连续发布以三农为主题的"一号文件",巩固和完善家庭联产承包责任制,农业生产快速增长,1979年至1984年,农业产业年均增长7.3%,到1984年粮食总产量达到4 073亿公斤,人均393公斤,已经接近世界人均水平。1985年,中央发布的《关于进一步活跃农村经济的十项政策》取消了实行30多年的农副产品统购派购政策,把农村经济纳入了有计划的商品经济轨道上来,促使传统农业向商品化和现代化发展。

1984年10月,党的十二届三中全会通过了《关于经济体制改革的决定》,经济体制改革全面推进,改革的重心也由农村转移到城市,城市基础设

---

① 中共中央党史研究室.中国共产党的九十年:社会主义革命和建设时期[M].北京:中共党史出版社,2016:693-694.
② 中共中央文献研究室.改革开放三十年重要文献选编(上)[M].北京:中央文献出版社,2008:223.

施、社会保障等功能逐步完善,社会主义市场经济体制的确立,户籍政策的改革,农业经济开始有计划的纳入商品经济范畴,农民大规模进城务工,为城市发展提供了充足的劳动力,同时农村农业的生产资料也源源不断地向城市供应,市场经济的发展,是资源迅速向城市集中的过程。而农业发展步伐放慢,渐渐地就与现代化工业之间发生脱节,城乡距离不断拉大,城乡二元结构在工农业上尤为显著。城乡区别就是社会最现代部分和最传统部分的区别,处于现代化之中的社会里政治的一个基本问题就是找到填补这一差距的方式,通过政治手段重新创造被现代化摧毁了的那种社会统一性。①

进入 21 世纪,为解决日益尖锐的城乡对立关系,党中央提出了科学发展观,并在这一理念指导下,实施统筹城乡发展的战略。2002 年党的十六大确立了全面建设小康社会的新征程,统筹城乡经济发展成为新目标,我国进入了城市引领、工业反哺的城乡关系统筹发展阶段。党的十六大之后,"三农"工作成了全党一切工作的重中之重,党中央加大对农村农业的政策扶持。2004 年开始"三农"又重新成为中央"一号文件"的主题,并一直延续至今,充分证明了党和国家对"三农"问题的重视,该文件指出农民增收对于解决三农问题的重要意义,加大了财政对三农的支持力度,并提出了三项补贴政策。2005 年党的十六届五中全会提出"社会主义新农村建设",总体要求是"生产发展、生活富裕、乡风文明、村容整洁、管理民主",强调了全面建设小康社会的内涵在于小康的全面性和协调性。同年的十届全国人大常委会第十九次会议作出了废除农业税的决定,2006 年全面废除农业税,并加大对农业生产的补助,这意味着在我国存续了 2600 多年的农业税就此结束,这也标志着我国的城乡关系进入了工业反哺农业、城市支持乡村的新阶段。

"三农"问题的关键在于城乡二元结构,因此,解决三农问题要从破除城乡二元结构入手,城乡一体化便是这种思路的具体体现。2007 年,党的十七大提出了"三农"的中心任务是"统筹城乡发展,推进社会主义新农村建设",并列举了 10 项具体任务,并且提出"缩小城乡差别,加速城乡一体化"。

---

① [美]亨廷顿.变化社会中的政治秩序[M].北京:三联书店,1989:67.

2008年，中共十七届三中全会《中共中央关于推进农村改革发展若干重大问题的决定》，提出"进一步推进以工促农、以城带乡、破除城乡二元结构，形成城乡经济社会发展一体化的新格局"。城乡差异，主要是由于城乡户籍差异导致的一系列附着于其上的教育、医疗、社保等一系列的差异，形成的结果便是城乡的基础设施和公共服务之间的差异，因此，城乡一体化，要瞄准破解城乡二元户籍制度及其附着于其上的各种制度差异，最终实现城乡基础设施、公共服务、经济文化、社会治理等全面的均衡化。

（三）2012—今：进入中国特色社会主义新时代以来的城乡关系

党的十八大以来，以习近平同志为核心的党中央围绕城乡发展一体化问题，多次作出重要指示和部署，在实践中形成了关于"三农"问题的一系列新理念、新战略和新思想。2012年，党的十八大报告明确指出"三农"问题是全党工作的重中之重，提出要"推动城乡发展一体化"，因为城乡一体化是解决"三农"问题的根本途径，并就"加大城乡统筹力度""工业反哺农业""加快发展现代农业""全面改善农村生活条件""着力促进农民增收""改革土地机制""加快完善城乡一体化体制机制"等方面进行了强调，并且提出"农业现代化"要与"新型工业化、信息化、新型城镇化"同步发展，走中国特色"新四化"的道路。

2013年，党的十八届三中全会通过的《中共中央关于全面深化改革若干重大问题的决定》指出"城乡二元结构"是制约城乡发展一体化的主要障碍，"必须健全体制机制，形成以工促农、以城带乡、工农互惠、城乡一体的新型工农城乡关系，让广大农民平等参与现代化进程、共同分享现代化成果"，并就"加快构建新型农业经营体系""赋予农民更多财产权""推进城乡要素平等交换和公共资源均衡配置""完善城镇化健康发展体制机制"等问题进行了阐述，并且提出了要"建立城乡统一的建设用地市场"。

2014年，中共中央、国务院印发《国家新型城镇化规划（2014—2020年）》，指出"城镇化是解决农业农村农民问题的重要途径"，发展城镇化有利于节约用地,有利于促进农业生产规模化,有利于提升农民生活水平,新型城镇化的重点还在于"有序推进农业转移人口市民化",根据我国的国情,要不断增强中心城市的带动功能,加快发展中小城市,有重点的发展小城镇。国土资源部、农业部就"永久基本农田"划定工作做了专项布置,确保耕地数量和质量。国务院根据农业劳动力持续转移、农户对农村各类产权交易需求明显的实际情况,出台了《国务院办公厅关于引导农村产权流转交易市场健康发展的意见》,对农村产权流转交易市场的设立、运行和监管进行规范。

2015年,党的十八届五中全会通过了《中共中央关于制定国民经济和社会发展第十三个五年规划的建议》,"十四五"规划指出,农业是实现全面小康的基础,并明确提出"大力推进农业现代化",具体措施是"加快转变农业发展方式""稳定土地承包关系""采取最严格的土地保护政策""推进农业的标准化和信息化";同时提出"推动城乡协调发展",具体措施是"健全城乡发展一体化体制机制""注重发展县域经济""推进以人为核心的城镇化""促进城乡资源的均衡配置"。在"十四五"规划的指导下,中共中央又制定了《深化农村改革综合性实施方案》,重点是要深化农村集体产权制度改革、加快构建新型农业经营体系、健全农业支撑保护制度、健全城乡一体化发展体制机制、加强和创新农村基层治理。

2016年,中共中央为了进一步健全农村的土地产权制度,印发《关于完善农村土地所有权承包权经营权分置办法的意见》,就农村亟待解决的土地所有权、承包权和经营权"三权"分置问题给出了指导性的意见,认为"'三权'分置"是来自于人民群众的智慧,符合生产力和生产关系变动发展规律,有利于明晰土地产权关系,有利于发展适度规模经营,有利于推动农业现代化,本质上属于农村经营制度的自我完善,各地应当妥善处理"三权"的关系,因地制宜,不断探索和发展"'三权'分置"的具体形式。为了鼓励各类人力资源下乡参与农村建设,促进农村产业融合发展,国务院办公厅印发了《关于支持返乡下乡人员创业创新促进农村一、二、三产业融合发展的意见》,通过下乡人员带来新理念、新技术、新资本,不断提高农业的质量和效益,同时发展新产业、新业态、新模式,激活各类城乡生产要素,切实推进农村三产融合,实现农民增收。为了推进农产品的供给侧改革,国务院办公厅发布了《关于进一步促进农产品加工业发展的意见》,通过农产品生产的优化结构、提质增效、转型升级来满足城乡居民消费升级的需求,促进农村经济快速增长。在城乡融合的进程中,党和国家对农村集体产权非常重视,中共中央、国务院还发布了《关于稳步推进农村集体产权制度改革的意见》,提出了加强党对集体产权制度改革的领导,由点及面的开展集体产权制度改革,鼓励不同地区因地制宜的探索集体经济发展壮大的有效形式,与此同时,要加强农村集体资产的管理,全面清查整顿,确保账实相符,对违法行为进行严厉打击,防止资产流失。

2017年,国务院印发《全国国土规划纲要(2016—2030年)》,对全国土地使用进行总体部署与统筹安排。为了贯彻最严格的耕地保护思想,中共中央国务院印发《关于加强耕地保护和改进占补平衡的意见》,提出要严格控制建设用地侵占耕地,改进和优化耕地的转不平衡管理,不断提升耕地质量,健全耕地占用的补偿机制,确保耕地"数量基本稳定、质量稳步提升"。国家对城乡基础设施的不平衡也非常关注,为了解决农村基础设施薄弱问题,国务院办公厅已发了《关于创新农村基础设施投融资体制机制的指导意见》,通过构建多元化的投融资新格局,完善基础设施的管养护机制,健全优化定价机制,使农村基础设施条件明显改善,农民获得感不断增强。经营主体是发展农村的关键,为了推动农业的供给侧改革,引导农业向适度规模化发展,实现农民增收,中共中央办公厅、国务院办公厅印发了《关于加快构建政策体系培育新型农业经营主体的意见》,通过完善财政税收政策、加强农业基础设施建设、提升农村金融服务、发展农业保险、拓展农村市场、培育农村人才等多管齐下,引导农村新型经营主体多元发展、规模化经营、提高发展质量。为引导城乡社区居民治理走向善治,提升城乡治理规范化、科学化、精细化程度,中共中央、国务院印发了《关于加强和完善城乡社区治理的意见》,通过城乡的长治久安,为城乡融合提供社会环境基础。党的十九大将"乡村振兴"作为城乡融合的重要抓手,坚持农业农村农民优先发展战略,按照"产业兴旺、生态宜居、乡风文明、治理有效、生活富裕"的总要求,提出要建立健全城乡融合发展体制机制和政策体系,加快推进农业农村现代化,巩固和完善农村基本经营制度,深化农村集体产权制度改革,构建现代农业产业体系、生产体系、经营体系,确保国家粮食安全,促进农村一、二、三产业融合发展。

2018年,为了解决农村人居环境脏乱差的问题,中共中央办公厅、国务院办公厅印发了《农村人居环境整治三年行动方案》,重点任务在开展农村生活垃圾、厕所粪污、生活污水治理,加强村庄的总体规划,不断提升村容村貌。在前期脱贫攻坚的良好基础上,为了完成脱贫目标,中共中央、国务院印发了《关于打赢脱贫攻坚战三年行动的指导意见》,进一步强化政策措施,加强统筹协调,确保打赢脱贫攻坚战。在十九届中央政治局第八次集体学习时,习近平总书记提出,要把"乡村振兴"作为新时代"三农"工作的总抓手,处理好工农关系和城乡关系,保证我国社会主义现代化的顺利进行。中共中央、国务院印发了《乡村振兴战略规划(2018—2022年)》,以习近平总书记关于"三农"工作的重要论述为指导,按照"产业兴旺、生态宜居、乡风文明、治理有效、生活富裕"的总要求,对实施乡村振兴做出了全面系统性的规划。为提升农业机械化水平,使其与规模化经营需求相一致,国务院印发了《关于加快推进农业机械化和农机装备产业转型升级的指导意见》通过科技创新、机制创新、政策创新为动力,保障农业现代化的顺利实施。

2019年,为了更好地适应农村改革的不断深化,中共中央印发了《中国共产党农村基层组织工作条例》,把党的农村基层组织建设摆在更加突出的位置,为打赢脱贫攻坚战、深入实施乡村振兴战略提供组织保障。农业现代化的关键在于科技进步,为了给乡村振兴提供科技支撑,科学技术部发布了《创新驱动乡村振兴发展专项规划(2018—2022年)》,通过科技创新确保国家粮食安全,帮助构建现代农业的生产体系、经营体系和产业体系,促进农业的高质量发展。体制机制的障碍是阻碍城乡融合的最大障碍,为了破除体制机制弊端,促进城乡要素自由流动、平等交换和公共资源合理配置,中共中央、国务院发布了《关于建立健全城乡融合发展体制和政策体系的意见》,重点在资源要素流动自由化、基本公共服务均化、基础设施建设一体化、乡村经济多元化方面下功夫,分阶段分步骤地建立起适应城乡融合发展新的体制机制。

2020年,中共中央办公厅、国务院办公厅印发了《关于加强和改进乡村治理的指导意见》,提出建立健全党委领导、政府负责、社会协同、公众参与、法治保障、科技支撑的现代乡村社会治理体制,健全党组织领导的自治、法治、德治相结合的乡村治理体系,构建共建共治共享的社会治理格局。确保粮食安全的重要一环就是要确保耕地的数量和质量,虽然中央三令五申要严格保护耕地,但是有些地方仍然存在违规占用耕地开展非农建设的行为,为了采取有力措施遏制耕地"非农化"行为,国务院办公厅印发了《关于坚决制止耕地"非农化"行为的通知》,提出了耕地保护的"六个严禁"。在我国城乡发展过程中,前期经历了工农业价格上的"剪刀差"来为城市发展积累资源,后期这种方式发生了改变,主要体现在土地出让收益上,土地增值收益"取之于农、用之于城"为工业化和城镇化积累资源,习近平总书记审时度势提出"把土地增值收益更多用于'三农'"的重要指示,中共中央办公厅、国务院办公厅印发了《关于调整完善土地出让收入使用范围优先支持乡村振兴的意见》,为实施乡村振兴提供了可靠的资金来源。党的十九届五中全会提出坚持把解决好"三农"问题作为全党工作重中之重,走中国特色社会主义乡村振兴道路,全面实施乡村振兴战略,强化以工补农、以城带乡,推动形成工农互促、城乡互补、协调发展、共同繁荣的新型工农城乡关系,加快农业农村现代化。

2021年,为了加强乡村振兴的人才支撑,中共中央办公厅、国务院办公厅印发了《关于加快推进乡村人才振兴的意见》,通过培养高素质的农村生产人才、农业经营人才、农村电商人才、农村创业人才、农村治理人才、农村工匠,培育、留住、用好乡村教育、医疗、科技、文化等公共服务人才,不断建立健全乡村人才振兴体制机制,形成各类人才共同服务乡村振兴的新格局。为了巩固拓展脱贫攻坚成果,全面推进城乡振兴,中共中央办公厅印发了《关于向重点乡村持续选派驻村第一书记和工作队的意见》,要求围绕"建强村党组织、推进强村富民、提升治理水平、为民办事服务"选派第一书记和驻村工作队，为乡村振兴提供坚强组织保证和干部人才支持。4月21日国务院第132次常务会议修订通过了《中华人民共和国土地管理法实施条例》，新条例突出了以下几个方面的导向：落实国土空间规划制度，促进土地资源可持续利用；坚持节约集约理念优化土地管理制度；完善土地征收制度切实维护农民利益；完善宅基地管理制度保障农民合理用地需求；完善集体经营性建设用地入市法律制度。"要想富先修路"，说明了交通对于农村发展的重要性，农村物流体系是农产品出村进城、工业品下村进村的重要渠道，为了提升农村物流效率，改善农村交通基础设施，国务院办公厅印发了《关于加快农村寄递物流体系建设的意见》，对促进农村创业就业和发展多元经营创造了条件。为了坚持"农业农村优先发展，加快推进农业农村现代化"，国务院关于印发了《"十四五"推进农业农村现代化规划》，主要目标是保障农产品的有效供给、提高农业质量和竞争力、夯实农村基础设施、改善农村生态环境、增强乡村治理能力、稳步增加农民收入、进一步巩固脱贫攻坚成果，制定了农业农村现代化的17项具体指标，并推出了"粮食等重要农产品安全保障"等9大工程，对实现农村农业现代化具有重要意义。

2022年，为了将强农村基础设施建设，中共中央办公厅、国务院办公厅印发了《乡村建设行动实施方案》，重点是要加强乡村规划、畅通乡村道路、强化防汛抗旱的供水保障、发展乡村清洁能源、建设仓储保鲜冷链物流设施、建设数字乡村、提升村级综合服务能力、提升农房质量安全、提升人居环境、提升农村公共服务水平、建设先进农村文化，通过实施乡村建设行动，切实提升乡村宜居宜业水平，吸引更多的人建设乡村、生活在乡村。农村农业部牵头，联合其他部委，制定了《关于扩大当前农业农村基础设施建设投资的工作方案》，突出抓好大中型灌区等水利设施、小型农田水利设施，以及现代设施农业和农产品仓储保鲜冷链物流设施等项目建设。党的二十大对建设社会主义现代化国家做出研判："全面建设社会主义现代化国家，最艰巨最繁重的任务仍然在农村"，进而制定了"坚持农村农业优先发展"的总方针，确定了"农业农村现代化"的总目标，提出了"产业兴旺、生态宜居、乡风文明、治理有效、生活富裕"的总要求，绘制了乡村振兴的总蓝图。

2023年,为贯彻落实党的二十大关于畅通城乡要素流动的战略部署,进一步完善农村基本经营制度,探索和规范农村产权交易的有效路径,农业农村部联合有关部委印发了《农村产权流转交易规范化试点工作方案》,为构建农村产权流转交易体系和监管机制奠定了基础。

总的来看,从"统筹城乡发展",到"城乡一体化发展",再到"城乡融合发展",反映了党和政府在解决"三农"问题的战略布局上的与时俱进,"城乡融合发展"与之前的战略相比,在破除城乡二元体制机制的同时,更加强调城乡公共服务均衡配置和城乡之间的共生关系。

第二节 我国城乡二元结构的形成过程及成因分析

一、我国城乡二元结构的形成过程

改革开放40多年来,党中央对"三农"工作高度重视,实施了一系列利好"三农"的方针政策,使农业生产率大幅提高,农民收入有快速提升,农业生产结构不断优化,农村面貌焕然一新,城乡差距逐渐缩小,但是将农村和城市放到一起,仍然能够看见城乡之间存在明显差距,究其主要原因,还是城乡二元结构带来的结果,因此对城乡二元结构形成过程及其原因的考察非常有意义。

(一)二元结构初步形成时期的城乡状况

1. 1949年—1977年的曲折进程

新中国的成立是中华民族历史上具有划时代意义的大事,也是中国农村发展史上的里程碑事件。1949年开始的土地改革将封建土地所有制变成了农民土地所有制,土改完成之后,面对分散的小农经济,怎么样实现农民群众的共同富裕,成为中国共产党开展农村工作面临的主要问题,党中央希望通过采用农民合作社的形式把农民组织起来,把农民土地的个体所有变成集体所有,把个体劳动变成集体劳动,以变革农村土地所有制为核心,从而带动农村社会的全面变革,建设一个欣欣向荣的社会主义新农村。

1954 年至 1956 年,农业生产互助合作运动出现了急躁冒进的现象,由原来的注重互助组向注重合作社转变,开始了中国的农业合作化运动,用很短的时间,把农民刚刚分得不久的土地和生产资料变成了集体所有。为了改变农村贫穷落后的局面,1956 年全国人大又通过了《高级农业生产合作社示范章程》,提出建设社会主义新农村,这是我国关于"社会主义新农村建设"的最早表达。1960 年又通过了"关于为提前实现全国农业发展纲要而奋斗的决议",认为中央制定的关于 1956—1967 年全国农业发展纲要是指导我国社会主义农业建设的伟大纲领。1960—1963 年,为了响应毛主席关于"知识青年到农村去,接受贫下中农的再教育,很有必要"的号召,国家组织动员大批知识青年"上山下乡",鼓励年轻人到最广大的农村定居并参加劳动,即"插队落户",试图通过知识青年下乡带动广大农民发展农业生产改变乡村面貌,同时掀起兴修水利工程的浪潮。

2. 二元体制初步形成时期城乡制度的特点

这段时期我国陆续出台的一些政策制度初步构成了城乡二元分割的结构和体制,包括但不限于户籍制度、就业制度、教育、卫生、住房、福利保障等十多项。

(1) 严格控制商品流通。从 1953 年开始,为了解决城市人口的粮食需求问题,我国开始对农产品采取统购统销制度,在粮食供销环节采取国家计划替代市场调节。在一定时期内,保证了在低农业生产率和低剩余农产品条件下,实现快速工业化所需的粮食供给,将物价控制在一定范围之内,逐渐形成了计划经济体制。其作用表现在三个方面:一是在农产品生产率较低,农产品剩余不多的情况下保证了社会面的粮食供给;二是国家通过统购统销放弃了市场调节,在消费领域实行国家计划,为社会主义经济奠定了基础,但也抑制了市场发育;三是统购统销使农民失去了粮食的支配权和定价权,挫伤了农民粮食生产的积极性。

(2) 严格控制人员流动。社会主义改造以来,我国逐步建立起严格的城乡分割的户籍制度和就业制度,限制了农村人向城市转移的速度,甚至农村和农村之间,城市和城市之间的流动。第一个阶段是1949—1957年,对人口流动实行适度控制。1952年,国务院召开全国劳动就业会议,专门研究如何解决农村剩余劳动问题,制定了《关于劳动就业问题的决定》,提出剩余劳动力就地转化吸收的办法。1953年,我国大规模经济建设开始,不少农村青年怀着对城市的美好向往开始向城市流动,给城市就业和粮食供给带来压力,中共中央和国务院发出指示,要求各级政府要对农民进城进行限制,有计划的安排劳动力流动。1957年起,国务院开始发布《关于防止农民盲目流入城市的通知》,规定各城市不准随意招工用人,对于盲目进城人员予以遣返,因此"盲流"一词就此出现。第二阶段是1958年—1960年,属于人口非正常流动时期。1958年,党的八届二次会议掀起"大跃进"的高潮,在城市本来劳动力过多、就业压力较大的情况下,变成了劳动力不足,于是国务院开始下方劳动力招收调配权,各地企业盲目增加用工岗位,到农村招收大量农民进城务工。第三阶段是1961年—1978年,严格控制人口流动。受自然灾害影响,全国粮食供应普遍不足,1961年之后,国家通过严控户籍管理、农副产品的统购统销、城市生活必需品的供给制度和有计划的招工制度,严格控制了城乡之间的人口流动,农民被束缚在土地和一定区域内。与此同时,开始清理1958年以来从农村招收的人员,将其遣返回原地,形成了60年代人口"大倒流"。

(二) 二元结构强化时期的城乡状况

1. 1978—2003年农村改革的阶段性状况

在此期间,我国农村改革大致经历了以下四个阶段:第一个阶段是

1978年—1982年,进入农村改革的起步阶段,改革的重点是推行家庭联产承包责任制。主要是调整生产关系,调整国家、集体和农民个人之间的所有制关系和分配关系,变"工分制"为"家庭联产承包制",极大地激发了农民生产的积极性,创造了以世界7%的土地养活世界22%人口的奇迹。第二阶段是1983年—1985年,国家废除了"政社合一"的人民公社体制,改革的重点是政社分开,建立乡区政府,形成了乡村治理新模式。农村的社队企业得到进一步的发展,1984年,社队企业改称乡镇企业,开启了"乡镇企业"异军突起的新时期。第三阶段是1986年—1988年,改革的重点是发展商品经济。鼓励农民直接面向市场,确立了农户的市场主体地位,分批分次取消农副产品统购统销制度,逐步推进农产品流通制度改革。第四阶段是1989年—2003年,农村改革曲折而缓慢。针对乡镇企业低水平重复建设和资源浪费问题,国家提出了"调整、整顿、改造、提高"的发展方针,乡镇企业开始结构调整和优化,逐步向新型工业化道路迈进。由于工业化和城镇化加速,各类资源要素向城镇聚集,城镇经济形势发展良好,但是,城乡二元结构进一步强化,农村发展缓慢甚至出现了凋敝的现象,面对这种现象,党和国家开始进一步重视农村工作。据统计,到20世纪80年代,国家通过农产品的统购统销和合同订购,从农业积累工业发展资金高达7 000多亿元。① 因此,党的十五届三中全会提出要"坚持多予少取",让农民得到更多实惠。

2. 农村为国民经济发展做出了巨大贡献

家庭联产承包责任制在全国的推广和普遍实行,带来了农业的快速发展,使农民的温饱问题在20世纪80年代得到基本解决,同时为农民进入城市或在原地从事第二三产业提供了物质基础。乡镇企业的异军突起,抓住国际产业转移的机遇,发挥劳动成本低的比较优势,参与国际分工,成为农村发展的重要力量,也为国家的新型工业化做出了重要贡献。一方面,带动了农民就业,促进农民增收。农村工业化为农村富余劳动力的转移提供了载体,繁荣了农村经济发展,工业反哺农业,成为建设现代化农业的重要途

---

① 王景新等.明日中国:走向城乡一体化[M].北京:中国经济出版社,2005:53.

径。另一方面,农业人口向城镇的转移,为城镇建设做出了重要贡献。1996年,我国农村向城市的转移人口由 1995 年的 689 万增长到 1 819 万人。

(三) 城乡二元结构的制度构成

1. 二元户籍制度

1958 年 1 月,第一部户籍制度《中华人民共和国户口登记条例》经全国人大常委会讨论颁布,确立了严格的户口登记制度,包括常住户口、暂住户口、出生、死亡、迁出、迁入、变动等七个方面的人口登记制度。当时社会资源供给不足,这个规定的出台有利于稳定整个社会。但是,由于中国根据户籍状况实施科教、卫生、医疗、就业等一系列政策,因此就由户籍制度衍生出教育、医疗、社保、就业等一系列的二元制度,不仅限制了人身自由,也制约了城乡协调发展和城镇化进程。

2. 二元土地制度

城市土地归国家所有,农村土地归村集体所有,农村土地不能直接入市,只能通过土地征收的方式被政府收走,结果造成土地价格低廉,农民得不到合理的回报,大量农民既失地又失业,被征地的农民拿到补偿无法满足其失地后生活支出,而政府拿到征用土地后通过国有土地出让,获得了巨大价格差,社会稳定受到影响。

3. 二元教育制度

教育方面的不平等主要表现在城乡教育资源的不平等,优质的教育资源主要集中于城市,农村教育留不住优秀教师,并且教育硬件设施也跟不上,造成农村教育在起点、过程和结果方面的三大不平等。北京大学教育学院刘云杉副教授曾统计了 30 年的北大学生家庭背景,发现 1978—1998 年,来自农村的北大学子比例尚有 3 成,但 2000—2010 年,考上北大的农村子弟只占 1 成左右。更加权威的数据来自清华和北大的招生办,清华 2019 年在内地的 3 400 余名的本科新生中,来自农村以及贫困地区的为 19.3%,北大 2019 年的这一比例更低,只有 16.3%。

4. 二元社会保障制度

我国城乡社会保障制度的"二元性"主要体现在三个方面：第一是保障内容的二元性。建国之后，我国在城市实行了与计划经济相适应的社会保障制度，城市居民社会保障水平较高，保障的内容包括公费与劳动保证医疗制度、住房分配制度、离退休制度、其他福利制度等；改革开放之后，变成社会保险（包括养老、失业、医疗、工商、生育、最低社会保障等）、社会救助、社会优抚和社会福利等的社会保障体系。而由于农村土地承担社会保障功能，其他的社会保障长期处于空白状态，进入新世纪之后，医疗、养老、低保等社会保障才逐步推广，但层次和保障水平较低。第二是筹资机制的二元性。社会保障的关键在于资金支撑，城市社会保障得到各级政府的财政支持；农村社保基金由农村基层组织解决，很多地方财政紧张，造成社保制度不稳定。第三是管理体制的二元性。城市社会保障体系运行多年已经形成了相对比较完备的管理体系，农村社会保障还处于分散状态，层次低，基金难以整合，安全性差，存在被挤占和挪用的风险。

根据肖冬连教授对中国二元社会结构形成的历史考察，我国城乡二元体制主要由三项基本制度构成：一是城乡分割的户籍制度和社会福利保障制度。户籍制度以"农业户口"与"非农业户口"把人口划分成两部分。农民要想进城，不仅要改变居住地，而且要变更户口种类，即从农业户口变成非农业户口。这种变更的机会微乎其微，因此这种社会身份世袭性和继承性。依着于户籍制度之上的，是城市居民独享的社会福利保障制度。除了保障就业以外，还包括住宅、粮油、副食品、燃料供应、教育、医疗、保险、劳动保护、婚姻、征兵等制度。城市居民这种社会保障制度，事实上是一种单位保障制。所有城镇正式就业者，都隶属于某个"单位"。"单位"之外稀有生存空间。中国特定的单位制度也成为农民在城市立足的一道难以逾越的屏障。二是统购统销制度。统购统销具有双重职能，一是通过工农业"剪刀差"为工业化提取积累包括出口创汇，一是保障城镇人口的粮油供应部分返销于缺粮地区农民。国家对城镇居民实行成品粮油定量供应的制度，每户拥有一个"粮本","非农业人口"也叫吃"商品粮"或"国家粮"的人。粮油关系附着在户籍制度之上,跟着户口走,城镇居民户籍变动必须随之迁移粮油关系。三是人民公社制度。如果说户籍制度和统购统销制度将农村人口挡在城门外,那么人民公社的超强管制,则把农村人口和劳动力有效地捆在土地上。户籍管理和统购统销在农村的制度依托是人民公社制度。公社作为国家的基层政权组织,主要代表国家的利益,承担控制农村,为国家提取积累的职能。①

二、我国城乡二元结构造成的问题

(一) 城镇化进程中的城乡关系问题

城镇化水平是衡量一个国家、地区经济发展水平的重要标准之一。与此,城镇化率所谓提高还会给我国经济、社会,特别是农村社会的发展带来变革,促进我国产业升级,成为解决"三农"问题的重要途径。从改革开放到 2022 年,我国的城镇化率从 17.92% 跃升至 65.22%,城镇人口从 17 245 万人增加到 92 071 万人。但在这期间也产生了一系列问题:过分地追赶城市化的进度,而忽略城市化过程中农民的价值取向;异地城镇化的方式,农村人口大量集中向大中城市或向发达地区城市流动、迁移,造成了城市压力上升、农村空心化的现象。等等又造成了乡村地区产业发展失衡、城镇化推进乏力。城乡关系是两个主体在不断的合作、协调下共同走向融合的关系,在协调城乡关系发展时,要看到城乡关系中的主体居民,盲目的追求数字上的效率只会导致城乡关系进退维谷。

中国拥有世界上农业人口的 30%,却只有 9% 的耕地和 5% 的水资源,中国人口基数大,人均资源占有少。在市场自由化和农地使用权已经确定的制度情况下,分散程度颇高的 2.3 亿农户要在分割细碎的土地劳作,仅依

---

① 肖冬连.中国二元社会结构形成的历史考察[J].中共党史研究,2005(1):21-31.

靠土地的收入解城乡居民收入的差距是非常有难度的,因此,在城镇化过程中实现乡村工业化、农业剩余劳动力非农转化是有必要的。乡村工业化、劳动力非农化二者相互促进,只有实现乡村工业化才能够让农村劳动力能够不外逃,而留在当地就业。同时在中国农民不仅数量多,而且还具有未经历农业商品化的改造而直接进入近现代社会的特性,这就造成了农民利益不仅受到政权保护少,而且还面对着市场化的正面冲击。中国的现代工业体系基本上是依靠农业、农村和农民建立的。正是因为如此,农村、农业和农民的状况长期以来很难发生根本性的变化。

（二）城乡公共品供给失衡

现代化包括市场化和国家化,市场化是现代化的基本动力。市场经济繁荣表示剩余产品足够,推动着剩余财富的积累与国家的一体化。即国家通过建立现代行政机器来改造社会。但在中国历史上,由于两千多年的封建体制导致官僚政治发达,对农村地区的绝对控制让乡村无止境的供养中央,即使小农经济的有限剩余根本无法满足官僚机器无限膨胀的需求。不同于西方先市场化后国家化的模式,中国的市场化和国家化发展极不平衡。国家化远高于市场化,以至于国家化所需要的行政成本转由农村和农民承担。长此以往,习惯上就形成了对乡村的忽视,造成现阶段城乡公共品供给失衡。

新中国成立以来的城乡二元制度就在一定基础上奠定了国家在城乡基本公共品生产和应用之间存在着一定程度的不公平性质。乡村绝大多数是作为生产资料的供应者而存在,即使城市对乡村的生活资料能够有一定的弥补,但是囿于交通等地理位置因素,这种弥补只局限于城市附近的乡村。中央和地方政府每年给予城市的补助是全方面的补助,而近几年正是由于城市发展达到一定的瓶颈,发展目标进而转向了乡村。又由于乡村的地域特殊性,得到的政府补贴相较于城市有较大的差别,并且不够全面。这尤其体现在城乡教育、医疗卫生、公共设施文化、住房福利等方面。乡村教育经费的不足以及师资力量的外流导致大部分小学中学不在办学。而乡村的医疗保障又是极大的漏洞,往往是一个诊所的医生要顾及一个村子的人。农村的公共基础设施建设,特别是文化产业的发展远远不及城市的规模。对于城乡的住房福利问题,城市符合标准的低保人员可以享受政府所提供的廉租房等福利,而农村的住房福利仍然是有待补足。

(三) 城乡居民主体性认知差异明显

城乡居民主体性认知差异明显。城市居民能够在社会网络背景下熟练地运用网络交通工具等实现自身政治权力、维护自身政治利益,而乡村居民很大一部分是一味的政策接收者,对于政府的政策没有足够的关心,对政治参与不够热情。但随着社会治理的稳步推进,村民参与政治生活的积极性不断提高,这时对于政府间的政策传递不应该只是传递到位,更应该是让二者都参与到位。在对待城乡两个模块上应让城乡交往处于主体对主体间的平等交往形式,政府为城乡居民参与社会治理搭建平台,避免以往"命令直达式"的沟通方式破坏城乡居民的参与热情。其次,农村劳动力素质的高低直接影响农村经济发展模式和人口城市化转移的速度。对于提高劳动力素质来说,高中阶段教育、中等职业技术教育使非常有必要。积极改善农村学校的办学条件,努力缩小城乡之间教育差距。加大培训力度,培育新型职业农民,同时培训道德、法律常识、经营管理、等方面内容,不断提升农民综合素质,摆脱城市居民对农村居民的刻板影响。

三、我国城乡二元结构的成因分析

(一) 客观原因:历史性城乡二元分离和现代化进程

从宏观的视角来看,我国城乡二元结构形成的客观原因主要包括两个方面:一是历史遗留因素,二是现代化进程。唯物史观认为,人类的社会发展是由物质性的经济环境所决定的,特定的社会历史背景是客观存在的,也是无法避免的,农业社会落后的社会生产是城乡二元结构的历史遗留因素。

现代化指工业革命以来人类社会所发生的深刻变化,这种变化包括从传统经济向现代经济、传统社会向现代社会、传统政治向现代政治、传统文明向现代文明等各个方面的转变。从传统向现代转型,在政治、经济、文化等方面都会形成一定的路径,总结各个国家现代化的过程,形成城乡二元结构是一种普遍的现象。

第一,现代社会是以工业化为产业基础的社会。传统农业的手工生产方式难以大幅提高生产效率,经济增长速度相当缓慢。同时,农业受制于自然,面临各种风险。进入现代化进程以后,在市场风险面前,分散的农业也难以与组织化的工业相抗衡。因此,与新兴的工业相比,农业处于弱势产业,因此产生了工农差别。

第二,现代社会是以城市为区域基础的社会。马克思曾经说过:"城市已经表明了人口、生产工具、资本、享乐和需求的集中这个事实;而在乡村则是完全相反的情况:隔绝和分散。"工业化和市场化要求各种资源向城市集中,以统一提供水、电、气、路、通信等公共设施,统一提供教育、医疗、交易制度等公共物品,从而提高生产效率。当资源向城市集中时,城市文明迅速提高,乡村处于落后地位,由此产生了城乡差别。

第三,现代社会是以城市市民为主体的社会。伴随着工业化、市场化的发展,市民日益增多,且成为社会主体。市民的文化水平较高,视野开阔,进取意识强。小农生产方式决定了农民的保守性和狭隘性。城市市民集中,组织性强,占有社会资源较多,在竞争中处于相对优势;农民虽然人口多,但居住分散,组织性弱,占有社会资源较少,处于相对弱势,由此产生市民和农民的差别。

由现代化进程形成的以上三大差别是造成现阶段城乡二元结构的客观经济社会基础。

(二) 主观原因:新中国成立后特殊的二元制度安排

除了以上提到的历史性因素和现代化进程等客观因素,我国城乡二元的各种制度安排也是造成我国城乡二元失衡的重要因素。建国之前,城市和乡村由于特定的历史背景,两者始终处于对立分化的状态。新中国成立后,一穷二白,又受到国际社会的影响,工业化道路职能依靠自力更生,把有限的资金甚至是工农业剪刀差筹集的资金集中起来,用于发展重工业,无法统筹兼顾城乡发展,这是以牺牲农民农村利益为代价换来的城市和重工业的发展。与通过工农业剪刀差来筹集资金相配套的,还有通过户籍制度限制人口流动、通过统购统销制度确保城市粮食供给等制度,这些制度共同构成了城乡对立与分割的二元制度,为城市发展提供保障。政府通过强制性的行政手段,将农业剩余价值转变为工业化的资本积累,但是却将农业的剩余劳动力阻挡在城市之外,导致了工业化与城市化的分离,出现了发展中国家少有的"现代化、工业化与城市化不同步""城市化滞后于工业化"的局面。

20世纪50年代末和60年代初由于农业生产力的大幅下降,农村无法提供足够的剩余农产品供给,我国还出现了人为的"反城市化",将大量城市国有企业职工和知识青年迁出城市。根据"二元经济"理论,农业剩余劳动力转移是"二元结构"形成、加深、弱化、消失和向"一元结构"转变的主线。而我国在大量转化农业剩余、支持城市现代工业不断扩张的同时,农业剩余劳动力却被长期捆绑在土地上,农业劳动生产率和农民收入难以提高,工农差别、城乡差别越来越大,造成了"城乡二元结构"长期得不到转化而被"固化"。同时,还因实行以户籍制度为基础的一系列城乡不平等的社会制度,城乡之间发生了严重的"社会断裂",城乡居民的社会地位越来越不平等,形成了城乡两大不可逾越的"社会板块"——中国特有的"城乡二元社会结构"。从新中国成立初期到改革开放前,国家的投资一直向重工业倾斜,重工业投资比重都在50%以上,比苏联还要高,而轻工业投资比重只有3%—6%。1952年至1978年,重工业投资高达3 500亿元,而轻工业投资不过320亿元。根据专家分析,每亿元投资,用在轻工业能容纳1.6万人就业,而用在重工业只能容纳5 000人就业,轻工业容纳劳动力能力是重工业的3.2倍,而第三产业则更多,且就业门槛更低。[①] 城乡二元制度的确立,割断了城

---

① 肖冬连.中国二元社会结构形成的历史考察[J].中共党史研究,2005(1):21-31.

乡间生产要素的流动,拉开了城乡居民的生活水平。

（三）其他原因

传统的中国社会或者说是人情社会是一个充满人际交往学问的社会。在中国传统社会的社会管理是以传统权威为基础,以家长制为主的管理形式。区别于现代法理权威为基础、科层制管理的管理方式,传统社会的个人在社会上的地位很大程度的取决于他的家族地位、等级。一个范围内的乡村,使之联系起来的是传统社会的宗族组织。在这个组织当中,全村村民都敬重族长,而族长是作为精神权威对村子的事务实施全面的控制。这就造成了中国农民长期以来对自身自主能动性认识的缺失,过于仰仗外部力量,而不是去取缔高于自身的力量的存在。从而阶级的固化打击了社会生产力的积极性,使农村生产远远落后于城市。其次,宗族社会所构建的一系列维护秩序的族谱、族规,让农村村民的安土重迁观念根深蒂固,接着在封建国家的纲常伦理的浸染下,纯正的安分守己、缺乏自我意识的乡村农民产生了。过惯了作为牺牲品存在生活的小农,被绝对权威抛弃时将信仰转向传统的对封建迷信的执念,将绝对力量看作比自身强大甚至无法超越的存在,这就很大程度地限制了农村群体对自身主体性的认识,以至于在维护自身利益、权力的时候具有阶级局限性。

农村农民对自我认识的缺失、安土重迁观念、千百年的阶级固化的思想的影响下,城乡二元结构从基层固化,并且要使农民摆脱自身的局限性将会是一个长久的过程。

第三节　马克思恩格斯城乡关系理论在中国的创新实践

马克思主义的本质是批判的、革命的。因此,在学习、理解和运用马克思恩格斯城乡关系理论时,一定不能脱离实际、照搬照抄,犯教条主义的错误,在这里,最容易犯错的就是把抛开特定的场景马克思恩格斯的个别观点进行简单套用。在处理我国城乡关系过程中,一定要从我国的国情和实际出发,在正确理解马克思恩格斯城乡关系理论的基础上,既坚持又创新,辩证看务实办,在伟大中国实践中进一步丰富和发展马克思主义理论。

一、中国特色城乡融合发展道路的伟大实践

由于工业化普遍被理解为经济重心由初级产品向制造业生产的转移,所以农业生产总是次位于工业生产。自新中国成立以来,我国绝大多数都采取偏向于工业、城市的发展策略,而忽略了农业生产。实际上,工业化不应该仅仅局限于向制造业生产的转移,更应该是大范围的覆盖国民经济的生产,至少包括工业和农业的现代化。2002年之后,中央政府对城乡关系的进一步调整,将农业生产纳入国民经济发展的视野之内,才真正走上了破除以往片面发展重工业的城乡融合发展道路。2003年6月,在时任浙江省委书记习近平同志的倡导和主持下,以农村生产、生活、生态的"三生"环境改善为重点,浙江在全省启动"千万工程",开启了以改善农村生态环境、提高农民生活质量为核心的村庄整治建设大行动。2019年3月,中共中央办公厅、国务院办公厅转发了《中央农办、农业农村部、国家发展改革委关于深入学习浙江"千村示范、万村整治"工程经验扎实推进农村人居环境整治工作的报告》,并发出通知,要求各地区各部门结合实际认真贯彻落实。2023年5月,农业农村部认真贯彻落实习近平总书记关于浙江"千村示范、万村整治"工程的重要批示精神,再次发出学习浙江"千万工程"经验的通知,要求进一步学深悟透、用好用活"千万工程"经验,切实建设好宜居宜业和美乡村,全面推进乡村振兴。现在我们就以"千万工程"为例,来进行分析。

(一)城乡融合的中国实践案例一:"千万工程"

党的十八大以来,习近平总书记对浙江"千万工程"多次作出重要指示批示,党和国家机关也多次发文号召学习浙江"千万工程",2019年3月,中

共中央办公厅、国务院办公厅转发了《中央农办、农业农村部、国家发展改革委关于深入学习浙江"千村示范、万村整治"工程经验扎实推进农村人居环境整治工作的报告》，并发出通知，要求各地区各部门结合实际认真贯彻落实；2023 年 5 月，农业农村部办公厅再次发出《关于深入学习浙江"千万工程"经验的通知》，要求各省市"进一步学深学透、用好用活'千万工程'经验"，可见"千万工程"在解决"三农"问题，促进城乡融合发展方面具有重要的启示意义。下面我们就以"千万工程"为例，来了解一下城乡融合的中国实践。

"千万工程"是习近平总书记在浙江工作期间，亲自谋划、亲自部署、亲自推动的一项重大决策，目标是花 5 年时间，从全省 4 万个村庄中选择 1 万个左右的行政村进行全面整治，把其中 1 000 个左右的中心村建成全面小康示范村。经过 20 年的建设，浙江省久久为功，扎实推进"千万工程"，造就了万千美丽乡村，取得了显著成效，带动浙江乡村整体人居环境领先全国。

1. "千万工程"的实施背景

21 世纪初，经过改革开放 20 多年的浙江省经济高速发展，但是农村发展却相差甚远。2003 年 6 月，时任浙江省委书记的习近平同志在广泛的调查基础上，立足浙江省情农情和发展阶段特征，作出了实施"千村示范、万村整治"工程（以下简称"千万工程"）的战略决策：从浙江全省近 40 000 个村庄中选择了 10 000 个左右的行政村进行全面整治，而其中 1 000 个左右的中心村将以建成全面小康示范村的目标发展。"千万工程"的实施分为三个阶段：2003—2010 年期间为"千村示范，万村整治"阶段，首先从农村人居环境入手，整治农村卫生环境、道路、水电等基础设施，让城市基础设施、公共服务向农村延伸；2011—2020 年期间，是"千村精品，万村美丽"阶段，推进农村治理向生态宜居方向发展；2021 年之后，"千万工程"进入了"千村未来，万村共富"阶段，规划建设 1 000 个以上的未来高水平、宜居、富裕乡村。"千万工程"全面实施二十年来深刻改变了浙江农村的面貌，探索出了一条加强农村人居环境整治、全面推进乡村振兴、建设美丽中国的科学路径。

党的十八大以来，习近平总书记站在中华民族伟大复兴的战略高度，对

"千万工程"多次作出重要指示批示精神,总结推广、学深悟透"千万工程"的有益经验,结合实际创造性转化到"三农"工作实践之中,对学习贯彻习近平新时代中国特色社会主义思想,完成艰巨的农村改革发展任务,具有特殊的重要的意义。

2. "千万工程"的主要措施

(1) "千万工程",人民至上

习近平总书记在第十四届全国人民代表大会第一次会议上的讲话深刻指出:"全面建成社会主义现代化强国,人民是决定性力量。"人民性是马克思主义的本质属性,人民立场是中国共产党的根本政治立场。"千万工程"充分彰显了习近平总书记的人民情怀:把群众满意度作为工作成效的最高评判标准,引导群众自觉投入工程建设,共建共享美好家园。[①]"千万工程"的出发点就是在于农村居民人居环境的改善,为了保障农村居民的生活卫生条件、医疗保障、社会基础设施,因此才实施"千万工程"决策。

(2) "千万工程",对党政"一把手"提出高要求

在浙工作期间,习近平同志亲自制定了"千万工程"的"四个一"工作机制,即实行"一把手"负总责,全面落实分级负责责任制;成立一个"千万工程"工作协调小组,由省委副书记任组长,省委常委、常务副省长任副组长;每年召开一次"千万工程"工作现场会,省委省政府主要领导到会并部署工作;定期表彰一批"千万工程"的先进集体和个人,为"千万工程"的实施提供完备的组织与制度保障。明确凡是"千万工程"所涉及的重大问题,特别是制定村镇规划、确定财政预算、研究重大政策,党政"一把手"必须亲自过问,"一把手"亲自抓、分管领导直接抓、一级抓一级、层层抓落实的领导体制,构建科学规划、逐步扩容、投资建设、制度创新等一整套推进机制,形成领导挂帅、部门协同、分级负责的工作格局。[②]党的领导是对实施科学决策的重要

---

① 中央财办等部门印发《关于有力有序有效推广浙江"千万工程"经验的指导意见》[J].农村工作通讯,2023(14):4-7.

② 中央财办等部门印发《关于有力有序有效推广浙江"千万工程"经验的指导意见》[J].农村工作通讯,2023(14):4-7.

保障。

(3) "千万工程",坚持统筹协调系统推进

"千万工程"以农村人居环境治理为切入点,联动农村政治、经济、社会、生态、文化"五位一体"建设系统工程。首先,"千万工程"关注农村居民最基本的生活设施,这一点就体现了"千万工程"从实际出发、因地制宜。以农村厕所革命、生活污水垃圾治理为重点,改善了居民基本生活条件的同时也为生态农村的发展奠定了基础。"青山就是金山银山"的生态理念,创新发展的乡村新业态,为农村农民增收提供了特色产业的支持,乡村生态的改变让乡村成了绿色生态富民家园,而农村特色产业的发展则优化了以往高投入低回报的农业耕作方式,农村生态、富农齐头并进。"千万工程"在使农村居民人均收入提高的同时也不忘农村居民的精神文化涵养。广泛开展的中国特色社会主义和中国梦的宣传,稳固乡村精神文明,鼓励村民弘扬和践行社会主义核心价值观,传承优秀的传统文化。对于传统文化的代表传统村落、农耕风俗、文化遗产等,持续改革推进。"千万工程",坚持统筹协调系统推进,涵盖了农村生产、生活、文化的方方面面。

"千万工程"坚持以善治乡村为支撑,突出党建的引领制定科学决策,以增强农村居民的幸福感为出发点,不断提高乡村治理体系和治理能力现代化水平。

3. "千万工程"显著成效

"千万工程"实施的20多年来,浙江农村生产、生活、生态得到了全方位的改变,农村居民人均可支配收入连续38年居全国省区第一位,特别是城乡居民收入比连续10年缩小。其中,"千万工程"的实施使农村人居环境得到深刻重塑,农村人居环境质量居全国前列,成为首个通过国家生态省验收的省份。其中包括规划保留村生活污水治理覆盖率达100%,农村生活垃圾基本实现了"零增长"与"零填埋",农村卫生厕所全面覆盖,森林覆盖率超过61%等。其次,"千万工程"使城乡融合纵深发展。城乡基础设施加快同规同网,最低生活保障实现市域城乡同标,基本公共服务均等化水平全国领

先,城乡居民收入比从2003年的2.43缩小到2022年的1.90。再是乡村产业蓬勃发展。特色农业、农村电商等新业态带动农民持续增收,全浙农村居民人均可支配收入由2003年的5431元上升至2022年的37565元,村级集体经济年经营性收入50万元以上的行政村占比达51.2%。最后,乡村治理效能有效提升。以农村基层党组织为核心、村民自治为基础、各类村级组织互动合作的乡村治理机制逐步健全,乡村治理体系和治理能力现代化水平显著提高,农村持续稳定安宁。社会环境的安定也促进了农民精神风貌昂扬。现阶段全国各省份、地区都在认真贯彻习近平总书记重要指示,学习、借鉴浙江"千万工程"的经验,并且"千万工程"不仅对全国起到了示范效应,在2018年9月,荣获了联合国"地球卫士奖",为全球营造生态宜居的人类家园贡献了中国方案。

(二)城乡融合的中国实践案例二:"乡村振兴"

党的十九大提出实施乡村振兴战略,是以习近平同志为核心的党中央着眼党和国家事业全局,深刻把握现代化建设规律和城乡关系变化特征,顺应亿万农民对美好生活的向往,对"三农"工作做出的重大决策部署,是决胜全面建成小康社会、全面建设社会主义现代化国家的重大历史任务,是新时代做好"三农"工作的总抓手。

1. "乡村振兴"实施背景及意义

实施乡村振兴战略,是党的十九大作出的重大决策部署。从党的十九大到党的二十大。是"两个一百年"奋斗目标的历史交汇期,既要全面建成小康社会、实现第一个百年奋斗目标,又要乘势而上开启全面建设社会主义现代化国家新征程,向第二个百年奋斗目标进军。2018年12月,以习近平总书记关于"三农"工作的重要论述为指导,按照"产业兴旺、生态宜居、乡村文明、治理有效、生活富裕"的总要求,中共中央、国务院印发了《乡村振兴战略规划(2018—2022年)》,对实施乡村振兴做出阶段性谋划,分别明确至2020年全面建成小康社会和2022年召开党的二十大时的奋斗目标,细化实化工作重点和政策措施,部署重大工程、重大计划、重大行动,确保乡村振兴战略落实落地。

乡村振兴的振兴对象是农村、农业、农民,结果是让农村、农业、农民振发兴举,增强活力。首先,党对"三农"工作的领导,坚持把解决好"三农"问题作为全党工作重中之重是乡村振兴战略实施以来取得成功的保障。其次,统筹推进农村经济建设、政治建设、文化建设、社会建设、生态文明建设和党的建设,体现了注重关联性、整体性、协调推进的全面振兴计划。再者,坚持循序渐进、久久为功。到2020年,乡村振兴制度框架和政策体系基本形成;到2035年,乡村振兴取得决定性进展,农业农村现代化基本实现;到2050年,乡村全面振兴实现。这是在尊重客观规律的基础上实施的统筹推进策略,

实施乡村振兴战略是建设现代化经济体系的重要基础;实施乡村振兴战略是建设美丽中国的关键举措;实施乡村振兴战略是传承中华优秀文化的有效路径;实施乡村振兴战略是健全现代社会治理格局的固本之策;实施乡村振兴战略是实现全体人民共同富裕的必然选择。

2. 乡村振兴战略的内涵

(1) 乡村振兴彰显农业、农村、农民有机统一

中国农民与农村还有土地始终是相互联系的有机整体。土地上承载着农村、承载着农民生活的全部,农民与土地的分分合合体现了城乡关系的变迁。在国家工业化时期,农民被束缚于土地之上,为城市、工业化发展提供农业生产剩余;改革开放时期,农民背井离乡到城市打拼;乡村现代化阶段,规划的农业、农村、农民发展蓝图更多的是为了吸引过多的向城市逸出的农村人口回流农村。乡村振兴政策所形成的新型城乡关系立足于新阶段阐述"三农"发展的新时代内涵,彰显农业、农村、农民有机统一。

乡村振兴塑造的城乡关系是区别于以往城市中心的以农业、农村、农民现代化为主,以乡村为重点改革对象的城乡关系。在这其中,农业的基础作用具有不可替代性。长久以来农业都作为粮食与原料的供给附属于生产领

域,而全面乡村振兴中所包含的产业振兴则不止于此。乡村产业振兴通过构建现代农业产业、生产和经营体系,打造产业链、供应链、价值链,推动乡村一、二、三产业深度融合。特别是在粮食领域以粮食安全的高度重视农业基础地位。我国耕地有限,随着人口的增加、人民生活水平的提高,粮食安全具有潜在的危机。实施国家粮食安全战略,实现的不仅仅端稳中国人自己的饭碗,更是应对全球粮食产业供应链的高远战略。再者乡村所发展的农业生态,更是促进了农业产业链的纵深发展。在遵循生态经济学规律前提下,兼顾了经济生态以及农村居民收入,创新了新一轮的农业发展转向质量优先的新业态。粮食安全、生态农业在以农业为粮食原料供给的基础升华了农业基础作用不可替代性,让新时代农业生产具有的新内核。

现代农民主体意识逐渐觉醒,无论是在政治参与还是精神文化领域,农民的积极性主动性、创造性都在稳步提升。首先是政府和农民间的"让位"关系。习近平总书记强调要充分尊重农民意愿,这就意味着政府只是作为为农民献策、辅导农民生产的方式,更多地需要激发农民千百年来对农耕文明传承的内生动力,充分释放蕴藏在农民群众中的创造力。其次是农民作为农村主人的主动性。千百年来中国农民对故土始终有着浓烈的家园情怀,"生于斯长于斯"的本土农民就是乡村振兴的主力,对农村的建设对于他们来说就是装修自己的家园。在乡村振兴中,农村的情感凝聚力是毋庸置疑的。千百年来的乡村传统文化不仅塑造着农民性格,还为浇筑着乡村文化价值。农村、农业、农民的变化最终都会反映在城乡关系上,乡村振兴让三者的联系更加紧密。

（2）乡村振兴促进城乡关系新变化

从党的十九大首次提出实施乡村振兴战略,至十九届五中全会进一步提出"优先发展农业农村,全面推进乡村振兴"。坚持把解决好"三农"问题作为全党工作重中之重。强化以工补农、以城带乡,推动形成工农互促、城乡互补、协调发展、共同繁荣的新型工农城乡关系。新型工农城乡关系已成为乡村振兴的重要标志。乡村振兴带来的城乡关系新变化在于重塑了乡村主体地位。以往的工业化发展道路多以城市为中心、重工业为主体,将乡村置于次要地位。乡村振兴以农村、农业、农民政治、经济、文化等多方位诉求为出发点,让城市、工业引导、反哺乡村振兴。

3. 乡村振兴战略的经验

(1) 科学把握历史方位、阶段特征和乡村发展趋势,体现前瞻性

从党的十九大到二十大,是"两个一百年"奋斗目标的历史交汇期,既要全面建成小康社会、实现第一个百年奋斗目标,又要乘势而上开启全面建设社会主义现代化国家新征程,向第二个百年奋斗目标进军,这是乡村振兴第一个五年规划期的重要历史方位。随着我国经济由高速增长阶段转向高质量发展阶段,以及工业化、城镇化信息化的深入推进,乡村发展将处于一个大变革、大转型的关键时期在产业发展方面。我国作为人口大国,粮食及重要农产品需求仍将刚性增长,保障粮食安全、发展粮食生产仍是头等大事。居民消费结构加快升级,中高端、多元化、个性化消费需求将快速增长,加快推进农业由增产导向转向提质导向是必然要求。农业产业结构加快调整,粮食生产基本平稳,畜牧业、渔业比重上升。农业生产呈现主体职业化、方式机械化和产品绿色化趋势。农业经营呈现合作化规模化、服务社会化趋势。城乡产业联系更加紧密,农村产业融合呈现蓬勃发展态势,农产品加工业、农业生产性服务业、休闲农业和乡村旅游、"互联网+农业"等将成为乡村产业振兴的重要支撑。与此同时,国际农产品贸易不稳定性不确定性仍然突出,提高我国农业竞争力和全要素生产力,加快提升农产品供给质量和效益,推进农业绿色发展,妥善应对国际市场风险、更好满足国内需要的任务愈发紧迫。

(2) 按照全面振兴"20个字"的总要求来谋篇布局体现系统性

乡村振兴以产业兴旺为重点、生态宜居头关键、乡风文明为保障、治理有效为基础、生活富裕为根本,围绕推动乡村产业、人才、文化、生态和组织振兴,把农村经济、政治、文化社会、生态和党的建设作为一个有机整体,统筹谋划、协调推进,进而推动农业全面升级、农村全面进步、农民全面发展。在"产业兴旺"方面,以农业供给侧结构性改革为主线,强化保障粮食安全,

促进一、二、三产业深度融合,着力推进农业高质量发展,构建乡村现代产业体系、生产体系、经营体系;在"生态宜居"方面,以践行绿水青山就是金山银山理念为核心,重点推进农业绿色发展、建设美丽宜居乡村等重大任务在"乡风文明"方面,以社会主义核心价值观为引领,紧扣弘扬乡村优秀传统文化和丰富乡村文化生活提出重大任务;在"治理有效"方面把夯实基层基础作为固本之策,以行动和计划加强农村基层党组织建设构建"三治结合"的现代乡村社会治理体系;在"生活富裕"方面,以加快补齐农村民生短板、确保实现全面小康为目标,重点改善农村基础设施条件、增加农村公共服务供给、提升劳动力就业质量。

(3) 以农业农村优先发展和城乡融合发展为基本遵循,体现战略导向性

从坚持财政优先保障、建立高标准农田建设等新增耕地指标和城乡建设用地增减挂钩节余指标跨省域调剂机制等多个方面,拓宽乡村振兴资金筹集渠道;从加强新型职业农民培育、农村专门人才培养、鼓励和支持各类人员返乡下乡兴业创业等多个角度强化乡村振兴人才支撑;以盘活存量、用好流量、辅以增量等多种方式保障农村新产业新业态发展用地,形成推进乡村振兴的强有力制度供给;围绕农民群众最关心最现实的利益问题,加快补齐农村民生短板,以满足农民群众日益增长的民生需要,让农民群众有更多实实在在的获得感幸福感和安全感。

关于城乡融合发展,这是实施乡村振兴战略的根本途径。城乡关系是经济社会发展中的重大关系。一些国家陷入"中等收入陷阱",教训之一就是没有很好地处理工农关系和城乡关系。从国内范围看,新中国成立以来我国乡村的发展历程,实质上就是城乡关系的调整过程。随着中央一系列支农惠农政策的出台,我国新型城乡、工农关系初步形成,但城乡二元结构并未发生根本性逆转,农村基础设施还比较落后,公共服务缺失,与城市相比还是有很大差距。在全面建设社会主义现代化国家的进程中,缩小城乡差距是带有标志性的硬任务。党的十九大提出建立健全城乡融合发展体制机制和政策体系,这是从全局和战略高度来把握和处理工农关系、城关系,

要着力破解城乡二元结构,推进城乡要素平等交换和公共资源均衡配置,让广大农民平等参与发展进程,共同享受改革发展成果。从统筹城乡发展,到城乡发展化,再到城乡融合发展,本质上是一脉相承的,体现出党中央对城乡发展失衡问题的重视程度不断提高,对构建新型城乡关系的思路不断升华。①

二、中国特色城乡融合发展道路是对马克思城乡发展理论的发展与创新

马克思、恩格斯的城乡发展观与社会变革脉络相系,从对资本主义社会的批判中把握对未来社会的城乡关系的设想。如今中国特色社会主义进入新时代,在中国共产党的领导下,我们开辟了一条中国特色的城乡融合道路,在不同的时代背景下赋予城乡关系不同的命题,创新发展马克思、恩格斯的城乡理论,一步步实现其所构建的蓝图、愿望。

(一) 进一步回答了现阶段城乡融合的目的、动力、路径

中国特色城乡融合发展道路进一步回答了现阶段城乡融合的目的、动力、路径等一系列具有重大意义的问题,创新、发展并且实践了马克思、恩格斯关于的城乡关系的理论。

马克思恩格斯笔下城乡融合理论是构建于资本主义盛行的年代,目的是为消灭旧分工,进而废除资本主义私有制,实现劳动者自由而全面的发展。现阶段中国特色社会主义进入新时代,不同的社会背景,不同的奋斗目标。习近平总书记强调"从中华民族伟大复兴战略全局看,民族要复兴,乡村必振兴。"从乡村振兴到民族复兴是城乡融合发展的新目标,是我们党总结了改革开放前重工业、城市优先发展战略的经验形成的新时期解决城乡

---

① 张勇.《乡村振兴战略规划(2018—2022年)》辅导读本[M].北京:中国计划出版社,2018(12):106-110.

对立的重大举措。乡村振兴是应对城乡、工农、社会间发展不平衡、不充分的关键。同时，随着中国特色社会主义进入新时代，我国社会的主要矛盾也转化为人民日益增长的美好生活需要和不平衡不充分的发展之间的矛盾，这也是对马克思恩格斯的人本价值观念的发展。

马克思和恩格斯关于实现城乡融合的动力根植马克思恩格斯深刻的以人为本的价值理念。在《英国工人阶级状况》中，恩格斯深入了解了英国底层社会的工人，他阐述"我放弃了资产阶级的社交活动和宴会、波尔图酒和香槟酒，把自己的空闲时间几乎全部用来和普通工人交往；这样做，我感到既高兴又骄傲。感到高兴，是因为这样一来我在了解你们的实际生活时度过了许多愉快时光，否则这些时间也只是在上流社会的闲谈和令人厌烦的礼节中浪费掉；感到骄傲，是因为这样一来我就有机会对这个受压迫遭诽谤的阶级给予公正的评价。"[①] 马克思在《论住宅问题》中，植根于底层人民最基本的生存需求，为被吸引到工业中心大城市里来的农村工人的基本住房问题给予了关注。而现在所倡导的城乡融合发展道路，仍然鲜明旗帜鲜明地高扬着马克思、恩格斯以人为本的价值理念。在不同发展的各个阶段上，我们始终强调实现、维护、发展广大人民的根本利益，并且在城乡融合阶段，我们还着重强调发挥农民的主体作用、充分尊重农民意愿、切实保护农民权益，推动农业全面升级、农村全面进步和农民全面发展，一切政策的立足点都在于让农民群众过上美好生活。

马克思恩格斯关于城乡融合路径包括大力发展生产力，以城市引导农村，工农结合，废除私有制等。对于发展生产力我们党提出，我国仍处于并将长期处于社会主义初级阶段，对生产力总体水平有着清醒的认识，也意识到消灭城乡对立是一个长期性的历史工程。所以我们党不断的改革各个阶段的城乡政策，为生产力发展创建机会。党的十八大以来，坚持以城带乡、以工促农、工农结合促进城乡融合；党的十九大报告提出乡村振兴，高度重视"三农"发展，将工业农业、城市乡村作为一个整体统筹谋划；党的二十大

---

① 马克思恩格斯选集：第 1 卷，2012，第 81 页。

报告再次强调坚持城乡融合发展,畅通城乡要素流动。赋予"三农"发展生产力的机会,培育"三农"发展生产力的潜力。

(二) 丰富创新了马克思恩格斯关于现代化发展的理念

在马克思恩格斯的著作中,提出过现代资产阶级社会、现代国家政权、现代大工业、现代生产力以及现代生产关系等相关概念。马克思强调:"现代生产方式在它的最初时期即工场手工业时期,只是在现代生产方式的各种条件在中世纪内已经形成的地方,才得到了发展。"而之后大工业所创造的世界市场和资本主义城市即"现代化的世界市场"和"现代化大工业城市"。恩格斯在《德国的革命和反革命》中,使用"现代化"一词阐述英国经济现代化对德国的辐射:"德国的旧式工业因蒸汽的采用和英国工业优势的迅速扩张而被摧毁了。在拿破仑的大陆体系之下开始出现的、在国内其他地方所建立的现代化的工业,既不足以补偿旧式工业的损失,也不能保证工业有足够强大的影响,以迫使那些对于非贵族的财富和势力的任何一点增强都心怀忌妒的各邦政府考虑现代工业的要求。"[①]诚然,资本主义早期原始积累充满了掠夺,给自然界、人类社会带来了许多的灾难。但是诞生于资本主义生产方式中的现代化运动,同时也创造了巨大的社会财富、解放了社会生产力,几乎塑造了现代社会所拥有的一切。因此现代化是世界历史发展和人类文明进步的必然趋势。

中国的现代化道路绝不是对西方现代化道路的照搬照抄,中国式现代化是人口规模巨大的现代化,是全体人民共同富裕的现代化,是物质文明和精神文明相协调的现代化,是人与自然和谐共生的现代化,是走和平发展道路的现代化。中国式现代化是在中国共产党的领导之下不断总结经验教训得出的跨越资本主义"卡夫丁峡谷"的现代化模式。

1. 农业、农村、农民的现代化

实现城乡融合,必须重视农村、农业、农民的现代化。根据马克思恩格

---

① 马克思恩格斯选集:第1卷,2012,第568页。

斯的阐述,农业不仅是自然经济中占主导地位的决定性的生产部门,还是一切人类为了生存、创造历史基础。

一开始农业生产出的产品多数用于家庭、个人消费,在这其中鲜少涉及多方的交换,而其他家庭手工业和作坊多作为家庭的副业存在,农村农民与农村土地紧紧联系一起。资产阶级革命之后,资产阶级通过使封建农奴或者是小农摆脱封建的人身依附关系的控制,使农村的土地成为商品进行流通。曾经的人与土地的人身依附关系转变为契约关系,一定程度上也为资产阶级的发展积累了相对应的劳动力和资本等生产要素。自然经济被商品经济所替代是一个历史性的进步。而这一整个农村自然经济解体转向商品经济发展的过程,即农业现代化的过程。这个过程使农业摆脱了以往的地域局限,向着大规模的耕作方式发展。使农业农产品参与市场流通交换过程,极大地提高了农业的生产率。西方的农业现代化走的是农业资本主义道路。最先将束缚于土地和封建人身关系的农民、奴隶解放,运用巨大的生产力后备军进行大规模耕作、集约化经营。农民变为产业工人,租佃土地的大佃农转化为农场主。由于农业不变资本和可变资本构成比例长期低于工业水平,工业劳动生产率增长在相当长一个时期内快于农业劳动生产率,农产品价值高于工业产品价值,农业利润率长期保持在较高水平,而城市实业活动中利润的降低促使资本流入农村并在农业中找到用途,[①]让资本看到了在农村有利可图。这一时期所展现的农村、农业、农民的现代化是一种非自愿的现代化。

习近平总书记强调"中国要强,农业必须强;中国要美,农村必须美;中国要富,农民必须富。""三农"问题的解决是实现人民对美好生活向往,推进共同富裕的关键。在农业生产领域,致力于推进乡村产业振兴、人才振兴、生态振兴与粮食安全保障。乡村产业振兴充分发挥当地产业特色,合理布局农村生产力,是进一步实现乡村工业化,劳动力非农化的最快措施。当农

---

① 何增科.马克思、恩格斯关于农业和农民问题的基本观点述要[J].马克思主义与现实,2005(05):49-59.

业工业化过程中也就从土地上释放了大量的农村劳动力,促进劳动力非农化,吸引外逸务工人员返乡。此时的城乡人口流动是不同于资本主义城市工业化时期的单方面流动,是一种双向自由的高技术人员之间的相互流动。频道的交往必然伴随着不同价值观念群体冲突。城乡间的交往联动着城市居民和农村居民,农村人口城市化是合理选择。其一,能够让农村人口享受现代大城市所带来的便利。其二,减缓城市负担。农村空余出的土地一旦实现集中化、大规模的农业作业就能够大幅度的提高农业生产率,同时实现农民向现代农民的转化,既培育现代农民对农业科技的运用、农民素质,使农业由传统农业向环境友好型农业发展,带动农业现代化,而农业生产的科技化就能够为粮食安全提供应有的保障。

在农村领域,根据《中国数字乡村发展报告(2022年)》,以数字化的发展形势规划了未来农村发展目标,充分发挥互联网在农村的优势,为农村发展搭建新平台。报告进一步强调了对数字乡村基础设施的建设,并且在大范围的农业领域开展"数字工作",以农村电商和乡村新业态引领农村经济发展,并在农村的社会治理中引用互联网＋政务模式。在《2023年数字乡村发展工作要点》中更是对数字乡村的建设做出了进一步的规划。包括夯实乡村数字化发展基础、强化粮食安全数字化保障、因地制宜发展智慧农业、创新发展乡村数字文化、推动乡村文化文物资源数字化等等,大范围、宽领域的实施对农村新一轮建设。

中国的农业现代化道路是具有自己国情的中国特色的农业现代化道路。始终坚持农民主体、因地制宜地实施农业现代化步骤,是对马克思恩格斯现代化思想的具体实践。

2. 人的现代化

人的现代化是现代化的永恒主题。人的全面发展是马克思主义的内在本质要求,通过人与自然、人与社会和谐发展,展现人的现代化发展,实现马克思恩格斯笔下人的全面、自由,使人的发展真正为个人所驾驭。

国家治理和政治文明达到新的阶段,国家重心就会过渡到为公共服务和社会管理职能。"平等应当不仅仅是表面的,不仅仅在国家的领域中实行,它还应当是实际的,还应当在社会的、经济的领域中实行。"①在党的二十大报告中,习近平总书记阐明了中国式现代化的丰富内涵和本质要求,人的现代化是社会主义现代化的本质。中国共产党人始终坚持人民对美好生活的向往,让现代化更好回应人民诉求和需要,促进人类社会可持续发展、以人民为中心的现代化的新境界。

(三)城乡融合发展始终由党的领导谋篇布局

习近平总书记在党的二十大报告中指出:"全面建设社会主义现代化国家,最艰巨最繁重的任务仍然在农村""加快建设农业强国,扎实推动乡村产业、人才、文化、生态、组织振兴""抓党建促乡村振兴"。总书记强调:"乡村振兴,关键在人、关键在干。必须建设一支政治过硬、本领过硬、作风过硬的乡村振兴干部队伍。要选派一批优秀干部到乡村振兴一线岗位,把乡村振兴作为培养锻炼干部的广阔舞台,对在艰苦地区、关键岗位工作表现突出的干部要优先重用。"习近平总书记的重要论述深刻揭示了党的建设在乡村振兴中的引领作用,为我们抓党建促乡村振兴指明了前进方向。全面推进乡村振兴,县乡领导干部是关键力量。基层干部是最贴近农村农民、最能看见农民诉求的群体,同时基层干部也是政府政策的传递者。注重选拔熟悉"三农"方面的优秀干部充实到县乡领导班子,保持县乡党政正职任期内相对稳定,引导干部安下心来谋划和推进乡村振兴,保障政府政策传达、实施。习近平总书记在党的二十大报告中强调,"增强党组织政治功能和组织功能","把基层党组织建设成为有效实现党的领导的坚强战斗堡垒"。农村基层党组织是乡村振兴的直接组织者、实施者和推动者,乡村振兴各项政策,最终要靠农村基层党组织来落实,必须坚持大抓基层、强基固本,推动农村基层党组织全面进步全面过硬。城乡融合发展始终在党的领导谋篇布局之下,以科学的决策方法稳步前行。

---

① 马克思恩格斯选集:第3卷[M].北京:人民出版社,1995.6(2008.11重印):484.

第四节 我国城乡融合发展取得的成就、经验和问题

尽管我国城乡一体化起步较晚,还在不断地探索中,在过去的几十年中,也走过不少弯路,但是近年来,在中央大政方针的指导下,中国城乡一体化呈现出许多新的特点,取得了阶段性的成就,并在探索模式方面取得了一系列成功经验。

一、我国城乡关系发展取得的成绩

(一) 城乡居民生活水平得到巨大改善

新中国成立初期,国家一穷二白,人民生活处于极端贫困的状态,经过70多年的发展,尤其是改革开放以来的快速发展,城乡居民生活水平有了显著提高,城乡居民在收入、消费、社会保障等方面全面达到小康水平。1978年,全国居民人均可支配收入只有171元,到2022年,这一数值增长为36 883元,44年增长了214倍。2022年,我国城镇居民人均可支配收入49 283元,比1978年的343元增长了142倍;我国农村居民人均可支配收入达20 133元,比1978年的134元增长了149倍。(数据来源:国家统计局)

在消费方面,消费水平提高,消费结构改善。这一指标与恩格尔系数密切相关,1978年,城镇居民与农村居民恩格尔系数分别是57.5%和67.7%,城乡居民更多地把消费花在吃穿上;2022年城镇居民与农村居民恩格尔系数分别是29.5%和33.0%,用于吃穿的消费占比大幅下降。

党的十八大以来,我国全面实施就业优先政策,就业规模显著扩大,城镇就业人员从2012年的37 287万人增加到2021年的46 773万人,累计增加9 486万人。同时,不断深化收入分配制度改革,深入推进精准扶贫精准

脱贫政策,居民收入实现了持续较快增长,城镇居民人均可支配收入从2012年的24 127元增加到2021年的47 412元,年均实际增长5.7%。

居民生活质量不断提升,消费结构明显升级。城镇居民人均消费支出从2012年的17 107元增加到2021年的30 307元,年均实际增长4.4%;城镇居民家庭恩格尔系数28.6%,比2012年下降3.4个百分点。以中心商圈、商业街区为核心,以社区商业为基础的多层次城市流通网络体系持续构建,新产品、新服务、新模式快速涌现,消费需求持续增长。2020年,地级以上城市社会消费品零售总额250 280亿元,比2012年增长91.5%,年均增长8.5%。2021年7月,上海、北京、广州、天津、重庆率先开展国际消费中心城市培育建设,目前均已制定出台一系列扎实有效的政策举措。

(二)城乡产业结构显著改变

城乡融合发展与城乡产业结构的发展变化有密切的联系。国际经验表明,城乡融合水平高,意味着工业化发展要快,第三产业在整个国民生产总值中的占比要高。我国是一个农业大国,一直以来农业是主要产业,农业在三大产业中所占比重一直较高。十一届三中全会以来,快速发展的经济,引起了我国产业结构的变化。1978年,第一、二、三产业增加值在国内生产总值中所占比重分别为27.94%、47.88%和24.19%,而1952年农业在国民生产总值中比重达50.9%,与这一数值相比,农业的比重已经大幅下降,到2022年,三大产业增加值在国内生产总值中所占比重分别为7.3%、39.9%、52.8%。与此同时,三大产业的就业人数也在发生变化,1978年三大产业就业人数分别为28 318万人、6 945万人和4 890,所占比重分别为70.5%、17.3%和12.2%,到2022年,三大产业就业人数分别为17 663万人、21 105万人和34 583万人,所占比重分别为24.1%、28.8%和47.1%。(数据来源:国家统计局)这也反映了中国劳动力从农业不断向工业和服务业转移。总之,推动社会不断向前发展、代表社会进步的工业部门发展喜人,汽车制造、石油化工、航空技术等工业产业已取得很大成就,有的甚至达到或超过世界先进水平。教育、零售、电子商务等第三产业也在大力发展,我国三大产业结构的不断优化,为我国城乡融合发展的实现奠定了坚实的基础。

(三) 城镇化水平迅速提高

1949年中国的城镇化率只有10.6%,在经历了一段停滞期后,到1996年达到30%,2011城镇化率达到了51.27%,城镇居民人口首次超过农村居民。从10%到50%,中国只用了60年,同样的情况,拉丁美洲用了210年,欧洲用了150年。这表明我国城市化取得了不俗的成绩,中国已经进入城市时代。随着城镇化进程的快速推进,城市人口、城镇数量和城市规模也在进一步增加和扩大。1978年到2022年,城镇人口由17 245万人增加到92 071万人,增长了4.3倍。随着城乡二元的结构逐渐弱化,农业劳动力向城市转移速度也在加快,国家统计局资料显示,到2022年,全国农民工数量达到29 562万人。

城市数量的迅猛增加是我国城镇化发展的基本特征之一,同时城市规模也在扩大。尽管曾经一段时期,国家的方针政策是控制大城市规模,如1980年召开的全国城市规划工作会议上确定国家城市发展的方针为"严格控制大城市规模,合理发展中等城市,积极发展小城市"。但是随着社会经济的发展,城市区域扩张保持着较快的速度。2021年年末,全国城市数量达691个,比2012年末增加34个。其中,地级以上城市297个,增加8个;县级市394个,增加26个。建制镇21 322个,比2012年末增加1 441个。城市人口规模不断扩大,按2020年末户籍人口规模划分,100万—200万、200万—400万、400万以上人口的地级以上城市分别有96个、46个和22个,分别比2012年末增加14个、15个和8个;50万以下、50万—100万人口的城市分别有47个和86个,分别减少7个和22个。我国大城市的数量在增长速度上高于世界平均水平,居于世界前列,并且像上海、北京等城市规模进入了世界十大城市之列。随着城市人口的剧增,大城市又向城市群、城市带、城市圈方向发展。这是我国国情发展的需要,也是大城市自身发展的必然结果。

党的十八大以来,城镇化空间布局持续优化,大中小城市和小城镇协调发展,城市群一体化发展水平明显提高。直辖市、省会城市、计划单列市和重要节点城市等中心城市辐射功能不断增强,北京、上海、广州、深圳等城市龙头作用进一步发挥,带动所在区域中小城市发展壮大。同时,县城补短板强弱项扎实推进,"1+N+X"政策性文件体系落实落地,120个县城建设示范工作稳步开展。

城市群建设成效显著。"19+2"城市群布局总体确立,京津冀协同发展、粤港澳大湾区建设、长三角一体化发展取得重大进展,成渝地区发展驶入快车道,长江中游、北部湾、关中平原等城市群集聚能力稳步增强。长三角以上海为核心,带动南京、杭州、合肥、苏锡常、宁波五大都市圈共同发展。粤港澳大湾区以香港、澳门、广州、深圳四大中心城市为引擎,辐射周边区域。京津冀以北京、天津为核心城市,带动河北省及周边省区邻市,成为我国北方经济规模最大、最具有活力的经济圈。成渝、长江中游、关中平原等城市群省际协商协调机制不断建立健全,一体化发展水平持续提高。

(四) 农村面貌发生大的变化

十八大以来,中国农村面貌发生了深刻变化,农村基础设施建设有很大进展,体现在饮水、公路、电网、交通通信、房屋改造、基础教育等多方面。

中央在"十一五"规划建议中,在"建设社会主义新农村"部分,明确提出"要加大农村基础设施建设投入……逐步解决农村的饮水困难和安全问题"。到2004年,基本解决了饮水困难问题。从2006年开始,国家重点转向饮水安全方面。这些年来,中央累计在农村饮水安全工程中投资590亿元,计到2015年基本解决农村饮水安全问题。在全国城乡一体化发展的战略下,大部分省份完成了"通乡、通村、通民心",实现了"村村通"公路建设目标,90%行政村通水泥路、柏油路,极大地改善了农村居民的出行。甚至一些地方,农村居民可以在家门口上下车,同等享受到城市交通带给城市居民的便利。农村电网改造也取得了很大进展,至2001年年底,第一批农村电网建设改造工程覆盖率超过了95%,基本实现了城乡居民生活用电同网同价。2015年6月17日,李克强总理在主持国务院常务会议时指出,要增加中央投资对农村电网升级改造。在农村危房改造方面,截至2000年年底,全国扩大农村危房试点任务竣工率达64.9%。中央政府在这一方面还在继续投资,加快农村危房改造及配套基础设施建设,关系千百万住房困难家庭的生活,我们必须在已有基础上迈出更大步伐。教育方面,2006年实现了农村义务教育,2009年,实现了在全国农村全部免除义务教育阶段的学杂费,使农村1.5亿中小学生家庭普遍受益。

近年来,我国以提升农村人居环境为目标,加强农村道路、供水、用电、网络、住房安全等重点领域基础设施建设,保障基本功能,解决突出问题,逐步使农村基本具备现代生活条件。截止到2021年底,全国农村卫生厕所普及率超过70%,其中,东部地区、中西部城市近郊区等有基础、有条件的地区农村卫生厕所普及率超过90%。2018年以来,累计改造农村户厕4 000多万户;全国范围内农村生活垃圾进行收运处理的自然村比例稳定保持在90%以上。乡村基本实现农民院里院外更加美丽,农民生活习惯更加整洁卫生,生活方式更加绿色环保。在国家政策引导和各级政府的推动下,农村思想道德建设持续提升,文明乡风、良好家风、淳朴民风广泛培育,邻里守望、诚信重礼、勤俭节约的文明乡村不断涌现。截止到2021年底全国县级以上文明村、文明乡镇占比分别超过65%、80%。连续5年举办农民丰收节,乡村文化生活丰富多彩,村级综合性文化服务中心覆盖率达到96%。社会主义核心价值观深入践行,中华优秀传统文化传承弘扬,累计认定6 819个中国传统村落,农民精气神得到有效提振。

二、我国城乡融合发展取得的经验

近年来,我国城乡融合发展之所以成绩显著,最主要的原因就是坚持科学发展、实事求是、解放思想、与时俱进的路线,在中央一系列方针政策指引下,对我国城乡融合发展做了有益的尝试。对各个地区的不同做法、具体措施进行经验总结,有利于提出更有针对性、更符合我国实际的城乡融合发展对策。

（一）注重科学规划的前瞻性

无论是对于一个国家,还是一个地区,城乡融合在短时期内都是无法完成的,需要一个长期的过程,它的时间跨度可能是十几年甚至几十年。因此,如何把当地的人口、土地、产业、村社等更好地衔接起来,进行重组,充分利用和发挥城乡资源的最佳功能,首要的前提就是要做好规划,充分考虑到城镇发展的潜力,为未来的持续发展留下足够的空间,避免重复建设,因此,规划应具有前瞻性。

在城乡融合过程中,规划是城乡实现均衡、持续、健康发展的关键。我国已充分认识到这一问题的重要性,《国家新型城镇化规划(2014—2020)》《天津市城市总体规划纲要(2004—2020)》《成都市城乡规划条例》等政策的出台都说明了这一点。这些规划的制定有利于在一定区域内,对当地的开发、建设、利用、保护从空间和时间上做到总体布局和安排指导全国、全省、全市城乡融合发展行动。具体来说,一是要注重科学发展。规划要体现全局性,即从以人为本的角度出发,统领我们的规划;规划要体现统筹性,即生产力布局、人居布局、空间布局都要尽量做到合理;规划要体现超前性,即要站在对未来负责的高度,考虑城乡融合发展的进程。二是要注重规划的权威性与灵活性的统一。规划一旦制定,就不能随意改动,要严格执行,甚至有的决策可以上升到法律的高度,使其具有权威性。同时对于可以讨论的柔性条件,在需要的时候,根据客观情况,允许其有自由度。

总之,总体规划作为一种前瞻性、导向性、战略性的公共政策,在城乡融合发展中有十分重要的引领地位,制定科学合理的规划将为城乡融合健康发展指明方向。

（二）注重因地制宜,鼓励不同发展模式

"模式"一词最早是由费孝通先生引用到经济学与社会学的研究中来的,是从发展方式上来说的。1995年,他进一步把其总结为特定地区在特定的历史条件下所走的特定发展路子。克里斯托弗·亚历山大是美国著名的建筑理

论家,他认为,每个模式描述的都是一个在环境中不断出现的问题及其提出解决方案的过程。通过这种方式,人们不需要再做重复工作,而可以通过现有的解决方案来处理问题。学者万艳华根据亚氏模式理论,认为模式有同一性和动态性的特点,这说明了在某些地区,某一明显的问题在某一环境中会重复出现,但是模式也会因场所不同、时代不同、文化不同而发生变化。①

近年来,我国各地在中央政策的指导下,对城乡一体化建设进行了积极的探索,白永秀(2014)对山东的"诸城模式"、浙江的"嘉兴模式"、广东的"佛山模式"和四川的"成都模式"进行了分析(见图3-1),我们结合近年来这些地方的新进展,来汲取一些成功经验。②

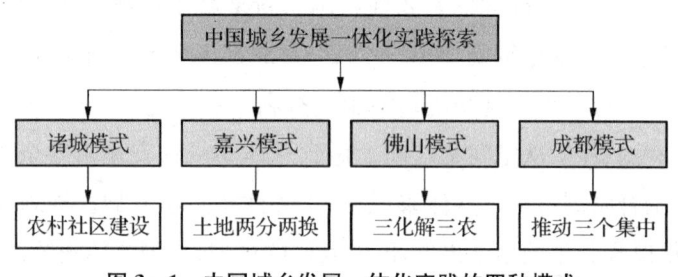

图 3-1 中国城乡发展一体化实践的四种模式

1. 山东的"诸城模式"

山东省诸城市是一片具有创新基因的热土,自 20 世纪 80 年代以来,先后创造出商品经济大合唱、贸工农一体化、农业产业化、农村社区化等改革创新经验,并形成了享誉全国的"诸城模式"。

20 世纪 80 年代起,诸城的部分乡镇就开始了集体经济创办企业的实践,比如获得"全国十佳小康村""全国文明村镇"的得利斯村,1986 年开始村集体办起面粉厂,到米厂、屠宰场,再到行业领域深加工、冷却肉、火腿肠、低温肉制品,一步步成为行业龙头,多年来不断探索村企合一发展模式,为不少返乡务工人员创造了工作机会和发展平台。诸城市由于工农业企业

---

① 万艳化、王玮.大余湾历史文化名村:"模式语言"的解析与运用[J].华中建筑,2007,(11).
② 白永秀,王颂吉.马克思主义城乡关系理论与中国城乡发展一体化探索[J].当代经济研究,2014,(02):22-27.

多,城镇化率高,很早就出现了村庄空心化、人口老龄化、农业兼业化等问题。为了解决这些问题,2007年6月,诸城以群众为中心,按照规模适度的原则,把1 249个村庄规划为208个农村社区,并渐进式推进以"多村一社区"为特点的农村管理体制改革。一是以社区为中心,实现基础设施和公共服务等资源的下移,建成乡村"两公里服务圈";二是以社区为平台,集聚土地、人才、资金等资源,建设现代农业生产园区。

此后,为了进一步打破传统意义上村庄间的壁垒,诸城农村社区化发展一路升级,2010年6月,诸城撤销了全市的行政村,形成了以"社区党组织为核心、自治组织为主体、群团组织为纽带、各类经济社会服务组织为补充"的农村基层组织新体系,形成了"中心城区——镇街驻地——农村社区"的新型城镇治理体系。在公共服务供给方面,诸城市积极推动城市的基础设施和公共服务向农村延伸,形成了"一个平台、五大体系"的城乡一体化社会服务新格局,已经实现了交通运输、垃圾处理、文化生活等城乡一体化。在产业方面,围绕产业振兴和人才振兴建设生产园区,推进农业规模化经营,推进农村一、二、三产业融合发展;坚持宜居为本,围绕组织振兴、生态振兴和文化振兴提升生活社区,深化基层治理创新,加快推进农村现代化。近年来,诸城充分发挥农业产业化、农村社区化两大优势,探索出以新型农村社区和现代农业园区为载体的城乡融合发展新路径,形成了工农互促、城乡互补、协调发展、共同繁荣的新型工农城乡关系。

2. 浙江的"嘉兴模式"

2004年,时任浙江省委书记习近平就如何开展统筹城乡发展到嘉兴进行调研,并在调研中指出"嘉兴完全有条件成为全省乃至全国统筹城乡发展的典范"。嘉兴市牢记习近平总书记的殷殷嘱托,因地制宜积极探索统筹城乡发展新路径,探索出了一条新型城镇化与新农村建设双轮驱动、生产生活生态相互融合、改革发展成果城乡共享,具有嘉兴特色的统筹城乡发展之路。[①]

---

① 十六年,从蓝图规划到现实画卷——浙江嘉兴统筹城乡发展的探索与实践[J].农村工作通讯,2021,(03):41-43.

(1) 高度重视城乡融合发展工作，历次党代会均将城乡融合发展作为工作重点。嘉兴市第五次党代会把"城乡一体化"列进该市"五大发展战略"；嘉兴市第六次党代会提出"科学发展，建设和谐嘉兴"，把"城乡一体化"列为"九大任务"之首；嘉兴市第七次党代会把"网络型田园城市"作为建设目标，把"统筹城乡改革发展"摆在全局工作的重中之重，推进农业现代化与新型工业化、新型城市化"三化"同步；嘉兴市第八次党代会提出"全面推进城乡、区域一体化发展，全力打响嘉兴统筹城乡发展的金名片，勇立潮头、勇当标尖"；嘉兴市第九次党代会提出"加快建设共同富裕典范城市"的历史使命，把深入实施城乡融合发展战略、全面推进乡村振兴作为党委政府重要任务之一，深入实施"农创嘉乡、未来嘉乡、共富嘉乡"行动，出台了一系列支农强农政策。

(2) 在组织体系上下功夫，协同联动推进。首先，成立城乡一体化工作领导小组，强化党对农村工作的全面领导，统筹推进城乡一体化工作；其次，探索涉农管理"大部门"制，推行党委和行政涉农部门集中办公，增强工作合力；第三，成立农村合作经济组织联合会，形成市、县、镇三级组织架构，增强为农服务能力；第四，建立分工协作机制，市级抓总体设计，县级发挥好主体作用，农办(统筹办)总牵头，相关部门各司其职协同推进；第五，加强绩效考核，把重点工作列入市级部门和区县年度考评体系。

(3) 强化顶层设计，统筹做好规划与实施。2004年，嘉兴因势而为作出实施城乡一体化发展战略，颁布了《嘉兴市城乡一体化发展规划纲要》，明确了推进城乡一体化的指导思想、基本原则和阶段目标。2008年，嘉兴在前期工作基础上，又出台《关于开展统筹城乡综合配套改革试点的实施意见》，深入推进统筹城乡综合配套改革，构建了"1＋X＋Y"规划体系("1"是指新市镇社区，"X"是指镇区以外配套的农民集中居住新社区，"Y"是指传统自然村落保留点)，在城镇层面，形成了"1640"(1个中心城区、6个副中心城市和40个左右的新市镇)；在镇村层面，形成了"四百一千"(433个城乡一体新社区、1102个传统自然村落保留点)的村庄布局结构。

(4) 构建以公平为导向的体制机制，促进城乡融合发展。嘉兴市把"改革创新"作为推进"三农"发展的根本动力,尊重民意、积极探索、稳步推进,构建了以公平为导向的城乡融合发展体制机制。在深化户籍制度改革方面,探索建立城乡统一的户口登记制度、户口迁移制度,实行按居住地划分的人口统计制度;在统筹城乡就业方面,建立健全城乡公共就业创业服务体系,实行城乡统一的用工管理;在社会保障体系方面,做到城乡社会养老保险、医疗保障、失业保险全覆盖;在农村金融改革方面,积极探索农村集体资产股权、承包地经营权和农房所有权抵质押贷款;在发函集体经济方面,试行村集体资产股份合作制;在土地权力改革方面,探索土地承包经营权确权登记,承包地、宅基地"'三权'分置";在乡村治理体系方面,建立自治、德治、法制相融合的乡村治理体系。

(5) 不断强化政策供给,促进资源优化配置。在土地资源配置上,率先在全省建立耕地保护补偿机制,探索城乡建设用地增减挂钩。率先实施农村土地全域综合整治,推进"四百工程"(在 100 个以上的行政村,启动 100 个左右项目,实施 100 万亩全域土地综合整治和高标准农田建设,总投资超过 100 亿元),探索集体经营性建设用地入市。在人力资源供给上,创新制定党建引领乡村振兴"嘉兴十条""嘉兴乡村人才振兴十条",建立健全引、育、留、用人才机制;在全国率先推行律师下乡,建立"一村一法律顾问"制度,全面打造医疗资源"双下沉、两提升"(以"人才下沉、资源下沉"为手段,努力引导优质医疗卫生资源流向基层,支持基层医疗卫生机构"服务能力提升,服务效率提升")嘉兴样板。

经过多年发展,嘉兴市实现了交通网络、供电、供水、供网、公共文体设施城乡一体化;提升了农田基础设施、农业科技创新能力;优化了产业结构和人居环境;确立了适度规模经营的基本格局;优化了社会保障体系、城乡教育和公共卫生资源布局;农民生活持续改善,生活幸福指数不断提升。

3. 广东的"佛山模式"

2012 年,广东佛山为了解决农业发展乏力,城市发展空间有限等问题,提出了以"三化"来破解三农难题的新模式,即城镇化、农业产业化和新型工业化。在城镇化方面,为了改变"有强镇、无中心"的城镇发展格局,佛山市启动了"1+2+5+X"的城市升级三年行动计划,探索出了以"旧城镇、旧厂房和旧村居"项目改造来破解土地使用紧张的问题。在农业产业化方面,为了提升农业生产效益,佛山积极发展现代农业,推动传统农业向精细化方向发展,培育龙头企业和农业知名品牌,发展现代农业产业园,不断提升农业产业化水平。在新型工业化方面,淘汰落后产业和产能,大力发展汽车制造、信息技术、新能源等战略性新兴产业,推进产业结构转型升级。

2021年,佛山市第十三次党代会提出"坚定不移推进城市品质大提升,精心绘就城乡融合发展新画卷",多措并举推动城乡空间优化和形态重塑,努力打造宜居宜商宜业宜游佛山。首先,通过优化国土空间布局来解决土地碎片化的问题;其次,通过实行首席设计师制度,持续提升城市平面协调性、空间立体性、风貌整体性,通过景观提升工程、强化城市管理和建设美丽乡村来提升城乡的品质形象;第三,通过培育农业特色小镇、发展"微农业"项目,培育农业服务组织和建设农业产业园,推进现代都市和农业创新发展。2022年,为了统筹推进新型城镇化战略和乡村振兴战略,促进城乡融合发展,广东省梳理总结了广东省城乡融合发展近年来形成的典型做法在全省范围推广,佛山市南海区丹灶镇的"三字经"做法就在其中。

(1)推动"三集中",再造城乡发展空间格局。一是推动人口向城市集中。对老城区加大"三旧"改造力度,改善路网、管网,推进城市微改造,增加城市微绿地、以"绣花功夫"实施亮化、美化工程,实现旧城转新颜。对新城区严把建设条件,科学规划,统一风格,以吸纳高端人才、年轻创业者为着眼点,提供个性化优质配套。二是推动工业向工业园集中。该镇已成为国内领先国际知名的氢能源产业集聚发展高地之一,粤港澳大湾区国家安全智能产业园是佛山首家国家安全产业示范园区创建单位,日本产业园内集聚39家优质日资企业。大金智地改造项目荣登广东省"三旧"改造优秀案例。三是推动农业向现代农业产业园集中。对现有农田进行整合,建设万亩农业产业园,开展现代农业招商,促进产业格局由分散向集中、发展方式由粗放向集约、产业链由单一向复合转变。其中"谭家湾佰院里"项目，集富氢养殖、传统民宿、乡村旅游、谭家菜开发等多元经营模式于一体，建起的 3 000 亩大型花卉基地，土地租赁收益从平均每亩约 1 000 元提高到近 5 000 元。

（2）狠抓"三活化"，丰富城乡发展品质内涵。一是生态活化助推产业重塑。建成分散式污水处理设施 41 座、截污管网 140 多公里，完成河涌清淤 25.6 万立方米，镇内主要河道水质达到地表水四类标准，空气质量六项指标达到国家二级标准，金沙岛跻身国家湿地公园行列，翰林湖获得亚洲都市景观奖。百事集团、徐工集团等世界五百强企业，以及以 18 家院士团队为代表的高端人才团队选择落地。二是古村活化留下无尽乡愁。连片打造有为水道乡村振兴连片示范带。对古建筑进行抢救性修复，对传统民俗进行抢救性传承，烧番塔、"拜斗日"、天后诞文化节得以延续，食斋、赛龙舟、看粤剧、龙船饭民俗得以发扬。仙岗古村获得"佛山十大醉美古村"称号，有为水道入选佛山市"百里芳华"示范带。三是文化活化提升核心自信。深度挖掘葛洪、宋末三杰、康有为、陈澹浦以及 8 名黄花岗烈士等的精神内涵，编纂出版了《丹灶历史文化名人实录》，连续举办了十八届康有为文化节，强烈的文化自信，奠定全域旅游的基石。

（3）全域"三提升"，实现城乡发展高度融合。一是党建引领促善治，实现城市向农村的熟人社区及生态环境提升。探索形成"问题联治、工作联动、平安联创"的工作协调机制，在全镇划分 387 个党建网格，建设 23 个党建阵地，组建 135 人的高素质党务工作者队伍，推进党员"户联系"，将联系对象延伸到全镇居民户、非户籍常住人口、工商户和社会组织。探索矛盾纠纷多元化解工作机制，推进智感安防小区建设，良登村成功创建"全国民主法治示范村"，罗行社区成为"全国优秀社区工作法"创立单位。二是突出重点抓整治，实现农村向城市的基础配套及卫生水平提升。统筹抓好厕所革命、田头棚整治、"三线"改造等重点工作。在全镇全面开展"三清三拆三整治"行动，清理垃圾超 12 万吨，最高日清量达 100 吨。村（社区）综合性文化服务中心、28 个农家书屋高标准落地，230 座农村公厕实现升级改造，4 座公厕上榜"佛山百座示范文明公厕"名单，塱心村入选佛山市乡村振兴示范村、罗行、劳边等5个村居获评佛山市"美丽文明村居"。三是连片打造抓示范，实现城市农村整体提升。重点建设"仙湖氢谷＋有为水道""大金智地＋翰林水道"两大板块，形成双峰突起、两路并进之势。在实施乡村振兴战略中，率先启动镇级乡村振兴示范经济社创建活动，斥资近亿元打造9个乡村振兴示范经济社。（见图3-2）

图3-2　佛山市"百里芳华"乡村振兴示范带

4. 四川的"成都模式"

成都市在"全域成都"的发展理念指导下，形成了"三个集中"的"成都模式"，即"工业向集中发展区集中，农民下昂城镇或新型社区集中，土地向适度规模经营集中"。"成都模式"的做法主要包括四个方面：第一，以规划为引领，确立全域发展理念，将1.24万平方公里进行整体规划，设计出"一区两带六走廊"发展格局。第二，推进制度创新，构建城乡一体化的管理体制，以"还权赋能"为重点改革农村产权制度，以消除城乡身份差异为目的改革户籍制度，以公平公正为核心改革城乡社会保障制度。第三，以"三个集中"为着力点，推进新型城镇化、新型工业化和农业现代化。第四，不断提升公共服务能力，努力实现城乡公共服务均等化。

2019年12月,国家发展和改革委员会等18部门制定并印发了《国家城乡融合发展试验区改革方案》,成都西部片区等全国11个区域确定为国家城乡融合发展试验区,部署开展11项改革试验,其中赋予成都5项试验任务展开,省市县三级联动,从四川省、成都市以及成都西部片区的8个区(市)县进行实践探索。2021年2月6日,国家发展和改革委员会正式批复《四川成都西部片区国家城乡融合发展试验区实施方案》,由此开始加快了成都市城乡融合试验区建设的步伐,标志着成都西部片区推进国家城乡融合发展试验区建设进入新的里程。成都西部片区形成的可复制可推广的典型经验和体制机制改革措施主要如下:温江区,推动生态价值转化,深化农村金融改革,创新农民利益联结机制,挖掘地方特色、做强文化产业;郫都区,"五控五减"激活城乡发展内生动能,破解难题项目引领产城融合,改革试验打造城乡融合示范走廊;彭州市,打通生态产品价值转化实现通道,搭建城乡融合发展高质量产业承载平台,探索推进城乡有序流动人口迁徙制度改革,推动农村集体经营性建设用地入市,推动农村产权抵押担保权能改革。

我国目前的状况是,东部、中部、西部三个不同的地域,发展差距过大,发展不平衡。东部地区、中部地区、西部地区城市化发展分别处于中期阶段、初期到中期过渡阶段、初期阶段。总体来说,城市发展西部慢于中部,中部慢于东部。再加上城乡融合发展是一项系统工程,涉及经济社会发展的多个层面,多种因素相互制约,既有农村原因,又有城市原因;既有制度原因,又有产业情况的原因;既有宏观方面的原因,又有微观方面的原因。面对这种复杂的状况,我国的城乡融合发展不能采取一种模式,而要因地制宜地进行模式探索。在探索和选择的道路上,应借助自身的优势,明确自身的产业和功能定位,在此基础上打造具有自身特色和优势的模式体系。总之,只有走多元化、多渠道、多模式的发展道路,坚持不懈地付出努力,我国各个地区才可能更好地协调发展,最终形成城乡融合发展新格局。

（三）强调农村的基础性地位

毫无疑问,城市要发展必定要依赖农村,而城乡融合发展格局的形成更离不开农村的发展。在中国,重视农村的发展不仅是城乡融合发展的重要内容,也是城乡融合快速发展的重要因素。农村发展和农业生产率提高,可以保证农业人口向城镇转移的数量、速度以及保障城镇承载能力的平衡,所以,农业的发展是城乡和谐发展的重要前提。这一点在发达国家有明显体现。发达国家在城市化过程中一直都很重视农业的基础地位,重视工业与农业的协调发展。而发展中国家却往往采取先牺牲农业发展工业的做法,给城市化发展带来了种种弊端。如许多发展中国家出现的"超前""过度"城镇化,尤其是拉美、非洲等国出现的大量失地和破产农民涌入城市,加剧城市贫困的严峻局面。因此,我国在城乡融合发展过程中,必须重视发展农村,把农村的发展和城市化有机结合起来。

现阶段我国工业化发展和城市化水平都有待提高,仍然要着力解决农村劳动力的转移问题。所以对农村问题必须给予足够的重视。事实上,我国各个地区成功的城乡融合发展模式也正是这样做的。只有建立合理的农村土地制度,不断提高农业的技术水平,加大投入农村教育和基础设施建设,才能提高农业的劳动生产率,产生劳动力剩余,从而提高农村居民的收入和生活水平,使城乡之间维持适度的平衡;只有发展现代农产品农业,推动农村内发型城市化发展,才能更有力地提供给城镇产业依托,创造农村劳动力转移的就业空间,实现城乡融合发展。实践证明,只有充分重视农业的地位,发挥城市对农村的引领和带动作用,推进新型工业化、城市化和新农村建设协调发展,才能更快地缩小城乡差距,开创城乡融合发展的新局面。

（四）坚持政府引导与市场决定相结合

在我国,有相当多的学者认为,我国的城市化进程中,政府起着决定性的作用,我国的城市化是在政府强有力的推动下向前发展的。但也有学者认为,市场才是城市化的第一推动力,这是原则问题,在任何时候都不能动摇。刘福坦认为在正常的城市化进程中,要让市场去选择,要充分发挥市场机制的作用。① 从目前城镇化发展的情况看,城镇化进程中遇到的最大障碍,就是市场决定性作用发挥不够的问题。

城乡融合发展是一项复杂而艰巨的工作,不论是发达国家,还是发展中国家,只有完善的市场机制和宏观的政府引导,才能使这一系统有效运行。涉及城市规划、城市区域协调、城镇合理布局、法治建设等一系列重大问题时,必须要有适度的政府宏观调控和引导。涉及内部的经济结构调整、资源配置等问题时,由市场起决定性作用,提高效率。今后,还需进一步协调好政府和市场的关系,充分发挥各自在相关领域中的作用。需要市场发挥作用的时候,政府应退出来,减少对市场运行的过度干预,把相应的权力交给企业。应遵循这样一条原则,即市场能够解决的问题,通过市场机制来解决;市场不能解决的问题,政府参与进来,走"政府市场共推"的城乡融合发展模式。在这一模式之下,政府和市场合作,各司其职,发挥两种力量,实现共赢。只有既遵循市场经济规律,充分发挥市场机制在优化配置资源要素上的决定作用,又发挥好政府的引导作用,二者有机结合,才会取得事半功倍的效果,扎实推进城乡融合实践发展。

三、我国城乡融合发展存在的问题

改革开放四十多年来,我国经济快速发展,综合国力显著增强。(见表3-1)"统筹城乡发展""城乡发展一体化""城乡融合发展"等战略的实施,使生产力快速提高,城乡互动频繁,为城乡融合发展奠定了良好的基础,但与此同时,城乡二元结构还没有完全破除,城乡融合发展还存在一些挑战和问题。

---

① 刘福坦:《加速城市化:政府该做些啥》,《今日浙江》2001年第5期。

表 3-1　1978—2022 年我国城乡居民生活情况

年份	城镇居民人均可支配收入（元）	农村居民人均可支配收入（元）	城乡居民人均可支配收入比	城镇居民人均消费支出（元）	农村居民人均消费支出（元）	城乡居民人均消费支出比	居民人均可支配收入基尼系数	城镇居民恩格尔系数（%）	农村居民恩格尔系数（%）
1978 年	343	134	2.56	311	116	2.68	—	57.5	67.7
1979 年	405	160	2.53	376	135	2.79	—	—	64
1980 年	478	191	2.50	412	162	2.54	—	56.9	61.8
1981 年	500	223	2.24	457	191	2.39	—	56.7	59.8
1982 年	535	270	1.98	471	220	2.14	—	58.6	60.6
1983 年	565	310	1.82	506	248	2.04	—	59.2	59.4
1984 年	652	355	1.84	559	274	2.04	—	58	59.3
1985 年	739	398	1.86	673	317	2.12	—	53.3	57.8
1986 年	901	424	2.13	799	357	2.24	—	52.4	56.5
1987 年	1 002	463	2.16	884	398	2.22	—	53.5	55.8
1988 年	1 180	545	2.17	1 104	477	2.31	—	51.4	54
1989 年	1 374	602	2.28	1 211	535	2.26	—	54.5	54.8
1990 年	1 510	686	2.20	1 279	585	2.19	—	54.2	58.8
1991 年	1 701	709	2.40	1 454	620	2.35	—	53.8	57.6
1992 年	2 027	784	2.59	1 672	659	2.54	—	52.9	57.5
1993 年	2 577	922	2.80	2 111	770	2.74	—	50.1	58.1
1994 年	3 496	1 221	2.86	2 851	1 017	2.80	—	49.9	58.9
1995 年	4 283	1 578	2.71	3 538	1 310	2.70	—	49.9	58.6
1996 年	4 839	1 926	2.51	3 919	1 572	2.49	—	48.6	56.3
1997 年	5 160	2 090	2.47	4 186	1 617	2.59	—	46.4	55.1
1998 年	5 418	2 171	2.50	4 340	1 604	2.71	—	44.2	53.2
1999 年	5 839	2 229	2.62	4 633	1 604	2.89	—	41.3	52
2000 年	6 256	2 282	2.74	5 027	1 714	2.93	—	38.6	48.3
2001 年	6 824	2 407	2.84	5 350	1 803	2.97	—	37	46.7

续 表

年份	城镇居民人均可支配收入（元）	农村居民人均可支配收入（元）	城乡居民人均可支配收入比	城镇居民人均消费支出（元）	农村居民人均消费支出（元）	城乡居民人均消费支出比	居民人均可支配收入基尼系数	城镇居民恩格尔系数（%）	农村居民恩格尔系数（%）
2002年	7 652	2 529	3.03	6 089	1 917	3.18	—	36.4	44.9
2003年	8 406	2 690	3.12	6 587	2 050	3.21	0.479	35.5	43.9
2004年	9 335	3 027	3.08	7 280	2 326	3.13	0.473	35.8	45.3
2005年	10 382	3 370	3.08	8 068	2 749	2.93	0.485	34.5	43.3
2006年	11 620	3 731	3.11	8 851	3 072	2.88	0.487	33.3	40.7
2007年	13 603	4 327	3.14	10 196	3 536	2.88	0.484	33.6	40.5
2008年	15 549	4 999	3.11	11 489	4 054	2.83	0.491	34.5	40.9
2009年	16 901	5 435	3.11	12 558	4 464	2.81	0.49	32.9	38
2010年	18 779	6 272	2.99	13 821	4 945	2.79	0.481	31.9	37.9
2011年	21 427	7 394	2.90	15 554	5 892	2.64	0.477	32.3	37.1
2012年	24 127	8 389	2.88	17 107	6 667	2.57	0.474	32	35.9
2013年	26 467	9 430	2.81	18 488	7 485	2.47	0.473	30.1	34.1
2014年	28 844	10 489	2.75	19 968	8 383	2.38	0.469	30	33.6
2015年	31 195	11 422	2.73	21 392	9 223	2.32	0.462	29.7	33
2016年	33 616	12 363	2.72	23 079	10 130	2.28	0.465	29.3	32.2
2017年	36 396	13 432	2.71	24 445	10 955	2.23	0.467	28.6	31.2
2018年	39 251	14 617	2.69	26 112	12 124	2.15	0.468	27.7	30.1
2019年	42 359	16 021	2.64	28 063	13 328	2.11	0.465	27.7	30
2020年	43 834	17 131	2.56	27 007	13 713	1.97	0.468	29.2	32.7
2021年	47 412	18 931	2.50	30 307	15 916	1.90	0.466	28.6	32.7
2022年	49 283	20 133	2.45	30 391	16 632	1.83	—	29.5	33

1. 城乡居民生活差距依然较大

第一，城乡居民收入差距依然较大。党的十一届三中全会以来，我国城乡居民收入差距三次缩小和两次扩大，目前城乡收入差距依然在高位：1978

图 3-3 1978—2022 年城乡居民人均可支配收入比

年域乡居民收入差距指数为 2.56，这一指数在 1983 年下降到 1.82 后出现上升趋势，1994 年达到 2.86 后开始下降，1997 年达到 2.47 后又开始上升，2007 年达到 3.14 后又开始下降，截止 2022 年下降至 2.45，仍然处于高位。其中，2008 年这一数字达到 3.11，城乡绝对收入差距达 10 550 元，首次突破 10 000 元。1997 年世界银行对全球 36 个国家进行分析，得出结果：城乡居民收入的比率一般都低于 1.5，极少超过 2，根据此结论，可以看出我国的城乡居民收入差距明显偏高。如果把城乡居民社会福利保障计入隐性收入，那么实际的城乡收入差距将会比统计的城乡收入差距更大。（见图 3-3）

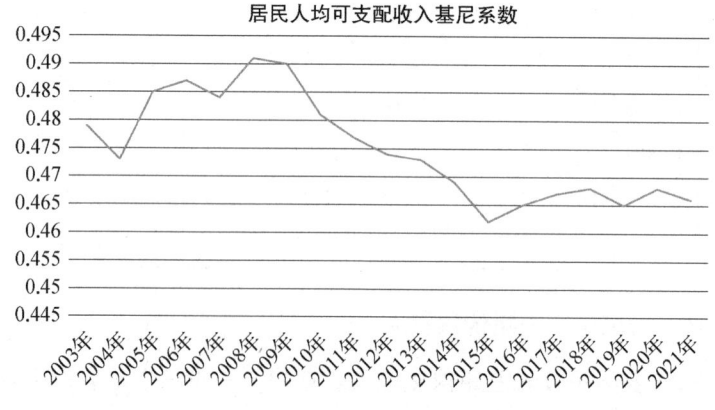

图 3-4 2003—2021 年我国居民可支配收入基尼系数

基尼系数(Gini Coefficient)是意大利经济学家基尼于1912年提出的，用以定量测定收入分配差异程度，是国际上用来综合考察居民内部收入分配差异状况的一个重要分析指标。目前，国际上用来分析和反映居民收入分配差距的方法和指标很多。基尼系数由于给出了反映居民之间贫富差异程度的数量界线，可以较客观、直观地反映和监测居民之间的贫富差距，预报、预警和防止居民之间出现贫富两极分化，因此得到世界各国的广泛认同和普遍采用。按照联合国有关组织规定：基尼系数若低于0.2表示收入绝对平均；0.2—0.3表示比较平均；0.3—0.4表示相对合理；0.4—0.5表示收入差距较大；0.5以上表示收入差距悬殊。通常把0.4作为收入分配差距的"警戒线"。从基尼系数来分析，据国家统计局最近的统计数据，2021年我国居民收入基尼系数为0.466，仍然高于0.4这个收入分配差距的"警戒线"。(见图3-4)

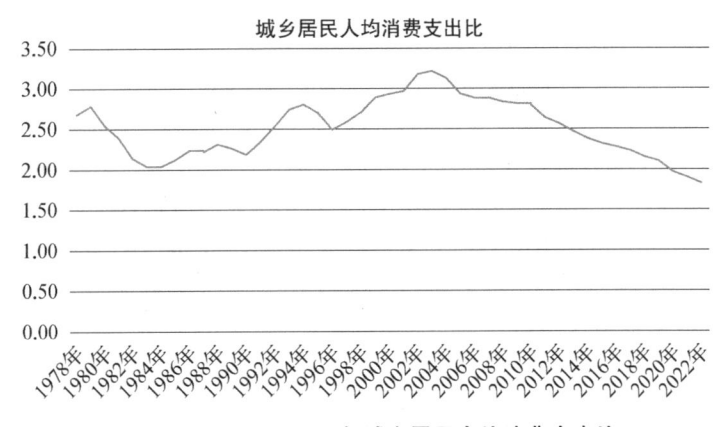

图3-5 1978—2022年城乡居民人均消费支出比

第二，城乡居民人均消费支出差距也很突出。一国的消费支出水平也是衡量其经济发展的重要指标，城乡居民收入差距对居民消费水平也有很大的影响。我国城乡居民人均消费支出比，呈现先降后升再降的总体趋势，1980年开始下降，1983—1984年比值达到前期低值2.04，之后呈升高趋势，2002—2004年比值超过3，之后一直处于下降趋势，截至2022年比值已经下降至1.83。(见图3-5)

城乡居民恩格尔系数

图 3‑6　1978—2022 年城乡居民恩格尔系数

从居民家庭恩格尔系数来看,国家统计局发布《中华人民共和国2022年国民经济和社会发展统计公报》显示,中国农村居民2022年恩格尔系数33%,城镇居民恩格尔系数为29.5%,相差3.5%,这说明我国农村消费市场有巨大的潜力,如果开发好,对于内需拉动经济增长无疑是巨大的动力,这也是我国城乡一体化发展面临的重要问题之一。(见图3‑6)

第三,城乡基础设施和公共服务差距较大。多年来,我国城乡在基础设施建设和公共品供给等方面存在着不同程度的不均衡状况,尽管近年来我国公共资源向"三农"领域的投入不断增大,但是农村的覆盖范围和深度与城市相比还有很大差距。城乡之间在教育投入、师资配备等方面存在差距,政府近几年加大对农村的教育投入,政策向农村倾斜,但与城市相比还是有一定差距。在师资方面,由于农村条件艰苦,教师待遇低下,很多优秀的老师不愿意去农村,农村学校大多是代课教师,水平参差不齐,这影响了农村整体的教育水平。据第三次全国农业普查主要数据公报(第五号),全国农业生产经营人员接受过高中或中专教育的只有7.1%,接受过大专及以上教育的只有1.2%。农村劳动力人口受教育水平整体偏低,成为乡村振兴的"阻力"。城乡居民在文化发展水平方面差距较大,我国大多数农村地区在文化设施方面几乎为空白。同时,城乡卫生事业发展不协调,广大农村医疗卫生条件落后,城乡医疗卫生服务质量水平差距明显。以2021年为例,我国每万人拥有的城市卫生技术人员99人,农村为63人,除了数量上的差别,质量上的差别更大;城市每万人医疗机构床位数74.73张,农村为60.09张。① 农村基础设施建设滞后,生产生活条件差。虽然农村基本公共服务和社会保障制度已经建立,但其服务水平与城镇还无法相比,而且总体来看,国家投入建设的农村基础设施还存在等级低、缺乏有效管理机制等问题。因此,国家必须坚持长期把重点放在农村基础设施建设和公共事业发展方面,进一步向农村倾斜公共财政支出,让农民能够充分享受社会进步的成果。

2. 农业生产率相对较低,国际竞争力不足

一是与非农部门相比,农业部门劳动力持续流出,农业竞争力不足。最明显的是,我国农业劳动力占国内劳动力总量的比例为25%,但产出却只占GDP的6%。相比之下,农业劳动生产率严重低于非农产业。农业生产效率低有多种原因,除了市场机制不能全面反映农产品真实价值之外,还包括生产者自身能力不足、生产工具落后、劳动对象局限以及科技支撑不足等。二是在全球市场一体化背景下,我国农产品缺乏国际竞争力。其核心原因是农业劳动生产率与世界农业强国相比仍然较低,长远看将影响农业可持续发展和农民增收。当前,我国农业科技创新整体水平已迈入世界第一方阵,但由于大国小农的基本国情农情,小农户在采用新技术时往往受到制约,影响了农业劳动生产率的进一步提高。美国的户均耕地面积约为中国的400倍,便于农业科技产品的规模化使用,在提高生产力方面具有规模优势、科技优势和价格优势。② 此外,西方发达国家垄断国际农产品定价权和质量标准体系,我国农产品在国际市场上不具备品牌溢价。跨国粮商已经渗透到了农作物产供销的各环节,ADM、邦吉、嘉吉、路易达孚等四家大跨国粮商控制着世界80%的粮食交易量,加剧了对我国农业的冲击。③ 由

---

① 涂圣伟.县域内率先破除城乡二元结构:现实价值与实现路径[J].山东社会科学,2023,(07):89-97.
② 韩长赋.中国农村土地制度改革[J].农业经济问题,2019,(01):4-16.
③ 周伟,Boulanger Mathieu,吴先明.农业跨国公司垄断对我国粮食安全的影响[J].西北农林科技大学学报(社会科学版),2016,16(03):84-93.

于诸多因素削弱了我国农产品的国际竞争力,一旦出现全球市场封锁,粮食安全和社会稳定将面临严峻考验。

3. 城乡产业关联度不高

新中国成立前夕,党的七届二中全会明确提出新中国成立后经济工作的重心要从农村转移到城市上来。与此同时,为了实现城乡兼顾,毛泽东还提出:"城乡必须兼顾,必须使城市工作和乡村工作,使工人和农民,使工业和农业,紧密地联系起来。绝不可以丢掉乡村,仅顾城市,如果这样想,那是完全错误的。"①但是,后来的城乡发展还是偏离了轨道,由于优先发展重工业的经济发展战略,再加上城乡二元制度的约束,最终导致城市与农村、工业与农业相分离,表现在产业格局上就是"城市搞工业、农村搞农业",这也是造成我国城镇化发展长期滞后于工业化局面的原因。1978年起,我们党全面总结了社会主义城乡建设的经验,率先在农村进行改革,取得了显著效果,农业产量大幅度增加,之后乡镇企业的异军突起,不仅使农村经济快速发展,而且也优化了农村的产业结构。然而,受城乡二元分割体制的长期影响,城乡产业间的相互作用太弱,城乡产业间的市场联系被阻隔,城乡没有形成一体化的市场体系,客观上阻碍了经济的进一步发展。这使得一方面,城市对农村工业化的拉动作用十分微弱如现阶段在农业生产技术方面,工业发展对其支持不足,影响我国农业产业化发展水平,农业现代化步伐缓慢,这直接影响农民收入的增长,扩大了城乡居民间的收入差距。另一方面,农村工业化由于受到经济发展的制约,依托中心城市的程度不太高,这不利于产业结构和经济增长方式的转变,不利于劳动力的转移和吸引居民就业,增加居民收入,当然也不利于今后城乡的持久发展和进步。除此之外,城镇化发展本身还存在产业发展问题。

在近十年我国城镇化进程中,越来越多的新城出现,如各类工业园区、开发区和新城区,但是相应的配套问题如引入产业等都未能得到很好的解决。缺乏产业支撑,城镇化"空心化",造成大量"空城""鬼城"现象,如鄂尔

---

① 毛泽东选集:第四卷[M].北京:人民出版社,1991.6(2008.6 重印):1426-1427.

多斯康巴什新城、昆明星贡新城等。长期以来,中国的产业结构和城镇化的发展并不适应,由于产业与城镇的分离,有些农民虽然住进了公寓楼,但是没有相应工作,还在务农,一些必要的家机工具等只好在公寓附近搭个棚子来存放,结果使得居住小区城不像城、乡不像乡,人居环境反而退化。①"有城无市"是一种误区,城镇越向现代化发展,就越应让居民感到方便、舒适。当前,由于没有树立以人为核心的规划理念,因地而建,搞单一化模式,就无法从根本上解决制约城镇发展的体制和机制问题,也不能提高居民的幸福指数。因此,不断更新产业链,产城结合,打造新的增长点,将成为新型城镇化的关键所在。

4. 农业转移人口市民化进程滞后

国家统计局数据显示,2022 年末城镇常住人口 92 071 万人,比上年末增加 646 万人;乡村常住人口 49 104 万人,减少 731 万人;城镇人口占全国人口比重(城镇化率)为 65.22%,比上年末提高 0.50 个百分点。但是,户籍人口城镇化率却只有 47.7%,这两个数值之间相差了 17.52 个百分点。这也就意味着约有 2.47 亿的农民工虽然实现了职业转变和地域转移,但还没有实现身份和地位的转变。城乡二元体制严重地束缚了农民向城市的自由迁徙,大量在城镇里生活的打工者没有城镇户口,享受不到城镇居民的待遇。虽然他们人在城市,在城市工作,但是家人在农村,家在农村。即便在城市工作,工资待遇也比城市人要低,没有能力在城市安家,而且享受不到城市的公共服务。按照国家城镇化发展规划,我国城市化率到 2030 年将上升到 70%左右,这对于我国城镇化、农村非农产业发展都是巨大的挑战。因而,农业人口城市化发展滞后是当前我国城乡一体化面临的难题之一,即中国面临公共需求快速增长与公共服务供给不足的矛盾问题。城乡一体化不是要消灭农村,也不是要把农村变成城市,而是在保持二者各自特点的基础上,实现城市与农村的和谐共存,它的实质是要让农村居民和城市居民享

---

① 公安部:到 2020 年形成新型户籍制度,《新华网》2013 年 12 月 17 日,http://theory.people.com.cn/n/2013/1217/c49154-23860874.html

有平等的生活。

5. 城乡生态环境建设问题多

改革开放以来,随着经济快速增长,工业化、城市化的不断推进,生态环境问题越来越严重。首先是城市出现了空气污染、水资源和能源短缺以及城市交通拥堵等"城市病"。水资源方面:我国600多个城市中,有400多个城市存在缺水情况,其中110个城市严重缺水,甚至有些城市出现"水荒"现象,水生态危机严重。能源方面:煤炭、石油、天然气等非可再生能源不断减少,我国人均煤炭储量是世界平均值的55%,而人均石油、天然气储量更是少得可怜,不足世界平均值的10%。除此之外,"城中村"成为城市的死角和隐患,不仅影响市容,还可能对整个城市卫生带来威胁,成为城市流行病的发源地。同样,农村的生态环境也不容忽视表现在是农民在种地过程中使用大量肥料、农药,造成耕地污染,使耕地面积减少;二是植被破坏,导致水土流失,水资源严重萎缩,甚至出现河流断流、干涸等;三是森林人为破坏严重,草场退化明显加剧;四是生物多样性受到破坏,许多物种濒临灭绝;五是农村公共服务设施短缺,道路、供水、垃圾、污水处理欠账严重。[①] 城市与农村生态环境是人类生存的基础,者互为补充、不可分割。同时,城乡生态环境的改善是城乡一体发展的重要前提,也是经济环境协调发展的重要保障。

---

① 李冰.二元经济结构理论与中国城乡一体化发展研究[J].中国经济出版社,2013:77.

第四章 马克思恩格斯城乡关系理论对我国城乡融合发展的启示

正如习近平总书记所说："就'三农'论'三农'，已经很难从根本上解决'三农'问题。我们只有跳出'三农'抓'三农'，用统筹城乡发展的思路和理念，才能切实打破农业增效、农民增收、农村发展的体制性制约"。与"农业、农民、农村"相对应的是"工业、市民、城市"，农业与工业涉及的是产业角度；农民和市民涉及的是群体角度；农村和城市涉及的是地理空间角度。"农业"的基础地位只能加强、不能动摇，第一，"民以食为天"，农业承载着"端牢中国饭碗"的重任；第二，农业对于广大农民和农民工来讲，还承载着社会保障功能，能够有效应对经济波动带来的风险；第三，农业是国民经济的基础，还有很大的发展空间，农业生产力的提高还有助于内需的扩大。"农村"作为一个地域名称，其重要意义主要表现在资源能源储备和环境承载力上，不仅为农村居民而且为城市居民提供了大后方。"农民"不仅在前期为工业化和城市化提供了大量劳动力，而且未来，还将有相当一批"农民"转化成"市民"。因此解决好"农业、农民、农村"问题，对推进中国式现代化，对实现中华民族伟大复兴，都具有重要意义。

第一节 加强顶层设计,统一规划城市和乡村

一、我国关于城乡融合发展的规划

凡事预则立,不预则废。高度重视制定和实施发展规划,是我们党治国理政的重要方式,也是我国取得巨大发展成就的关键所在。习近平总书记高度重视规划在建设发展中的引领作用,明确指出"规划科学是最大的效益,规划失误是最大的浪费,规划折腾是最大的忌讳"。在2022年12月召开的中央农村工作会议上,习近平总书记要求制定加快建设农业强国规划,特别强调:"制定规划要同现有规划相衔接,保持工作连续性,不能'翻烧饼'。要严格执行规划,坚决防止不把规划当回事。"总书记用两个"要"与两个"不",明确了规划工作该怎么干、如何干好,为我们在乡村振兴各项工作中绘制好、执行好规划蓝图指明了路径。①

城乡规划是一个专业术语,《中华人民共和国城乡规划法》中的"城乡规划",是对城镇体系规划、城市规划、镇规划、乡规划和村庄规划的统称。城乡规划对一定时期内城乡社会和经济发展、土地利用、空间布局以及各项建设的综合部署、具体安排和实施管理。

(一)城乡规划的分类

按行政层级分为国家级规划、省(区、市)级规划、市县级规划;按对象和功能类别分为总体规划、专项规划、区域规划。按所覆盖时间的长短分为长期规划和短期规划。

---

① 农民日报·中国农网评论员.蓝图绘得好,还要于得好[N].农民日报,2023-09-21(001).

1. 总体规划

总体规划是国民经济和社会发展的战略性、纲领性、综合性规划，是编制本级和下级专项规划、区域规划以及制定有关政策和年度计划的依据，其他规划要符合总体规划的要求。

2. 专项规划

专项规划是以国民经济和社会发展特定领域为对象编制的规划，是总体规划在特定领域的细化，也是政府指导该领域发展以及审批、核准重大项目，安排政府投资和财政支出预算，制定特定领域相关政策的依据。

3. 区域规划

区域规划是以跨行政区的特定区域国民经济和社会发展为对象编制的规划，是总体规划在特定区域的细化和落实。跨省（区、市）的区域规划是编制区域内省（区、市）级总体规划、专项规划的依据。

国家总体规划、省（区、市）级总体规划和区域规划的规划期一般为5年，可以展望到10年以上，市县级总体规划和各类专项规划的规划期可根据需要确定。

（二）我国关于城乡融合发展的规划

党的十八大以来，我国关于城乡融合发展的规划有很多，多层次、全方位地对城乡融合发展进行谋划部署。

1. 党代会

除了上述所讲的国家城乡规划，我们国家还有比较特殊的顶层设计和宏观规划，比如"中国共产党全国代表大会报告"，2023年的中央一号文件第一句就指出"党的二十大擘画了以中国式现代化全面推进中华民族伟大复兴的宏伟蓝图"，说明党代会在我国居于顶层设计的核心地位。召开党代会，归根结底就是要研究和决定党的最重大的问题，党代会的历史地位和作用概括起来主要是"标志"和"领航"，"标志"是指每次党代会都实在特定的历史条件下召开的，反映的是党在这个历史时期的认识水平、价值取向和基本意志,反映着党的一系列重大抉择背后的思想理念、运行状态和领导能力;"领航"是指每次党代会都会引领着党和国家的前进方向,党的二十大,领航着中国向着新时代新征程继续前进。一百多年来,党的二十次党代会就是一个个的历史节点,党代会的历史就是党的历史的缩影。

党的十九大报告提出"实施乡村振兴战略",党的二十大报告进一步强调"全面推进乡村振兴",新时代"三农"工作的前进方向和总体要求更加明晰,要实现"产业兴旺、生态宜居、乡风文明、治理有效、生活富裕";举措更实,要扎实推动乡村"产业、人才、文化、生态、组织"五大振兴。

中国共产党全国代表大会每五年举行一次,由中央委员会召集,中国共产党中央委员会全体会议由中央政治局召集,每年至少举行一次。改革开放以来,每一届中央委员会通常要召开七次全体会议,即"一中全会"到"七中全会"。中国共产党中央委员会全体会议一般是对中国共产党全国代表大会报告内容的落实。与落实"三农"相关的还有中共中央和国务院的相关政策,如近二十年来每年的中央一号文件都是聚焦"三农"问题,每年的中央农村工作会议的讲话也是对党代会和国家经济社会发展规划的落实。

2022年12月23日召开的中央农村经济工作会议上,习近平总书记以"加快建设农业强国,推进农业农村现代化"为主题发表了重要讲话,习近平总书记在讲话中指出"这次中央农村工作会议的主要任务是:全面贯彻落实党的二十大精神,总结今年'三农'工作,研究部署明年工作,就加快建设农业强国进行战略部署",可见中央农村经济工作会议是对党代会的落实,是对当年农村工作的规划部署。2023年1月2日,中共中央、国务院发布了《关于做好2023年全面推进乡村振兴重点工作的意见》,意见同样指出"党的二十大擘画了以中国式现代化全面推进中华民族伟大复兴的宏伟蓝图","做好2023年和今后一个时期'三农'工作,要坚持以习近平新时代中国特色社会主义思想为指导,全面贯彻落实党的二十大精神,深入贯彻落实习近平总书记关于'三农'工作的重要论述",说明2023年的中央一号文件也是对党的二十大精神的落实,是对2023年及今后一个时期工作的规划和部署。

2. 国家五年规划

习近平总书记指出:"用中长期规划指导经济社会发展,是我们党治国理政的一种重要方式。"国家五年规划,是中国国民经济计划的重要部分,属长期计划。主要是对国家重大建设项目、生产力分布和国民经济重要比例关系等作出规划,为国民经济发展远景规定目标和方向。新中国成立以来,我国已经制定了十四个"五年规划",党领导编制的五年规划就是中国式现代化的路径安排,习近平总书记指出,"从第一个五年计划到第十四个五年规划,一以贯之的主题是把我国建设成为社会主义现代化国家"。从世界经济的历史大视野来看,规划制度并非中国独有,许多国家都实施过各种形式的规划制度,但实施效果却参差不齐,很少像中国一样长期坚持并取得重大发展成就。中国五年规划制度之所以会成功有五个重要因素:一是科学理论的指导;二是纳入国家治理体系的组成部分;三是集思广益的编制过程;四是广泛动员、实事求是的实施方式;五是与时俱进的规划制度。

《国民经济和社会发展第十四个五年规划和二〇三五年远景目标》明确提出要"优先发展农业农村,全面推进乡村振兴",并对"提高农业质量和竞争力"、"实施乡村建设行动"、"深化农村改革"提出了具体要求;提出了要"优化国土空间布局,推进区域协调发展和新型城镇化",并对"国土空间开发保护"、"区域协调发展"、"推进以人为本的新型城镇化"提出了具体要求。

为了便于理解,选取了近年来关于城乡融合发展的相关规划作为例子加以说明。从以下规划来看,处于最高地位的就是《党的十九大报告》和《党的二十大报告》;其次是总体规划,如《国民经济和社会发展第十三个五年规划》和《国民经济和社会发展第十四个五年规划和二〇三五年远景目标》;第三是专项规划,如《国家新型城镇化规划(2014—2020年)》、《全国国土规划纲要(2016—2030年)》、《乡村振兴战略规划(2018—2022年)》、《"十四五"推进农业农村现代化规划》等等。

各规划之间还存在着一定的逻辑关系。层级关系,中共中央、国务院发布的《乡村振兴战略规划(2018—2022年)》与《江苏省乡村振兴战略实施规划(2018—2022年)》和《南京市乡村振兴战略实施规划(2018—2022年)》就是属于国家、省、市三层级之间的关系。相关关系,如《全国主体功能区规划》、《国家新型城镇化规划(2014—2020年)》、《全国国土规划纲要(2016—2030年)》、《全国国土空间规划纲要(2021—2035年)》,这些规划都涉及国土问题,因此如果不能统筹兼顾,就会造成国家层面的规划冲突,因此在制定这类规划时,一定要相互衔接。(见表4-1)

表4-1 我国关于城乡融合不同层次的规划(以时间为序)

序号	日期	编制单位	名称
1	2011年6月8日	国务院	《全国主体功能区规划》
2	2014年3月16日	中共中央、国务院	《国家新型城镇化规划(2014—2020年)》
3	2014年5月20日	江苏省人民政府办公厅	《江苏省新型城镇化与城乡发展一体化规划(2014—2020年)》
4	2015年10月26日	十八届五中全会	《国民经济和社会发展第十三个五年规划》
5	2017年1月3日	国务院	《全国国土规划纲要(2016—2030年)》
6	2017年10月18日	中国共产党第十九次全国代表大会	《决胜全面建成小康社会夺取新时代中国特色社会主义伟大胜利》(十九大报告)
7	2018年9月26日	中共中央、国务院	《乡村振兴战略规划(2018—2022年)》
8	2018年9月30日	中共江苏省委、江苏省人民政府	《江苏省乡村振兴战略实施规划(2018—2022年)》
9	2019年1月14日	科技部	《创新驱动乡村振兴发展专项规划(2018—2022年)》
10	2019年3月25日	中共南京市委、南京市人民政府	《南京市乡村振兴战略实施规划(2018—2022年)》
11	2019年4月23日	全国人民代表大会常务委员会	中华人民共和国城乡规划法(2020版)
12	2020年10月29日	十九届五中全会	《国民经济和社会发展第十四个五年规划和二〇三五年远景目标》

续 表

序号	日期	编制单位	名称
13	2021年9月6日	农业农村部	《全国高标准农田建设规划（2021—2030年)》
14	2021年10月13日	南京市人民政府办公厅	《南京市"十四五"新型城镇化规划》
15	2021年11月12日	国务院	《"十四五"推进农业农村现代化规划》
16	2021年12月27日	国务院办公厅	《"十四五"城乡社区服务体系建设规划》
17	2022年10月16日	中国共产党第二十次全国代表大会	《高举中国特色社会主义伟大旗帜为全面建设社会主义现代化国家而团结奋斗》
18	2023年4月22日	自然资源部会同有关部门	《全国国土空间规划纲要（2021—2035年)》
19	2023年6月9日	农业农村部、国家发展改革委、财政部、自然资源部	《全国现代设施农业建设规划（2023—2030年)》
20	2023年7月25日	国务院	《江苏省国土空间规划（2021—2035年)》

二、乡村振兴背景下我国城乡规划中存在的主要问题

党的十八大以来，以习近平同志为核心的党中央高度重视城乡规划工作，要求牢固树立和贯彻落实创新、协调、绿色、开放、共享的新发展理念，按照人口资源环境相均衡、经济社会生态效益相统一的原则，整体谋划国土空间开发与保护，构建科学的城市化格局、农业发展格局、生态安全格局，形成合理的生产、生活、生态空间，促进人与自然和谐共生。

改革开放以来，我国城乡规划一直在探索过程中，从最初的条例来看，仍然体现的是城乡二元体制。如全国人大1989年通过了《中华人民共和国城市规划法》，这里明确地提到只是对城市的规划。1993年国务院发布了《村庄和集镇规划建设管理条例》，这是对村庄和集镇的规划。2007年10月通过的《中

华人民共和国城乡规划法》才首次把城与乡纳入统的规划范畴,这意味着我国开始进入城乡一体规划的新时代,步入了城乡一体发展的新轨道。2013 年中央城镇化会议提出了"建立空间规划体系"的问题,2014 年,《国家新型城镇化规划(2014—2020 年)》提出了"多规合一"的概念。2018 年,国家层面组建"国土资源部",2019 年,《中共中央国务院关于建立国土空间规划体系并监督实施的若干意见》正式明确"多规合一"的对象是"主体功能区规划、土地利用规划、城乡规划以及其他专项规划"。虽然近些年来国家层面关于"城乡融合"出台了"多层次、全方位"的规划体系,但是城乡规划领域仍然存在着一些问题。

第一,"多规合一""九龙治水"如何统筹衔接的问题。虽然部分规划在制定之初也意识到要避免冲突,但是不同类型规划之间的矛盾和冲突依然成为被诟病的对象。规划之间的冲突和矛盾主要表现在以下几个方面:一是法律依据方面的冲突;二是技术标准的冲突;三是文本内容的冲突;四是规划之间的事权冲突。横向规划之间的问题主要根源于规划事权的冲突和矛盾,我国的行政体系表现出"多头供给"、"部门壁垒"和"流程复杂"的特点,部门间往往为"争夺资源""规避风险"和"垄断信息"形成竞争。

第二,"见物不见人",没有抓住规划的核心价值。主要表现在以下几方面:一是城乡规划指导思想存在偏差,只搞城市规划或只搞乡村规划,尽管《城乡规划法》颁布实施,但事实上分割规划还相当普遍地存在着。二是规划见物不见人,在规划中违背当地实际状况,千篇一律,没有特色。看到的只是漂亮的高楼大厦,却全然不顾人的权益和人的发展。三是规划只在生活、生产空间中进行,却忽视了其生态空间。近年来,由于规划不到位,使我国资源环境恶化现象越来越严重,而民众对良好生态环境的要求也越来越迫切。城乡规划是一种社会行为,负有一定的社会责任。我们要妥善处理好城乡关系、物的城镇化与人的城镇化关系、经济与环境的关系。

第三,规划本身存在缺点或不足。一方面,规划滞后于发展,城市的总体规划审批程序时间过长,当规划颁布实施时,实际情况已发生了很大变化。另一方面,城市的发展过快,原本 20 年的规划指标,可能 10 年就突破了,导致规划失去了调控作用。

第四,规划缺乏权威性。首先,规划科学性不足,权力高度集中于领导政府手中,责权不对称,主观性强,"规划规划,不如领导一句话"。其次,规划不能一贯执行下去,随意性强,一些地方"换一届领导就改一轮规划"。最后,由于些地方的违法行为在领导的默许之下进行,所以处罚完全起不到震慑的作用,规划的权威性更无从谈起。

三、乡村振兴背景下城乡融合发展规划的建议

(一)规划要注意三维立体空间的把握,增强生态性

《国家新型城镇化规划(2014—2020)》指出,"城市规划要由扩张性规划逐步转向限定城市边界、优化空间结构的规划"。这告诉我们,城乡一体化发展必须实行全域规划不断优化包括城市和乡村在内的全部空间结构。习近平总书记也强调,今后的规划一定要按照人口资源环境相均衡、经济社会生态效益相统一的原则,整体谋划空间开发,科学布局生活空间、生产空间、生态空间,给自然留下更多修复空间。理想的状态是生产空间集约高效,生活空间适度宜居生态空间山清水秀。一般来说,生态空间范围宽广,包括整个地球环境,当然生产和生活空间也包括在内。而生产空间通俗地讲指的是人们从事生产经营活动的场所,生活空间指的是人们居住、消费和休闲娱乐的地方。这两者并非泾渭分明,有的地方生产和生活空间是重叠的。以往规划出现的问题是生产空间布局不合理,一方面挤压生活空间;另一方对生态空间造成开发性的破坏。过于注重经济效益而忽视生态效益,没有明白保护利用好生态空间,对生产空间和生活空间起着保障作用,是经济社会可持续发展的基础。规划设计注意三维立体空间的把握,我们才能期待在不久的将来,都能够让居民"诗意地栖居"、"幸福地生活"。

(二)规划要注意区分城乡差别,注重科学性

城市与乡村是两种完全不同的生存空间,二者的差别体现在很多方面,

如自然风貌、聚落形态、产业发展、社会文化和生活方式等。在我国的社会经济发展中，城市和乡村分别承担着不同的功能和发展任务，这种区别决定着城乡发展的差异性。城乡差异化发展既是国际城镇化发展的普遍规律，也是中国特色城镇化道路的应有内涵。推进城乡一体化发展，并不是要消除这种差异，也不是要把乡村变成城市的牺牲品。从功能上来说，也绝不是要把农村变为城市，而是要求城市和乡村在发展条件上要尽可能公平，在发展成果上尽可能共享。所以城乡一体化不是城乡同样化，城乡规划要注重科学性，遵循规律，尊崇自然，尊重民愿，体现城与乡的特色，从实际出发，不能求大、求急，要兼顾生产和生活，真正为居民着想。否则就会农村不像农村，城镇不像城镇。苏州市在推进城乡一体化的进程中，就提出要使"城市更像城市、农村更像农村"。"城市更像城市"是指一些小县城和中心镇在规划建设时按照中小城市标准进行；"农村更像农村"是指农村规划应保持传统农耕文化和优美的田园风光，因为乡村比城镇拥有更高的环境质量。这一做法就很好地体现了城乡一体化发展中的城乡差别思想。

（三）规划要注重公众参与，增加透明度和适用性

城乡规划与居民的利益密切相关，所以强调规划制定过程中的公众参与十分必要。在城乡一体化规划制定的全过程推进公众参与，不仅可以提高规划的可执行性，而且会取得良好的效果。公众参与城乡规划有利于解决我国规划长期以来的随意性，增加透明度和适用性。

1965年，英国在政府设立的规划咨询小组（PAG）的报告中提出公众应该"参与"规划的想法。在报告的开头，规划咨询组设置了四个目标，第一个目标是"规划体系既作为执行规划政策的工具又作为公众参与规划过程的一种手段，应确保为其目标实施提供满意的服务"[1]。他们认为如果城镇规划的思想和实践没有公众的参与，在社会学上就显得很天真，由此也将带来

---

[1] ［英］尼格尔·泰勒,1945年后西方城市规划理论的流变[M].李白玉,陈贞译,中国建筑工业出版社,2015:83.

政治上的幼稚。但是公众参与也有一个程度问题,最初时,公众参与主要被看作进行更多的公众咨询,而不是公众积极地参与决策。美国学者谢里·阿恩斯坦认为公众参与是可多可少的。他设计了一个所谓的公众参与的"阶梯"这个梯子的各阶段象征着一系列"公众参与"的"概念分析"。可以看出,公众参与只是一个宏观的概念,如若要做到真正的参与,还需将权利向公民转移,并达到最大化,即"公民控制"。这些思想对于我国来说,有一定的借鉴作用,即不要将公众参与流于形式,而是要真正地落到实处。

中国公民的公众参与意识并不强,因此,首先,要增强公众参与城乡规划的意识。多种形式地对城乡规划进行宣传,尤其面向广大农村地区,普及城乡规划知识,并在不同阶段确定公众参与的不同内容。其次,健全公众参与城乡规划的组织机构。发展非政府组织,积极培植公众参与的代表层,一方面可以征集传达民意;另一方面可以在规划问题上与政府进行协商。最后,形成公众参与城乡规划的制度体系。只有有了制度保障,公众在参与城乡规划时才可能保障自身的合法权益,才能最终形成一种全社会共同参与的、自觉的力量。

(四) 规划要与法治相结合,增强权威性

面对目前城乡规划出现的随意性,我国城乡规划法规体系必须不断健全,使我国城乡规划工作真正做到有法可依,顺利走上法治的轨道。目前我国《城乡规划法》在功能定位上与城乡规划的功能混淆了,现行《城乡规划法》注重的是编制和实施,过分偏重行政管理,缺乏对改府规划主管部门的制约和对公众和其他组织的保护性规定,这缺陷大大降低了《城乡规划法》的实施效果,必须有本质性的转变和完善。所以需要修改《城乡规划法》的功能,向约束规划权力和保障相对人的权益角度侧重。同时严格城乡规划方案的修改制度,方案一旦制订,就具有稳定性,不能频繁修改。此外,对规划管理部门的权力也要有所限定。对于在规划方案中违反法律规定的、滥用规划权力的行为,要一律严惩,以示其权威性。

第二节　聚焦"农业",在科技兴农中实现农业的结构转变

一、马克思恩格斯关于农业问题的相关论述

马克思恩格斯在阐述资本主义城市大工业发展的同时,也对工业发展影响农业,从而引起传统农业的改造等做了深刻的论述。他们认为,资本主义工业化的发展,会使大批农民集结在城市,从而带来城市住宅紧缺、生存空间不足、环境污染严重等问题,与此同时也带来了精神方面的问题,从而导致这个阶级不能活得健康长久。恩格斯在《英国工人阶级状况》中描述了由于人口集中于城市带来的"城市病"以及阶级贫富分化产生的社会问题,"居民的肺得不到足够的氧气,结果肢体疲劳,精神萎靡,生命力减退""一切腐烂的肉类和蔬菜都散发着对健康绝对有害的臭气,而这些臭气又不能毫无阻挡地散出去,势必造成空气污染""给他们吃的食物是劣质的、掺假的和难消化的""疾病的原因还应当从精神上的不安和焦虑方面去寻找""一个生活在上述条件下并且连最必需的生活资料都如此匮乏的阶级,不可能保持健康,不可能活得长久。"[①] 为了避免这些问题的出现,恩格斯在《论住宅问题》中表达了他的观点,在农村进行大规模农业经营,可以让想要拥挤到城市的农民就留在农村中、利用先进的技术,从事工业劳动,这样对他们才是有利的。"现存的大地产将给我们提供一个良好的机会,让联合的劳动者来经营大规模的农业,只有在这种巨大规模下,才能应用切现代工具、机器等等,从而使小农明显地看到通过联合进行大规模经营的优越性。"[②] 而且马克

---

① 马克思恩格斯文集:第1卷[M].北京:人民出版社,2009.12(2011.4重印):409-413.
② 马克思恩格斯选集:第3卷[M].北京:人民出版社,1995.6(2008.11重印):220.

思在《论土地国有化》也提到资本主义是要达到日益增长的生产目的,为此就不能再用小型的农业生产,因为这样容易消耗掉各种东西,同时,现代化的技术手段也不利于使用。现在的情况是土地越来越少,而人口却越来越集中到城市,因而更需要实行大规模的土地经营。当然,"一切现代方法,如灌溉、排水、蒸汽犁型、化学处理等等,应当在农业中广泛采用"。① 资本主义向农业扩张,"使农业合理化第一次有可能按社会化方式经营,有利于生产力的发展,有利于社会关系的发展,有利于更高级的新形态的各种要素的创造"。② 目前,我们从发达国家农业发展状况来看,马克思恩格斯所做出的判断是正确的,这些国家整个农业生产率较高,原因就在于农业集约化程度高,农业实行大规模经营和现代科学技术。

一直以来,"三农"问题都是我国社会经济发展的短板和薄弱环节。当下必须进行农业发展方式的转变,将传统农业升级为现代农业。要想达到实现现代农业的目的,必须推动农业现代化。农业现代化指把现代先进的科学技术、现代优越的管理方法更多运用到农业中去,在农业生产经营的规模化、产业化、信息化上下功夫,从而提升农业生产效率和产品产出,最终提高农民收入。

二、乡村振兴背景下"农业"相关概念

(一)粮食

1. 粮食的概念

一直以来,粮食的概念众说纷纭,可以简单分为国内粮食概念和国外粮食概念,国内粮食概念又有广义和狭义之分。从国内粮食概念来看,《辞海》将粮食定义为供食用的薯类、豆类和谷物的统称,属于广义层面的粮食概

---

① 马克思恩格斯选集:第 3 卷[M].北京:人民出版社,1995.6(2008.11 重印):176.
② 资本论:第 3 卷[M].北京:人民出版社,1995:697.

念,与其对应的是中国国家统计局每年公布的粮食产量概念,我国国家统计局在"粮食产量"指标解释中提到,粮食产量的内涵包括谷物(小麦、玉米、大麦、谷子、高粱和稻谷等杂粮)、薯类(马铃薯和甘薯)和豆类(红小豆、绿豆和大豆等),共3类11个品种。从狭义层面看,粮食的概念主要是指谷物,包括高粱、大麦、小麦、玉米和稻谷等。国外粮食概念,以联合国粮食及农业组织为例,将粮食概念定义为谷物,主要包括麦类、豆类、粗粮类和稻谷类等。如此看来,我国狭义层面理解的粮食与国外粮食概念比较接近,但我国国家统计局统计粮食的概念较为宽泛。

2. 粮食的产量

我国粮食年产量逐年上升。(见表4-2)

表4-2 1993—2022年全国粮食产量汇总表

指标	2022年	2021年	2020年	2019年	2018年	2017年
粮食产量(万吨)	68 652.77	68 284.75	66 949.15	66 384.34	65 789.22	66 160.73
夏收粮食产量(万吨)	14 740	14 596	14 286	14 160	13 881.02	14 174.46
秋粮产量(万吨)	51 100	50 888	49 934	49 597	49 049.18	48 999.1
谷物产量(万吨)	63 324.34	63 275.69	61 674.28	61 369.73	61 003.58	61 520.54
豆类产量(万吨)	2 351.03	1 965.52	2 287.46	2 131.9	1 920.27	1 841.56
薯类产量(万吨)	2 977.39	3 043.54	2 987.41	2 882.72	2 865.37	2 798.62
指标	2016年	2015年	2014年	2013年	2012年	2011年
粮食产量(万吨)	66 043.51	66 060.27	63 964.83	63 048.2	61 222.62	58 849.33
夏收粮食产量(万吨)	14 050.16	14 074.94	13 587.52	13 112.33	12 939.98	12 529.47
秋粮产量(万吨)	48 890.78	48 778.09	47 134.25	46 660.07	45 052.75	43 130.1
谷物产量(万吨)	61 666.53	61 818.41	59 601.54	58 650.35	56 659.03	54 061.73
豆类产量(万吨)	1 650.66	1 512.52	1 564.52	1 542.4	1 680.64	1 863.3
薯类产量(万吨)	2 726.32	2 729.35	2 798.76	2 855.45	2 882.96	2 924.3

续　表

指标	2010 年	2009 年	2008 年	2007 年	2006 年	2005 年
粮食产量(万吨)	55 911.31	53 940.86	53 434.29	50 413.85	49 804.23	48 402.19
夏收粮食产量(万吨)	12 203.61	12 175.18	11 993.11	11 633.72	11 655.96	10 639.86
秋粮产量(万吨)	40 617.59	38 472.42	38 322.15	35 638.37	35 008.49	34 575.08
谷物产量(万吨)	51 196.75	49 243.35	48 569.44	45 962.96	45 099.24	42 776.01
豆类产量(万吨)	1 871.84	1 904.59	2 021.86	1 709.13	2 003.72	2 157.67
薯类产量(万吨)	2 842.72	2 792.92	2 842.98	2 741.76	2 701.26	3 468.51
指标	2004 年	2003 年	2002 年	2001 年	2000 年	1999 年
粮食产量(万吨)	46 946.95	43 069.53	45 705.75	45 263.67	46 217.52	50 838.58
夏收粮食产量(万吨)	10 114.31	9 637.61	9 861.33	10 173.4	10 679.27	11 850.25
秋粮产量(万吨)	33 611.17	30 483.67	32 815.45	31 690	31 786.35	34 891.67
谷物产量(万吨)	41 157.21	37 428.73	39 798.66	39 648.21	40 522.36	45 304.06
豆类产量(万吨)	2 232.07	2 127.51	2 241.22	2 052.81	2 010	1 893.96
薯类产量(万吨)	3 557.67	3 513.27	3 665.87	3 563.07	3 685.16	3 640.56
指标	1998 年	1997 年	1996 年	1995 年	1994 年	1993 年
粮食产量(万吨)	51 229.53	49 417.1	50 453.5	46 661.8	44 510.1	45 648.8
夏收粮食产量(万吨)	11 322.44	12 768.19	11 427.32	10 692.7	10 430.3	10 841.9
秋粮产量(万吨)	35 854.8	32 071.29	34 627.98	31 747.1	29 993.6	30 691.8
谷物产量(万吨)	45 624.72	44 349.31	45 127.14	41 611.6	39 389.1	40 517.4
豆类产量(万吨)	2 000.6	1 875.5	1 790.3	1 787.5	2 095.6	1 950.4
薯类产量(万吨)	3 604.21	3 192.29	3 536.03	3 262.6	3 025.4	3 181.1

(二) 土地

1. 土地

马克思指出"土地是一切生产和一切存在的源泉",土地是人类赖以生存和发展的重要物质基础,是支撑高质量发展、实现中国式现代化的重要保障。最早的土地概念,追根溯源要从"土"字和"地"字谈起。《说文解字》对"土"的解释为:"土者,吐也,即吐生万物之意"。关于"土壤",许慎在书中写道:"壤者,攘也,即松柔无块而宜于耕之土"。狭义的土地,仅指陆地部分;广义的土地,不仅包括陆地部分,而且还包括光、热、空气、海洋等。1975年,联合国发表的《土地评价纲要》对土地的定义是:"一片土地的地理学定义是指地球表面的一个特定地区,其特性包含着此地面以上和以下垂直的生物圈中一切比较稳定或周期循环的要素,如大气、土壤、水文、动植物密度,人类过去和现在活动及相互作用的结果,对人类和将来的土地利用都会产生深远影响。"2021年修订的《中华人民共和国土地管理法》里对土地的理解为:"土地是与人类生存和发展最息息相关的物质基础,包括耕地、林地、草地、农田水利用地通好养殖用地更好城乡住宅和公共设施用地更好工矿用地更好交通水利设施用地、旅游用地更好军事设施用地等,具有有限性更好不可替代性、永久性更好不可移动性等基本特征"。①

2. 土地的两权分离:所有权和使用权(承包经营权)

在土地的所有权方面,我国的土地实行的是社会主义公有制,包括全民所有制和劳动群众集体所有制,即国有土地和集体所有土地。农民群众长期在伟大实践中,逐渐探索出土地的所有权和使用权可以分离的模式。1978年,我国实行的家庭联产承包责任制,即土地集体所有和家庭承包经营相结合,实现了农村土地所有权和承包经营权的"两权"分离。1979年,国务院发布《中外合资经营企业法》规定,中方企业可以以场地使用权作为股权出资或象征性地收取场地使用费的形式设立中外合资企业,探索出城市土地所有权和使用权分离模式。1982年宪法规定"城市土地使用权可以依法转让"。1988年修订的土地管理法国有土地和集体所有土地的使用权可以依法转让,这标志着法律层面土地所有权和使用权的正式分离。土地所有权和使用权的分离,创建了以市场作为土地配置手段的新模式。

国有土地依法确定给单位或个人使用有两种方式,一种是土地划拨,另一种是土地使用权出让。根据《城镇国有土地使用权出让和转让暂行条例》规定,以出让方式有偿取得的土地使用权可以依法转让、出租、抵押或继承;

---

① 中华人民共和国土地管理法[M].北京:中国法制出版社,2021(10):2.

除法定的特殊情况外,以土地划拨方式无偿取得的土地使用权不能进入市场交易或流转。农民集体所有的土地依法属于村农民集体所有或村内两个以上集体经济组织或乡农民集体所有的,分别由各自经营和管理。

3. 土地的"三权"分置:所有权、承包权和经营权

随着现代化进程的推进,城镇化和工业化加速,第二产业和第三产业迅猛发展,第一产业在国民经济中的比重不断下降,大批富余的劳动力从第一产业向第二第三产业转移,离开土地、走向城市、走进工厂,这便带来了一个问题,土地由谁来耕种?于是农民群众再次进行伟大探索,"土地流转"概念应运而生,原来的土地使用权(承包经营权)变成承包权和经营权,完成了从"'两权'分离"向"'三权'分置"的伟大转变。土地的使用权(承包经营权)被发展为两种权利,承包权和经营权。"'三权'分置"的核心要义在于放活经营权,是农村基本经营制度的又一次创新,进一步解放了生产力。(见图4-1)

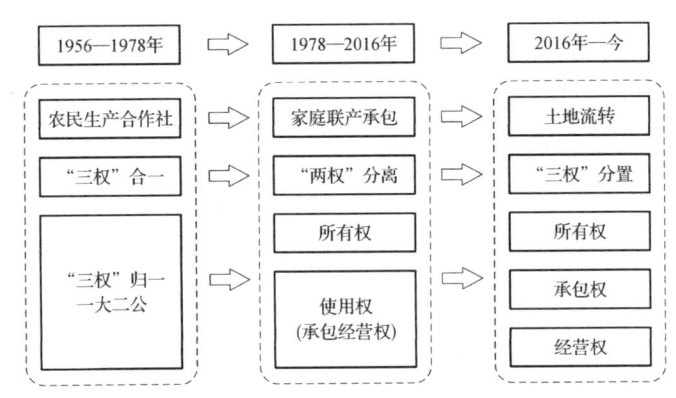

1956—1978年	1978—2016年	2016年—今
农民生产合作社	家庭联产承包	土地流转
"三权"合一	"两权"分离	"三权"分置
"三权"归一—一大二公	所有权	所有权
	使用权(承包经营权)	承包权
		经营权

图4-1　土地从"'三权'合一"到"'两权'分离"再到"'三权'分置"

4. 土地的用途和功能

根据《土地管理法》,土地分为农用地,建设用地和未利用地。农用地主要包括耕地、林地、草地、农田水利用地、养殖水面等;建设用地主要指城乡住宅和公共设施用地、工矿用地、交通水利设施用地、旅游用地、军事设施用地等;农用地和建设用地以外的土地属于未利用土地。(见表4-3)

土地一般具有四个方面的功能:一是生物质的生产功能;二是城乡环境

的调节、净化、循环、缓冲等生态服务功能;三是维持农民的基本生计功能服务;四是支撑城市社会经济发展和基础设施建设的空间需求。

表4-3 土地用途类型

土地	农用地	耕地
		林地
		草地
		农田水利用地
		养殖水面
	建设用地	城乡住宅和公共设施用地
		工矿用地
		交通水利设施用地
		旅游用地
		军事设施用地
	未利用地	农用地和建设用地以外的土地

5. 土地利用总体规划

为了避免土地及其他资源的浪费,土地的开发、保护和建设活动应当做好顶层设计,坚持规划先行,科学合理制定规划。土地利用总体规划是指在一定区域内,根据国家社会经济可持续发展的要求和当地自然、经济、社会条件,对土地的开发、利用、治理、保护在空间上、时间上所作的总体安排和布局。土地利用总体规划是国土空间体系的重要组成内容,是国家实行土地用途管制、保护土地资源,统筹各类土地利用活动的重要基础和依据。

三、乡村振兴背景下"农业"现代化的建议

(一)农业经营方式由分散经营向适度规模经营转变

目前,我国农业发展方式的转变,主要是基于农民向城镇转移后,出现大

批空闲耕地,因此得以将一家一户的分散耕地联合起来,向规模经营主体流转,转变为适度规模的专业化经营,从根本上提高农业劳动生产率和农民的经济效益。这就需要在坚持农村基本经营制度的基础上促进农业经营方式创新,形成多层次、多形式、多元化的经营方式,提高农业组织化程度,引领农户到农业社会化专业化、商品化的发展轨道上来。这是类似于美国规模化经营的大农经济,在有条件的地区,建设具有一定规模的农场,使用程度较高的机械化、产业化运作,提高农业的综合生产能力,从而使农民获得较高收益。这需要满足以下几个条件:一是明晰农村土地产权,使土地可以自由交易。农村土地归集体所有,农民只有使用权,应在现有集体所有制的基础上尽量给予农民对土地的处置权,为土地自由流转创造有利的制度环境。党的十八大报告中指出,"在坚持和完善最严格的耕地保护制度前提下,赋予农民对承包地占有、使用、收益、流转及承包经营权抵押、担保权能允许农民以承包经营权入股发展农业产业化经营。鼓励承包经营权在公开市场上向专业大户、家庭农场、农民合作社、农业企业流转,发展多种形式规模经营"。二是建立农村产权流转交易市场,规范土地流转制度,推动农村产权流转交易公开、公正、规范运行。使土地在流转过程中流转双方的权益得到保护。三是加大对农业在资金、技术和保障方面的支持。农业规模经营需要大量的资金用于流转土地,如机械设备、农业材料等。而普通农民无力承担所以政府在资金方面的扶持与帮助尤为重要。除此之外,技术上的支持必不可少。原本农村在这一块就是弱项,而规模化经营是一定要有技术作为支撑的,所以怎样把最新的技术传递给农民,转化为实际的生产力,政府也要充分发挥其引导功能。当然,由于很多地方规模经营都在起步阶段,所以要建立和完善风险保障制度。尽量降低经营风险,保障经营主体的权益,推动规模经营健康稳步发展。

(二) 农业结构由传统农业向现代产业体系转变

当前,我们要做大做强农业产业,保障粮食安全,优化农产品布局规划,推进农业结构调整,加快形成具有特色和优势的农产品产业带。农业产业化指的是以资源开发为基础,产供销为一体的经营原则,对农村经济的主导产业产品实行多层次、多元化的优化组合,发展各具特色的产业体系。在不适宜大规模机械化耕作的地方,可以尝试因地制宜搞特色,走特色农业道路。在农业的功能性方面找突破,在传统功能外,侧重发展绿色农业、生态农业、农家乐、传承文化农业等,同样可以使农业结构升级转化,也是一条符合我国农业发展的现代农业道路。

首先,在产业选择上,大力发展特色农业。开发当地具有优势的农业资源,形成独具特色且有竞争力的产业,如特色农产品加工业、特色农业服务业等。发展特色农业,一要做到因地制宜、合理布局。既要利用好当地的农业资源又不能破坏生态环境。二要突出"特色"二字。发展特色农业切忌盲目追求大而全,重点是以资源优势为依托,整体考虑当地产业基础、市场条件等因素,发展具有特色的优势产业。三要培育特色市场。特色市场是特色农业链中最重要的一环,要选择性建设与特色农业相关的、市场网络和市场功能齐全的特色市场,使其成为特色农业的重要依托。

其次,在经营体系上,要建立现代农业产业化经营体系。一是建立农业产业化经营体系有利于产业链条的不断延伸,推动农业的多元化产业形态的形成和产业体系的多功能化。二是在产业发展过程中,可以大力发展专业合作社,发挥农业合作社的桥梁作用,使产前、产中、产后做到无缝链接,逐步实现现代化。

最后,在技术方面,建立农业产业技术体系。一是这一体系为农业发展方式转变提供了科技支撑,依靠科技进步来提升农业产业的竞争和效益。二是要解决农民的技术和农业科技的对接问题。三是要大力推进农业科技研发和推广紧密结合,提高农业的科技创新能力和效率。

优化农业产业结构,推进农业结构性改革,树立大农业观念,务必要守住粮食安全底线,真正形成结构更合理、保障更有力的农产品有效供给,真正培育起适合我国国情的现代农业产业体系。

(三)农业生产由靠天收向科技兴农转变

现代农业的重要标志是农业科技化和信息化发展,这也成为加快转变农业发展方式的重要条件之一。要坚定不移地用科技改造农业,加快推进农业信息化进程,提高农业科技进步贡献率,抢占农业竞争制高点,形成有保障的、稳定的农业综合生产能力。

党的二十大报告提出要"建成现代化经济体系,形成新发展格局,基本实现新型工业化、信息化、城镇化、农业现代化"。"信息化"提至国家发展战略的高度,是缘于知识经济时代,信息已然成为一种重要的生产力,农业实现信息化是农业现代化的重要标志。农业信息化是指在农业领域广泛应用信息技术,信息网络、数字化技术以及更为先进的信息技术装备全方位渗透到农业的过程,体现在农业生产、农业经营、农业管理、农业服务、农村社会生活等方面。在我国全面建成小康社会的关键时期,农业信息化将成为农业现代化的重要推动力量。通过农业信息化建设,实现传统农业向现代农业的跨越式发展,对缩小城乡差距、增加农民收入具有重要作用。

农业信息化需要注意几个方面:一是注重城乡无差别的信息化基础设施覆盖。以往我国政策和思维定式是重城市、轻农村,这在信息化基础设施建设中也有明显的表现,这将会制约农业现代化的进一步发展。因而,党中央和政府有必要调整思维,在政策方面加大对农村的投入,补齐农村信息化基础设施滞后的短板。二是提升农业信息化服务层级。使信息技术和农业设备深度融合,促使农业生产方式向"智能农业""精准农业"迈进,有利于激发农业生产的潜力。三是利用市场机制提升农业信息化水平。农业信息化各种工作的展开主要由市场起决定作用,按照市场规则,发挥市场功效提升信息化水平。政府只是起一个引导和基础作用,这个位置一定要摆正。四是加强培训农民的信息化知识和技能。在信息时代,现代农民必须具备掌握和使用信息技术的能力。在这方面,我国农村居民还很欠缺,他们接触信息的渠道少,对信息设备的运用往往无从下手,这也提醒我们要加紧在农村开展信息化培训。我们可以通过社会教育、线上教育、专题培训等多种方式,全方位地普及信息化的相关知识和技能,为信息化的全面推进打好基础。

四、新时代"藏粮于技"如何助力"端牢中国饭碗"

"民以食为天",粮食安全是关乎民生和国家安全的头等大事。改革开放以来,在中国特色社会主义道路上,我国取得"经济快速发展"和"社会长期稳定"两大奇迹,这两大奇迹都建立在粮食安全基础之上。中国特色社会主义进入新时代,在从"全面建成小康社会"向"社会主义现代化强国"迈进的征途中,面临"百年未有之大变局",社会发展的内部条件和外部环境都发生着深刻复杂的变化,要想行稳致远,实现民族伟大复兴,必须确保国家粮食安全。习近平总书记十分重视粮食安全问题,多次强调,"牢牢把握粮食安全主动权""中国碗主要装中国粮""端牢中国饭碗要藏粮于地,藏粮于技"。

(一)有限耕地养育巨量人口,资源环境承载巨大压力

我国以占世界9%的耕地、6%的淡水资源,养育了世界近20%的人口,资源环境承载巨大压力,粮食安全面临诸多挑战。一是全国耕地总面积仍在减少,且耕地质量不高。部分地区存在水土流失、土壤污染和肥力下降等问题,耕地质量偏低成为制约粮食产量提高的重要因素。二是粮食供需处于吃紧状态。2021年我国粮食产量取得"十八联丰",但是依然有16 122万吨的进口逆差,突出表现在玉米和大豆等饲料粮上,且有进一步扩大趋势。三是由于全球气候变暖引发的减产问题。气候变暖导致突发性极端天气频率增高,干旱、旱涝等灾害严重影响粮食产量;气温升高同时导致病虫害范围扩大,对粮食生产的稳定性构成极大威胁。四是农业科技支撑能力有待进一步加强。截至2021年,我国农业科技进步贡献率已从2005年的48.0%增加到2021年61.0%,但是与美德等发达国家在经费投入和创新能力方面还有不小差距。因此,在"确保耕地面积、提升耕地质量"的前提下,不断提升科技对农业的科技贡献率,"藏粮于技"是实现粮食安全的必由之路,具体来看,可以从以下三个方面入手。

（二）严守永久基本农田，建设高标准农田

保障国家粮食安全的根本在耕地，党的二十大再次强调"全方位夯实粮食安全根基，牢牢守住十八亿亩耕地红线，确保中国人的饭碗牢牢端在自己手中"。然而，受全球气候变暖影响，极端天气频率增多、强度增强，给粮食安全带来极大挑战。为了应对极端天气的影响，实现"旱涝保收、高产稳产"，在严守永久基本农田的基础上，要建设建好高标准农田。

根据2021年9月国务院批复同意的《全国高标准农田建设规划（2021—2030年）》，到2030年要累计建成高标准农田12亿亩，累计改造提升高标准农田2.8亿亩。建设高标准农田，要充分依靠科技创新，一是通过土壤修复和改良，保持肥力；二是提高节水灌溉设备和技术供给水平，提高水资源利用率；三是提升农业机械化和智能化水平，奠定现代农业物质条件基础；四是加强农业病虫害技术攻关，不断提升抗风险能力；五是加强大数据、人工智能和物联网等现代信息技术在农业领域的运用，建设数字农业，增强综合管理、监测预警和供销调控能力；六是增强政府政策间的协调性，构建政策联动机制，发挥好管理这个"软科学"的重要作用。

（三）突破卡脖子技术，打好种业翻身仗

"农业现代化，种子是基础""种子是农业的'芯片'""没有良种难以实现农业现代化"，近些年，习近平总书记在谈到粮食安全问题时，总会提到种子安全。农业安全缺少了种源的自主可控，就像"无源之水，无本之木"，因此必须开展种源"卡脖子"技术攻关，打好种业翻身仗。

结合生物育种科技创新体系的构建，打好种业翻身仗，可以从以下几个方面入手：一是加强农业生物育种科技攻关体系建设，形成完善的种质资源搜集、利用和创新体系。建设生物育种方面的国家（重点）实验室和技术创新中心，启动生物育种重大项目，扩大国家级育制种基地，加快建成一批品类齐全、储备丰富的种质资源库，形成一批有国际竞争力的种质和基因资源，培育一批全球领先的优良品种。2022年4月，我国新增了116个国家级

制种大县和区域性良种繁育基地,将国家级育制种基地扩展至216个。二是打造具有国际竞争力的种业领军企业,与高校和科研院所深度合作,形成高效协同创新生态,积极开展重大科技成果转化应用,建设融通创新商业体系。三是构建政府宏观调控体系,将政府顶层设计与市场在资源配置中的决定性相结合,做好政策供给、过程监测与调控,确保打赢种业翻身仗。2014年政府提出了转基因生物育种技术产业化三步走的路线图,即从非食用(如棉花)到间接食用(如玉米和大豆)再到直接食用(如小麦和水稻)逐渐实现产业化。2022年1月出台的《农业农村部关于修改〈农业转基因生物安全评价管理办法〉等规章的决定》,为有序推进生物育种技术产业化应用做了政策上的准备。

(四) 布局未来食品科技,开发食物来源增长极

如果"建设高标准农田"和"打好种业翻身仗"还是基于土地和农产品来保障粮食安全的话,布局未来食品则可能从科技层面颠覆了人们对传统食品概念的认知。未来食品是利用系统生物学、合成生物学、感知科学、营养科学、物联网、人工智能、增材制造等前沿理论和技术创造出来的,与未来生产方法和生活方式相适应的新型食品。以微生物源蛋白肉(人造肉)为例,微生物源蛋白较动物源和植物源蛋白的生产效率分别高出500—1 000倍和10—100倍,水资源消耗减少70%—90%,温室气体排放减少60%—90%,能源消耗减少30%—50%,且微生物源蛋白的必需氨基酸含量远超植物基蛋白,但是,目前未来食品在质构、口感、风味等方面与真实肉制品还有一定差距,有待进一步技术攻关。不过,未来食品一方面超越了传统食品对耕地的需求,另一方面提高了食物生产效率,为解决巨量人口食品来源问题提供了一条卓有成效的路径。

2021年9月,中国科学院研究团队通过"光能——电能——化学能"的能量转变,构建了从二氧化碳人工合成淀粉的途径,实验室仅需要几个小时就可以完成农作物需要几个月的淀粉合成过程。未来,基于科技创新的植物工厂、藻类工厂、细胞工厂、人工合成等新型食物生产方将会迅速发展,高效生产粮食、蔬菜、肉、淀粉、油脂、蛋白质和功能性营养素等食品和组分。

虽然我国食品领域发展迅速,但是还存在着引领型基础研究少、领跑技术比例小、装备自主创新能力低、加工增值和资源利用不足、食品毒害物侦测国外依赖度高等问题。因此,进一步提升未来食品科技的战略地位,通过开展有组织的科研推动未来食品科技创新,培育国家战略科技力量,成为"藏粮于技"的重要内容之一。

第三节 聚焦"农村",在城镇化进程中实现农村的全面振兴

一、马克思恩格斯关于"农村"问题的相关论述

马克思恩格斯从生产力与生产关系的发展中分析社会关系中的经济活动,对于城乡发展的变化也是如此。他们认为,城市从农村中孕育产生,城市从属于农村,是生产力发展的结果。资本主义时期,形成的农村从属于城市的城乡关系,也是生产力发展尤其是工业发展所致。优越的工业生产方式使农村各种生产要素流向城市,城市繁荣,农村衰落,城乡差距加大。马克思恩格斯认为城乡间的差距是社会生产力发展过程中的必然体现,也是社会向前发展的一种推动力。因此,马克思指出:"我不仅把大工业看作是对抗的根源,而且也看作是解决这些对抗所必需的物质条件和精神条件的创造者。"①这告诉我们,大工业的进一步发展,通过城市已有的优势,带动辐射农村,使其由落后走向繁荣,从而实现社会城乡一体跨越发展。一些发达的国家如美国的城乡一体化发展经验印证了这一观点。美国早在1920年城市人口就超过了农村人口,之后经历了工业化后期的城市化,现在已初步

---

① 马克思恩格斯.马克思恩格斯全集(第32卷)[M].人民出版社,1974:528.

实现了城乡一体化。在前文中,我们回顾了城乡关系演变的几个阶段:城乡分离阶段、城市统治乡村和城乡对立阶段、城市反哺乡村和城乡一体融合阶段。通过观察世界上城乡发展比较好的发达国家和地区的情况,发现城市化的发展水平与城乡和谐"双赢"局面是成正比的。城市化水平越低,城乡二元的矛盾和社会问题就越突出,城市化水平越高,城乡之间的差距就越小,城乡一体化的格局就越容易形成。当前,中国城镇化率已超过50%开始进入城乡一体化和融合的新阶段。这一阶段,必须以城市化为引领,逐步缩小城乡差距,推动城乡融合发展。

二、乡村振兴背景下"农村"相关概念

(一)农村

从地域上来看,农村以从事农业生产为主的劳动者聚居的地方。从马克思主义理论的视角来看,农村是生产力发展到一定阶段的产物,在生产力高度发达的未来社会中,城市与农村的本质差别将消失。从统计口径上看,国外有对农村人口数量的规定,如美国1950年以前规定,人口在2 500人以下,没有组成自治单位的算作农村;1950年以后规定,无论是否组成资质单位,人口在2 500人以下或每平方英里1 500人以下的都属于农村。欧洲一般将2 000人以下的居住地看作农村。我国没有专门规定对农村的统计口径,但是规定了镇和市的统计口径。农村主要相对于城市"城镇"而言,环境更好,生活压力更低。

(二)城市(城镇)

与农村相对,城市(城镇)是人口较为集中的聚居地。城市(城镇)可以被定义为一个永久的、人口稠密的地方,具有行政界定的边界,其成员主要从事非农业任务。城市通常拥有广泛的住房、交通、卫生、公用事业、土地使用、商品生产和通信系统。根据《关于调整城市规模划分标准的通知》,我国以城区常住人口未统计口径,将城市分为五档七类。(见表4-4)

表 4-4　我国城市规模划分标准

序号	常住人口	类型	常住人口	类型
1	50 万以下	小城市	20 万以下	Ⅱ型小城市
			20—50 万	Ⅰ型小城市
2	50—100 万	中等城市		
3	100—500 万	大城市	100—300 万	Ⅱ型大城市
			300—500 万	Ⅰ型大城市
4	500—1 000 万	特大城市		
5	1 000 万以上	超大城市		

（三）城镇化

城镇化是指农村人口转化为城镇人口的过程，国外一般成为"城市化"，我国国情特殊多称作"城镇化"。反映城镇化水平高低的一个重要指标为城镇化率，城镇化率一般有两种统计口径，一种是常住人口的城镇化率，即一个地区常住于城镇的人口占该地区总人口的比例；一种是户籍人口的城镇化率，即一个地区城镇户籍人口占该地区总人口的比例。我国国家统计局使用的统计口径是常住人口的城镇化率。城镇化是人口持续向城镇集聚的过程，是世界各国工业化进程中必然经历的历史阶段。当前，世界城镇化水平已超过 50%，有一半以上的人口居住在城市。根据国家统计局数据显示，我国 2022 年城镇化率已达到 65.22%，但是 2022 年我国户籍城镇化率只有 47.7%，因此，农民工的市民化转变成为城镇化工作的重点。

三、如何理解城乡融合发展

（一）城镇化与城乡融合发展之间的关系

城镇化是农业人口不断转化为城镇人口，第二、第三产业不断向城镇聚集。城镇数量和规模扩大,同时城市文明、生活方式和价值观也向外扩散和传播的过程。城乡融合发展是城市与乡村走向一体、融合的过程,是社会经济发展的必经阶段。城乡融合发展的实现,意味着城市与乡村在经济、社会、文化、环保、空间等方面达到充分融合,城乡居民在不同地方共享同等的生活条件,城乡居民拥有相同的生活品质和平等的发展机会。由此概念可以得出,城镇化和城乡融合发展二者互相影响,相互促进,共同发展。城镇化是城乡融合发展的前提,城镇化发展水平越高,越能促进城乡融合的发展进程。通过城镇化的发展,城市人口规模扩大,城市建设水平提高,农业人口市民化,最终达到城乡融合。城乡融合速度变快了、又会促进城镇化向前发展。随着城乡融合的发展,生产要素狂城乡之间自由流动,城市和乡村关系越来越紧密,城乡之间的差距越来越小,城市化的水平就会越高。反过来城市化不发展,城乡融合就缺乏动力支撑,甚至可能出现"逆城市化"。所以从长远来看,城乡融合要在城市化的发展中实现。未来一段时期,城市化建设会创造巨大的消费需求和投资需求,是促进中国经济持续增长的动力。因此,推动城乡融合发展,有效解决城乡差距扩大问题,必须重视城市化的发展。同时,我们也要明白城市化又不同于城乡融合,城市化主要解决的是发展问题,城乡融合则更多关注公平问题,但二者的共同目的都是为了促进城市和农村的发展,保障城市居民和农村居民的权益。

(二) 正确理解城乡融合发展

城乡融合发展不等于城乡一样化,不等于"去农村化"。即城乡融合发展并非要消灭农村,把农村全部改变成城市,也不是把所有农民都转移到城市中去。我们应该明白乡村和城市一样,都是人类生存的空间,相当长的时期内是不会消失的。农村和农业不仅肩负着粮食安全和生态平衡的重任,而且为城市居民提供了重要的休闲和生态空间,所以农村才是城乡融合发展的根本依托。应该给予农村和城市同等的关注,而不能顾"城"失"村"。结合国际经验和中国国情,中国城镇化率的饱和度大约在85%。这意味着即使将来城镇化达到这一程度,仍有相当数量的农民还会在农村生活。

因而在推动城乡融合的过程中,我们仍然要加大对农村的投入,"农村不能成为荒芜的农村、留守的农村、记忆中的故园",要让农村成为安居乐业的美丽家园。所以,城乡融合是在保存城市和农村各自特征的前提下,消除由于城乡二元结构而导致的城乡居民在社会保障、公共服务、福利待遇等方面的差距,消除城市和乡村在经济社会发展上的差距,从而保障农村与城市在现代化进程中的同步发展,保障农村居民拥有和城市居民平等的发展权和改革成果的共享权。在城市化程度较高的一些发达国家,乡村不仅是一道美丽的景观,也是工业生产和社会进步的重要组成部分。乡村和城市和谐相处,融为一体。通过城乡差异发展,实现城市让生活更美好,农村让城市更向往。总之,城市和乡村如同中国社会经济发展的两翼,唯有二者都宜居,才可能释放出巨大的包容性和发展潜力,唯有两翼都丰满,中国经济才能持续发展。

四、乡村振兴背景下"农村"繁荣发展的建议

十七届三中全会提出"工业反哺农业、城市支持农村和多予少取放活"的方针;党的十八大提出构建"以工促农、以城带乡、工农互惠、城乡一体的新型工农、城乡关系";党的十九大提出"要坚持农业农村优先发展,按照产业兴旺、生态宜居、乡风文明、治理有效、生活富裕的总要求,建立健全城乡融合发展体制机制和政策体系,加快推进农业农村现代化";党的二十大提出"坚持农业农村优先发展,坚持城乡融合发展,畅通城乡要素流动"。可见,党中央已认识到实现城乡融合发展,必须坚持以城带乡,彻底纠正过去那种牺牲农村、忽视农村的城镇化老路,坚定不移地走城市反哺农村的新型城镇化道路。这就要求发挥城市的辐射带动作用,发挥城市对生产要素的集聚和整合功能,在更高的起点上提高城乡融合发展水平。以城带乡是实现城乡融合发展的重要途径。具体说就是要利用城市在要素市场、产业发展、社会事业、基础设施和公共服务上已形成的优势,带动农村发展。

（一）加强城乡生产要素市场建设，以城带乡，实现融合发展

土地、劳动力、资金、信息、技术等生产要素的结合程度，决定了经济发展的水平。因此生产要素如果能够在城乡之间得到合理的配置，就会对城乡融合发展的广度和深度起到很大的作用。很显然，城市在资金、技术、信息要素上有明显的优势，而土地、劳动力要素在农村占优势。过去城乡之间差距拉大、发展不平衡，究其原因在于城乡二元体制阻断了城市资金、信息、技术与农村土地、劳动力的自由流动和结合。因此，今后的发展必须破除阻隔城乡的壁垒，建立城乡一体的金融市场、信息及技术市场、土地市场和劳动力市场，使生产要素在城乡间按市场机制配置，从而实现自由流动。实际上这是城乡的各种资源在全国范围内重新配置的市场化行为，是以城带乡，实现城乡融合发展的需要。

（二）推动城乡产业衔接发展，形成产业发展上的以城带乡

目前，产业衔接融合已经成为产业发展的新趋势，它是在技术创新或制度创新的基础上形成的一种产业边界模糊化和发展融合的现象。通过产业重组，使产业功能升级，引发城乡产业形态、组织方式等的重大变化。推动城乡产业衔接发展首先仍然是破除城乡二元结构壁垒，实现城乡互通，采取多种方式实现城乡产业融合，如股份制形式；其次是要使城市产业和产业链延伸至农业和农村，从而带动农村产业发展；最后是城乡产业要合理布局，产业发展要考虑产业的规模、布局类型、产业就业吸纳能力，城乡产业互补，实现城市产业带动农村产业发展。

（三）推进城乡社会事业融合，实现社会事业发展上的以城带乡

积极推进城乡社会事业融合，实现社会事业发展上的以城带乡。一方面必须改变目前社会事业资源配置在城市居多而乡村较少的格局，只有城乡均衡配置社会事业资源，才能推动农村社会事业健康发展；另一方面还要

注意到优质社会事业资源向农村倾斜,以满足农村在这方面资源总量不足的现状,让农村居民也可以享受到优质社会事业资源提供的服务,全方位缩小城乡社会事业发展差距。不断优化整合城乡社会事业融合,使城乡间的形态和发展面貌进一步拉近。

(四)推动城市基础设施向农村延伸,实现基础设施以城带乡

推动城市基础设施向农村延伸,牢固树立"城乡一盘棋"的思想,统筹发展城市和农村基础设施建设,积极推动基础设施向农村覆盖延伸。以往诸如电信、交通、运输等大量基础设施和公用设施资源都集中在城市,农村在这些方面被忽视,被边缘化,重城市、轻农村的观念,致使长期以来农村基础设施建设远远落后于城市。也由于城乡二元结构的制约,城市基础设施难以向农村延伸,当然农村就无法与城市共享基础设施带来的便利。以城带乡,实现基础设施建设上的融合,首先,要打破二元结构,营造一个城市基础设施向农村延伸的畅通环境,提升农村积聚基础设施的能力;其次,通过城镇化建设与发展,通过各种方式积极推进城市基础设施向农村延伸;最后,以新农村建设的社区和重点村为中心,推进农村基础设施和公用设施建设,逐步与城市对接,彻底改变农村基础设施和公用设施落后的局面。

(五)推动城乡公共服务融合,在创新体制机制的基础上实现以城带乡

城市聚集着数量众多且优质的公共服务资源,而且有着较完备的城市公共服务平台,同时,在公共服务管理方面,也积累了许多经验。充分的公共服务资源,为城市居民提供了种类繁多、形式多样的公共服务,这与农村相比差异巨大。所以推动城乡公共服务融合,实现以城带乡发展,第一步就是要让城乡公共服务资源达到均衡配置,解决农村公共服务资源短缺的问题;第二步要通过相关的制度政策,鼓励城市的优质资源与农村公共服务资源融合,在拥有资源的基础上,再提高农村公共服务质量;第三步是国家要把侧重点向农村倾斜,从资金、机构发展、队伍建设等方面完善农村公共服

务平台,使其自力更生,自我发展,能够为农民提供相应的公共服务。要说明的是,在这一过程中,可能开始时要发挥城市的引领作用,但是从长远来看,城乡公共服务平台和资源,最终会走向融合。

第四节 聚焦"农民",在身份转变中实现农民的全面发展

一、马克思恩格斯关于"农民"问题的相关论述

对于在乡村生活的农民来说,面对的主要是"隔绝和分散"的生活,城乡之间的分工和对立,使这种生活持续下去。恩格斯在《英国状况》中曾指出,英国的土地占有阶级有三个:一个是贵族大地主,一个是非贵族大地主,一个是自耕农。与自耕农同时存在的是小租佃者,"大租佃者的竞争把小租佃者和自耕农从市场上排挤出去,使他们穷困潦倒;于是他们就变成雇农和靠工资生活的织工,这些人大批流入城市,使城市以极其惊人的速度扩大起来"。① 科学与实践相结合,带来了科技革命和社会革命,提高了生产力,改变了社会存在的形式。随着城市化和工业化进程的加快,农民作为农业最重要的"堡垒"也被农业工业化进程历史性地攻破了,彻底转化为资本的对立面———雇佣工人,逐渐演变成为推动社会变革的主导力量。

不管是农民还是产业工人,在生产力尚未达到一定发达程度时,均处于异化状态。"一个民族内部的分工,首先引起工商业同农业劳动的分离,从而也引起城乡的分离和城乡利益的对立"。② 与分工同时出现的还有"分配",而且是不平等的分配,进而产生了"所有制"。"只要分工还不是出于自

---

① 马克思恩格斯选集:第 1 卷[M].北京:人民出版社,1995.6(2008.11 重印):26.
② 马克思恩格斯选集:第 1 卷[M].北京:人民出版社,1995.6(2008.11 重印):68.

愿，而是自然形成的，那么人本身的活动对人来说就成为一种异己的、同他对立的力量，这种力量压迫着人，而不是人驾驭着这种力量"。^① 在生产力高度发达之前，人们很难摆脱这种异化状态。

马克思恩格斯还谈到了农民的分散性和无组织性问题，指出"中世纪所有的大规模起义都是从乡村爆发起来的，但是由于农民的分散性和由此带来的不成熟，是这些起义毫无结果"^②"便是由一些同名数相加形成的，好像一袋马铃薯是由袋中的一个个马铃薯所集成的那样"。我们的任务就是把他们组织起来，发展生产力，"经济发展将使这些顽固脑袋也能变得明智"。^③

在谈到对待小农问题时，马克思恩格斯认为，他们所指的小农，是指小块土地所有者或租佃者，这块土地的大小"既不大于他以全家的力量通常所能耕种的限度，也不小于足以养活他的家人的限度"。随着资本主义大工业的发展，这种小农同过时的生产方式一样，注定要走向灭亡。由于小农所处的经济地位、所受的教育和封闭的生活方式所带来的偏见，"只有向小农群众作出一些明知不能兑现的许诺，才能于朝夕之间把他们争取过来"。等夺取政权之后，"我们绝不会考虑用暴力去剥夺小农""我们对小农的任务，首先是把他们的私人生产和私人占有变为合作社的生产和占有，不是采用暴力，而是通过示范和为此提供社会帮助"。^④

在共产主义社会，将会出现一种全新的生产组织形式，"生产劳动给每个人提供全面发展和表现自己全部的即体力的和脑力的能力的机会"，工人在社会分工中的流动性与自由变换的可能性及其要求"尽可能多方面的发展"等不仅可能，而且成为社会化大生产的内在要求与普遍规律。"适应于不断变动的劳动需求而可以随意支配的人"与"把不同社会职能当作互相交替的活动方式的全面发展的个人"被大工业塑造出来了。^⑤

---

① 马克思恩格斯选集：第 1 卷[M]. 北京：人民出版社，1995.6(2008.11 重印)：85.
② 马克思恩格斯选集：第 1 卷[M]. 北京：人民出版社，1995.6(2008.11 重印)：106.
③ 马克思恩格斯选集：第 4 卷[M]. 北京：人民出版社，1995.6(2008.11 重印)：503.
④ 马克思恩格斯选集：第 4 卷[M]. 北京：人民出版社，1995.6(2008.11 重印)：498.
⑤ 林密. 马克思视域中的城乡不平衡发展及其超越——以《资本论》为中心的再考察[J]. 厦门大学学报(哲学社会科学版)，2020，(01)：34-42.

二、乡村振兴背景下"农民"相关概念

（一）农民

农民指长时期从事农业生产的人。对于农民的理解，不同人群不同时间不同地区都有不同的理解，因此，农民具有时间维度、空间维度、价值维度、领域维度的特性。从时间维度来看，不同历史时期的农民地位和价值有所不同；从空间维度来看，不同国家和地区的农民生活条件具有巨大差异；从价值维度来看，不同价值观取向对于农民发展的态度不同；从领域维度来看，不同学科领域在解决农民问题上的方法和视角都存在较大差异。中国古代社会有"士农工商"一说，说明农民在古代社会的地位较高；国外也存在重农主义和重商主义的区别；新中国成立以来，由于城乡二元结构问题，农民成为贫穷落后的群体代表，随着乡村振兴的推进，城乡融合的发展，农民在总人口中的占比将会越来越少，其经济水平也会越来越高，渐渐成为一种职业。

（二）职业农民

职业农民是指以农业为职业、具有相应的专业技能、收入主要来自农业生产经营并达到相当水平的现代农业从业者。由于生产力的提高，农业机械广泛使用和农业科技的快速发展，农业的劳动力需求将会进一步减少，随着土地流转的进一步推进，我国将会出现越来越多的职业农民，为富余劳动力向城市居民转变提供了空间。新型农民与传统农民的差别在于，前者是一种主动选择的"职业"，后者是一种被动烙上的"身份"。2012年的中央一号文件首次提出"新型职业农民"的理念，2020年的中央一号文件更是将新型职业农民的培育纳入国家教育培训发展规划中。职业农民意味农民拥有高素质文化水平和先进的技术知识与劳动生产技能。

（三）农民工

农民工，又被称为进城务工人员，是指为用人单位提供劳动的农村居民，是中国改革开放和工业化、城镇化进程中涌现的一支新型劳动大军，他们户籍仍在农村，主要从事非农产业，有的在农闲季节外出务工、亦工亦农，流动性强，有的长期在城市就业，已成为产业工人的重要组成部分。根据国家统计局发布的《2022年农民工监测调查报告》，截至2022年，我国农民工总量已经超过2.095亿人。近年来，农民工的生活状况得到大幅改善，2022年进城农民工人均居住面积已达到22.6平方米，随迁儿童教育状况也得到持续改善，进城农民工对所在城市的归属感和适应度不断增强，这为下一步农民工的市民化奠定了基础。

（四）市民

市民主要是指相对于农村户籍人口来说的城市居民。由于以户籍制度为代表的特殊二元制度的安排，"市民"在新中国发展史的不同阶段代表着不同的含义，在计划经济时代，有了城市户口成了市民就可以吃商品粮，就不会饿肚子，各类公共服务和社会保障也会相应而来，但是由于综合国力的提升，二元城乡结构的松动，城乡融合的发展，城市户口的优势不再明显，市民身份也不再那么抢手，因此，近些年，农民工的市民化问题成为讨论的焦点。正向本章开头所提出的，随着城乡融合的进一步推进，"农业"作为产业和"农村"作为地域将会成为全体人民共建共享的"农业"和"农村"，只有"农民"最容易成为弱势群体，因此，在以后的城乡融合过程中，"农民"，尤其是转变成"市民"后的"农民"，失去了"农民"标签，这个新的特殊群体如何被统计、被关注，值得深入思考。

三、我国农民收入情况分析

全面乡村振兴要增强城乡融合发展的整体性协调性和可持续性，要紧紧扭住增加农民收入这一重要任务。全面乡村振兴,城乡融合是必由之路,增加农民收入是关键之举。习近平总书记曾多次对增加农民收入问题进行指示:"农业农村工作,说一千道一万,增加农民收入是关键。要加快构建促进农民持续较快增收的长效政策机制,让广大农民都尽快富裕起来","增加农民收入,要构建长效政策机制,通过发展农村经济、组织农民外出务工经商、增加农民财产性收入等多种途径,不断缩小城乡居民收入差距,让广大农民尽快富裕起来。"

从目前国内形势来看,"三农"问题的关键主要反映在农民收入这个问题上,农民收入的长期持续稳定增长,对国民经济健康发展起着重要作用,是影响国民经济持续向好和社会稳定和谐的重要因素。改革开放之后,随着我国经济社会发展的结构性变化,农民收入也在不断提高,收入绝对值、增长速度和收入结构方面都发生了巨大的变化。对改革开放以来农民收入情况进行研究,既可以总结出农民收入提高的原因,又可以分析农民增收过程中存在的问题。乡镇企业的崛起和非农业产业的快速发展对农村经济结构和农民就业结构都产生了重大影响,推动了农民收入来源的多元化,实现了农民收入的较快增长。

根据国家统计局 2023 年 2 月 28 日发布的《中华人民共和国 2022 年国民经济和社会发展统计公报》显示,2022 年全国总人口 141 175 万人,其中乡村常住人口 49 104 万人,城镇常住人口 92 071 万人,城镇常住人口占全国人口比重(城镇化率)为 65.2%。(见表 4-5)

表 4-5 2022 年全国城乡人口占比情况

名称	全国总人口	乡村常住人口	城镇常住人口
数量	141 175 万	49 104 万	92 071 万
占比	100%	34.8%	65.2%

2022 年我国三次产业从业人员总人口 73 351 万人,其中第一产业从业人口 17 663 万人,占比 24.1%;第二产业从业人口 21 105 万人,占比 28.8%;第三产业从业人口 34 583 万人,占比 47.1%。(见表 4-6)

表 4-6 2022 年我国三次产业从业人员分布情况

名称	三次产业从业总人口	第一产业从业人口	第二产业从业人口	第三产业从业人口
数量	73 351 万人	17 663 万人	21 105 万人	34 583 万人
占比	100%	24.1%	28.8%	47.1%

2022 年全年国内生产总值 1 210 207 亿元,其中第一产业增加值 88 345 亿元,占比 7.3%;第二产业增加值 483 164 亿元,占比 39.9%;第三产业增加值 638 698 亿元,占比 52.8%。(见表 4-7)

表 4-7 2022 年三次产业增加值情况

名称	全年国内生产总值	第一产业增加值	第二产业增加值	第三产业增加值
数量	1 210 207 亿元	88 345 亿元	483 164 亿元	638 698 亿元
占比	100%	7.3%	39.9%	52.8%

从以上三个图表可以看出,我国第一产业从业人口 17 663 万人,占三次产业从业总人口的 24.1%,但是第一产业增加值 88 345 亿元,仅占全年国内生产总值的 7.3%,远远低于其从业人数所占比重,说明第一产业从业人员收入所得较低,要想实现农民增收,一方面是农业向一、二、三产业融合发展转变;另一方面是农民向二、三产业转移。

四、乡村振兴背景下"农民"全面发展的建议

(一)农业劳动者由传统农民向职业农民转变

我国农村劳动力资源丰富,但总体上素质相对较低,缺乏适应发展现代农业需要的职业农民。下一步,要切实加快培养大批有文化、懂技术、善经营、会管理的职业农民,把职业农民培养成建设现代农业的主导力量,为转变农业发展方式提供智力支撑。培养职业农民也是推进农业现代化的必然

要求。职业农民完全不同于传统农民,一定是具有较新经营理念、具备较高文化素质和较强科技能力的农业劳动者。

第一,要提高农民的现代意识。长期以来,农民小农意识严重,听天由命、被动依赖、自闭,这种传统思想与现代文明相去甚远。新型职业农民必须改变这种传统观念,在保留原有善良、质朴、勤劳的优良传统的同时,日渐培养起与现代文明相一致的主体意识,充分认识到自身价值,积极探寻改变农村落后生活状况的途径。这种现代意识的产生需要政府和社会各界人士的大力支持和帮助。

第二,提高农民的科技素质。现代农业的推动需要新型职业农民掌握先进的劳动工具,在这里一个重要体现就是使用先进技术从事农业生产,对农业方面的新知识、新信息能够接受、消化,并及时运用到实践中去。广大农民要基本掌握作物栽培、病虫害防疫和良种的培育及推广技术,科技和农民应紧密联系。这其中,第一线的专业技术人员和科技队伍是关键,他们肩负着将各种技术普及给农民、提升农民生产经营能力的重任。为此,国家应加大对农村技术推广人员的支持力度,肯定其成绩,提高其待遇。

第三,加强培育职业农民。一是注重理念的培训,在经营管理理念方面,开阔眼界、转变思路,逐渐发展成高素质的新型经营主体。特别要加强市场经济下农民经营管理意识,积累市场竞争的能力,提高农民享受市场收益的能力。同时也要培养农民的法律意识,在法治时代,农民要清楚自己的权利和义务,在权益受损时,用法律的武器保护自己。二是要完善农民培训体系。要建立政府主导、市场作用、多元办学、开放运行的农民教育培训体系。三是要大力推进职业农民培训。满足多样化的农民教育培训,同时满足个性化需求,培养科技型职业农民、经营管理型职业农民、创业型职业农民等。

(二)新型城镇化关键在农民工市民化

城市发展究竟只是为了建设城市还是为了人的宜居幸福,不同的人观点不一样。但是,把人的生活水平和生活质量的提高作为城镇化的出发点和最终归宿,是毋庸置疑的。这里再提人的城镇化,是因为在中国农业人口是否有城镇户口,是否在城市有稳定的职业,是否享受到与城市人同等的待遇,是至关重要的。这关系我们是否真正以人为核心,是否在城镇化过程中让老百姓真正受益。以人为核心的城镇化,首先要做到的是人的解放。这指的是农业人口要有条件从土地上解放出来。其次是人的地位。也就是说不仅农民能够进入城市,而且要有工作,有住房,积极进行消费,这样才能带动整个城市的发展。再次是人的融合。即入城农民与城市人融合在一起,享受到公共服务待遇的同时,关键是在思想观念、生活方式、个人素养等方面也要跟上,能真正融入城市中去。最后是人的幸福。人们来到城市的目的很明确,就是为了更好地生活。亚里士多德早就说过:"人们聚集到城市里来居住,他们之所以留居在城市里,是因为城市中可以生活得更好。"这四个环节,一环扣一环,哪一环解决不好,都势必影响城镇化健康有序发展,进而影响我国广大人民的幸福生活。

目前我国有近 3 亿农民工的市民化问题迫切需要解决。实现农民工市民化,既可以有力推进新型城镇化,也是城乡一体化进一步发展的突破口。现在对于我们国家发展来说,农民工市民化既是必要,又有条件。一方面农民工有这方面的现实需求,如果他们长期留在城市,却享受不到应有的权利,可能会使社会矛盾累积,从而引发社会问题。另一方面,现在我们国家也具备了解决农民工市民化的基础,无论是经济方面还是城镇的吸纳能力方面,同时也有部分地区成熟的经验可借鉴。一是有序推进农业转移人口市民化。城镇化的根本动力在于农民转变为市民的过程,"把符合条件的农民逐步转变为城镇居民,是推进城镇化的一项重要任务"。在人口城镇化中,循序渐进推进,先把符合条件的农业转移人口转为城镇居民。如在城市中生活工作多年的农民工,这部分农村转移人口,实际上已占有一定的城市资源,要优先考虑。二是分离户籍与公共福利制度,允许有稳定职业和合法固定居所的农民工落户城镇,享受同城镇居民同等的福利待遇。三是出台农民工全国统一服务政策,保障农民工无论在哪里工作生活都可以享受到该地区的基本公共服务。

(三) 户籍及其相关制度的改革是农民全面发展的关键

基于城镇化发展中出现的问题,以及以人为核心新型城镇化提出的要求,旧城镇化模式已经难以为继,把握其症结所在,根本出路应是加快相关体制机制变革,发挥改革的红利,走出一条中国特色城镇化之路。

1. 户籍制度的改革要为破除二元结构努力

加快户籍制度改革,全面放开建制镇和小城市落户限制,有序放开中等城市落户限制,合理确定大城市落户条件,严格控制特大城市人口规模。深化户籍制度改革,首先,不是要取消城乡二元户籍,至少在短期内这是不可能的。基于城乡二元结构一直存在,甚至长期存在的客观事实,我国城乡一体化将是一个相当长的过程。目前消除二元结构不仅与中国的国情不符,也是无法实际操作的乌托邦幻想。其次,户籍制度改革要在户口管理二元结构方面努力,为解决城乡居民两种不同身份以及带来的待遇不平等问题提供条件。最后,"提高城镇人口素质和居民生活质量,把促进有能力在城镇稳定就业和生活的常住人口有序实现市民化作为首要任务"。常年在城市工作并有稳定的生活来源的农民工,只要他们愿意,均应设计好相关制度为其办理城市常住户口。这一群体目前有2亿多人,如果能顺利解决他们的迁徙问题,再逐步推进全社会的户口自由迁徙。

2. 土地制度改革要适应城镇化的发展

土地是农民最基本的生产资料和维持生计的最基本保障,也是农业转移人口市民化的最大资本。必须以土地物权化为重点,以保护农民的土地财产权利为核心,深化农村土地管理制度改革,最大限度满足农民变市民的愿望。首先,建立起真正的土地市场,通过市场化手段,将农民在农村占有和支配的各种资源转变为资产,并将这种资产变为可交易、能抵押的资本,让农民有进入城市的基础。其次,建立农村产权流转交易市场,推动农村产权流转交易公开、公正、规范运行。规范公用地征用程序,保障农民在土地使用权流转中的谈判权,规范土地转让价格的形成机制,真正按照土地的市场价值对被征地的农民进行补偿,保障失地农民利益,逐步提高土地征用补偿费标准。最后,转变土地利用和管理方式,走节约集约用地之路。在坚持农民自愿进城的原则下,鼓励一部分转化为城市人口的农民工,自愿把闲置的土地进行交易,获得一定收益。与此同时,提高土地最终利用整体效益,抑制土地粗放浪费,推进农业现代化建设。

3. 财税制度改革要为城镇化建设提供保障

十八届三中全会通过的《中共中央关于全面深化改革若干重大问题的决定》指出,必须完善立法、明确事权、改革税制稳定税负、透明预算、提高效率,建立现代财政制度,发挥中央和地方两个积极性。"明确事权""发挥中央和地方两个积极性""建立事权和支出责任相适应的制度",这些表述的背后蕴含了"钱由谁来出更合适""钱由谁来花更合理"的问题。城镇化的发展需要资金的保障。而税收政策的运用具有重要的引导、调控作用。新型城镇化建设的产业支撑、城镇建设中基础设施和公共服务设施建设、城镇化过程中可能出现的"城市病"的防治,无不需要强大的资金支持。所以新型城镇化的发展必然要求财税改革的跟进。牵一发而动全身,如果能推动财税改革,对于户籍制度改革、社会保障改革都有很大的促进作用。首先,城镇化建设中,中央和地方按照事权划分相应承担和分担支出责任。中央与地方由原来的模糊的事权共担转变为承担更加清晰的不同层次、不同类别公共服务的分类分层责权关系。当然政府支出仍然占据主要部分经济学规律显示,即使在民营经济最发达的国家,城镇化也必须以政府的大额支出为基础。政府的钱主要源自税收,所以未来税费将会增加,要将高耗能、高污染产品纳入征收范围,加快资源税改革,加快房地产税立法并适时推进改革,推动环境保护费改革等。其次,加大地方投资。新型城镇化强调的是"政府引导、市场主导",未来的改革将包括投资的多元化,带动国家投资、企业投资和民间投资,由市场化需求判定谁来投资,这样有利于调动地方政府推动建设以人为本的城镇化的积极性。

4. 社会保障制度改革要为城镇化建设提供可持续性发展的条件

要让广大农民平等参与现代化进程、共同分享现代化成果。正如习近平总书记在阐述"中国梦"时说:"生活在我们伟大祖国和伟大时代的中国人民,共同享有人生出彩的机会。"①这里提到的伟大人民当然包括广大农民。新型城镇化改革的实质是农民转变为市民,让农民享有和市民一样的公共服务,只有做好社会保障才能让农民也充分享受经济发展和社会发展的成果。从目前的状况来看,我国不完善的城镇保障制度使分配不公、贫富差距越来越大。要健全城乡发展一体化体制机制,使农民平等参与现代化进程,就不能将其排除在社会保障制度之外。因此,必须给农村人口步入城镇化提供基础的制度保证,促进社会和谐公平。按照"广覆盖、保基本、多层次、可持续"原则,实现人人享有基本生活保障,如:建立农村贫困人口的最低生活保障制度,保护生活困难的居民,满足其最低生活保障;配套户籍制度、土地制度改革,建立相应的农民工的社会保障制度,针对农民工进城后流动性大的特点,探索社会保障基金和待遇承接转移的办法,建立起覆盖城乡统一的可流通的社会保障体系,让农民工方便带着社保流动,使进城务工人员享有与城市居民平等的社会保障;在加强建立农民工社会保障等制度的基础上,实现城乡居民在劳动就业、基础教育、公共卫生、社会养老、住房保障等方面的公平对接,最终实现城乡居民在社会保障和公共服务方面的均等化和一体化。

---

① 习近平.在第十二届全国人民代表大会第一次会议上的讲话.新华网,2013-3-17.

参考文献

一、论文类

[1] 石正瑀.马克思恩格斯城乡关系思想及其在乡村振兴战略中的实践发展[J].上海师范大学学报(哲学社会科学版),2023,52(04):93-101.

[2] 涂圣伟.县域内率先破除城乡二元结构:现实价值与实现路径[J].山东社会科学,2023,(07):89-97.

[3] 刘守英,陈航.马克思主义乡村转型理论及其对中国的启示[J].中国农村观察,2023,(03):2-24.

[4] 范根平,王玲玲.城乡融合的科学内涵及其实践路径——基于马克思主义城乡关系理论的思考[J].北京交通大学学报(社会科学版),2023,22(01):146-152.

[5] 王迪,傅畅梅.马克思恩格斯城乡融合理论当代实践价值研究[J].保山学院学报,2022,41(06):15-20.

[6] 张桂文,王子凤.马克思城乡关系理论中国化的历史演进及实践经验[J].政治经济学评论,2022,13(06):86-103.

[7] 杨芳.超越"资本逻辑":马克思恩格斯关于消除城乡对立的思想研究[J].学理论,2022,(08):18-22.

[8] 陈珂欣.马克思恩格斯城乡关系思想及其现实意义研究[D].内蒙古大学,2023.

[9] 周清香,何爱平.中国城乡融合发展的历史演进及其实现路径——马克思主义城乡关系理论的视角[J].西安财经大学学报,2022,35(02):29-38.

[10] 林烨.唯物史观视域下马克思恩格斯城乡关系思想探析[J].宁夏大学学报(人文社会科学版),2022,44(01):24-29.

[11] 范根平.马克思恩格斯城乡融合思想与中国特色城乡融合发展道路[J].江西财经大学学报,2021,(05):84-95.

[12] 张婉,李包庚.马克思恩格斯城乡融合视域下新型工农城乡关系研究[J].中共宁波市委党校学报,2021,43(04):68-77.

[13] 龚雨薇,刘艳军,易筱雅.马克思、恩格斯城乡关系思想中国化研究文献综述[J].南方论刊,2021,(06):31-34.

[14] 何雄浪,李俊毅.马克思恩格斯城乡融合思想及其对全面推进乡村振兴的启示[J].中共山西省委党校学报,2021,44(03):53-59.

[15] 张琳,郑兴明.新时代实现"人的城镇化"的现实困境与路径选择——马克思、恩格斯城乡融合思想的启示[J].云南农业大学学报(社会科学),2021,15(03):132-138.

[16] 十六年,从蓝图规划到现实画卷——浙江嘉兴统筹城乡发展的探索与实践[J].农村工作通讯,2021,(03):41-43.

[17] 王芳,贾秀飞.双重互构逻辑下中国城乡关系的演进规律与时代抉择——基于马克思恩格斯城乡融合思想的分析[J].北京行政学院学报,2021,(01):45-53.

[18] 黄旭东,冉光仙.城乡"关系"的建构、形塑与共美——马克思恩格斯城乡关系论述对当代中国乡村振兴的启示[J].贵州社会科学,2020,(12):11-17.

[19] 李丽娜,张学军,徐蕊.马克思恩格斯城乡关系思想及其对特色小镇建设的启示[J].石家庄铁道大学学报(社会科学版),2020,14(04):47-51.

[20] 任倚步.人的发展:马克思恩格斯城乡关系理论的主体向度[J].创造,2020,28(10):11-16.

[21] 隋筱童.马克思恩格斯城乡关系理论研究及新时代启示[J].兰州学刊,

2020,(10):103-117.

[22] 李红玉.马克思恩格斯城乡融合发展理论研究[J].中国社会科学院研究生院学报,2020,(05):36-45.

[23] 曹莉莉,林滨.马克思恩格斯空间正义理论视域下中国城乡融合问题研究[J].理论导刊,2020,(08):48-54.

[24] 孙博.马克思恩格斯城乡关系理论视域下我国乡村振兴问题研究[D].长春工业大学,2020.

[25] 周苗强.基于马克思恩格斯城乡融合思想的乡村振兴路径探索[D].福建师范大学,2022.

[26] 闻春杰.马克思、恩格斯城乡融合理论及其在新时代的应用与创新[J].中共太原市委党校学报,2020,(02):31-34.

[27] 韩文龙,吴丰华.新时代城乡融合发展的理论内涵与实现路径[J].马克思主义与现实,2020,(02):166-173.

[28] 刘儒,刘江,王舒弘.乡村振兴战略:历史脉络、理论逻辑、推进路径[J].西北农林科技大学学报(社会科学版),2020,20(02):1-9.

[29] 林密.马克思视域中的城乡不平衡发展及其超越——以《资本论》为中心的再考察[J].厦门大学学报(哲学社会科学版),2020,(01):34-42.

[30] 姚毓春,梁梦宇.新中国成立以来的城乡关系:历程、逻辑与展望[J].吉林大学社会科学学报,2020,60(01):120-129+222.

[31] 吴美川,马立志.马克思恩格斯城乡融合思想的当代新释[J].大连干部学刊,2019,35(11):30-36.

[32] 林密.马克思恩格斯泛分工论视域中的城乡发展观研究[J].当代经济研究,2019,(09):62-71.

[33] 李华胤,侣传振.从分治到合治:现代化进程中的城乡关系转变与走向[J].河南师范大学学报(哲学社会科学版),2019,46(05):8-15.

[34] 邓金钱.新中国70年城乡收入结构变迁:历史演进与时代抉择[J].社会科学研究,2019,(05):42-50.

[35] 石玉昌,李支援.马克思关于城乡关系论述及其对乡村振兴的启示[J].

山西农业大学学报(社会科学版),2019,18(06):1-11.

[36] 谢小飞.马克思、恩格斯关于城乡关系思想及其当代启示[J].理论界,2019,(06):10-16.

[37] 项继权,鲁帅.中国农村改革与马克思主义"三农"理论的中国化[J].社会主义研究,2019,(03):27-34.

[38] 谢传会,赵伟峰,程业炳.马克思、恩格斯城乡融合思想视域下城乡融合机制构建研究[J].云南农业大学学报(社会科学),2019,13(03):111-117.

[39] 李丽娜.马克思恩格斯城乡关系理论视域下中国特色小镇建设研究[D].石家庄铁道大学,2020.

[40] 沈玲芝.马克思恩格斯城乡关系思想研究[D].西华大学,2020.

[41] 桂行艳.马克思恩格斯城乡关系思想及其当代价值研究[D].吉林大学,2019.

[42] 于佳鹏.马克思恩格斯城乡关系思想及其在当代中国的发展研究[D].四川师范大学,2020.

[43] 郭殿生,宋雨楠.马克思恩格斯城乡融合思想的新时代解读[J].当代经济研究,2019,(02):16-22.

[44] 于克斌,孔祥杰,王文龙,王辉.论马克思、恩格斯城乡融合思想在新时代的价值[J].改革与开放,2019,(02):25-28.

[45] 韩长赋.中国农村土地制度改革[J].农业经济问题,2019,(01):4-16.

[46] 许彩玲,李建建.城乡融合发展的科学内涵与实现路径——基于马克思主义城乡关系理论的思考[J].经济学家,2019,(01):96-103.

[47] 廖桂村.马克思恩格斯思想中的城乡关系与人的发展[J].思想政治教育研究,2018,34(06):54-57.

[48] 张晖.马克思恩格斯城乡融合理论与我国城乡关系的演进路径[J].学术交流,2018,(12):122-127.

[49] 张海鹏,郜亮亮,闫坤.乡村振兴战略思想的理论渊源、主要创新和实现路径[J].中国农村经济,2018,(11):2-16.

[50] 蒋永穆,周宇晗.改革开放40年城乡一体化发展:历史变迁与逻辑主线

[J].贵州财经大学学报,2018,(05):1-10.

[51] 廖桂村.马克思恩格斯城乡关系理论的双重线索[J].城市学刊,2018,39(04):70-76.

[52] 王立胜,陈健,张彩云.深刻把握乡村振兴战略——政治经济学视角的解读[J].经济与管理评论,2018,34(04):40-56.

[53] 钟涛.马克思恩格斯城乡关系思想及其当代启示[D].广西大学,2018.

[54] 付志刚.新中国成立前后中国共产党对城乡关系的认识与定位[J].四川大学学报(哲学社会科学版),2018,(03):77-86.

[55] 李琴.马克思恩格斯城乡关系思想研究[D].武汉大学,2018.

[56] 廖桂村.马克思恩格斯城乡关系理论及其当代价值[J].南昌师范学院学报,2018,39(02):6-10.

[57] 刘金金.马克思恩格斯城乡融合理论视阈下的新型城镇化发展路径研究[D].江苏大学,2019.

[58] 张凤超,张明.乡村振兴与城乡融合——马克思空间正义视阈下的思考[J].华南师范大学学报(社会科学版),2018,(02):70-75+191-192.

[59] 皇甫鑫,唐依.马克思恩格斯城乡思想对我国城乡发展的理论价值[J].改革与战略,2018,34(01):49-51+67.

[60] 盛辉.马克思恩格斯城乡融合思想及其时代意蕴[J].改革与战略,2018,34(01):45-48.

[61] 董济杰.马克思恩格斯城乡关系理论及对当前中国城乡一体化的启示[J].前沿,2017,(08):11-17.

[62] 陈燕妮.马克思恩格斯城乡融合思想及其当代启示[J].延安大学学报(社会科学版),2017,39(04):62-67.

[63] 陈燕妮.马克思恩格斯城乡融合思想对推进我国城乡一体化发展的现实启示[J].济宁学院学报,2017,38(03):14-21.

[64] 王文影.马克思恩格斯城乡融合思想研究[D].内蒙古大学,2018.

[65] 周学良.马克思恩格斯城乡关系理论及其在当代中国的发展研究[D].江西农业大学,2018.

[66] 刘国新.论马克思、恩格斯城乡发展的制度思想[J].社会科学战线,2017,(06):248-251.

[67] 温政.马克思恩格斯城乡关系思想及其当代启示[D].辽宁大学,2018.

[68] 陈燕妮.论马克思恩格斯城乡融合思想的历史地位[J].青海师范大学学报(哲学社会科学版),2017,39(02):18-24.

[69] 宋敏敏.马克思、恩格斯城乡关系理论及其当代价值[J].理论观察,2016,(05):9-10.

[70] 周伟,Boulanger Mathieu,吴先明.农业跨国公司垄断对我国粮食安全的影响[J].西北农林科技大学学报(社会科学版),2016,16(03):84-93.

[71] 宋梅英.马克思、恩格斯城乡融合思想及其当代价值[J].胜利油田党校学报,2016,29(02):5-8.

[72] 高家骥,李雪铭,张英佳.马克思恩格斯城乡关系思想对中国城镇化道路的启示[J].辽宁师范大学学报(社会科学版),2015,38(06):726-731.

[73] 蒋永穆,鲜荣生,张晓磊.马克思恩格斯城乡经济关系思想刍论[J].政治经济学评论,2015,6(04):102-117.

[74] 商淑琦.对马克思、恩格斯的城乡融合理论研究[D].西南大学,2016.

[75] 朱海利.马克思恩格斯的城乡关系思想研究[D].苏州大学,2016.

[76] 林铤.马克思恩格斯城乡融合思想及当代中国实践[D].中共广东省委党校,2016.

[77] 陈燕妮,李家祥.马克思恩格斯批判视角下的城乡关系思想[J].山西师大学报(社会科学版),2015,42(02):31-33.

[78] 夏昌武,彭国昌.社会主义城乡发展的"分"与"合"——马克思恩格斯与西方学者的争论及启示[J].人民论坛,2014,(34):170-172.

[79] 袁雨田.马克思、恩格斯的城乡融合思想及对我国小城镇发展的启示[J].山西农业大学学报(社会科学版),2014,13(09):870-875.

[80] 李然.马克思恩格斯城乡关系思想探析[J].党史博采(理论),2014,(08):28-29.

[81] 邹巧飞.马克思的城乡融合思想及其当代启示[J].科学社会主义,

2014,(04):142-145.

[82] 吴宝华,张雅光.马克思主义城乡融合理论与农业转移人口市民化[J].思想理论教育导刊,2014,(07):82-86.

[83] 郑莉.马克思恩格斯城乡融合思想视域下的中国城镇化研究[D].江西师范大学,2015.

[84] 李琴.马克思恩格斯城乡融合思想及其当代价值[J].边疆经济与文化,2014,(05):36-38.

[85] 张玮霞.中国特色社会主义城镇化发展道路研究[D].大连理工大学,2015.

[86] 宋云杉.马克思恩格斯城乡关系思想及其当代价值研究[D].西南大学,2014.

[87] 许彩玲,李建建.城乡经济互动发展:马克思、恩格斯城乡关系思想的当代视界[J].经济研究参考,2014,(11):76-80+91.

[88] 白永秀,王颂吉.马克思主义城乡关系理论与中国城乡发展一体化探索[J].当代经济研究,2014,(02):22-27.

[89] 刘先江.马克思恩格斯城乡融合理论及其在中国的应用与发展[J].社会主义研究,2013,(06):36-40.

[90] 吴宁,马瑞丽.恩格斯的城乡融合思想及其启示[J].苏州大学学报(哲学社会科学版),2013,34(05):63-66.

[91] 刘先江.城乡发展一体化:马克思恩格斯城乡融合理论的中国实践[A].中国国际共运史学会、大理学院.中国国际共运史学会2013年年会暨学术研讨会论文集[C].中国国际共运史学会、大理学院:中国国际共产主义运动史学会,2013:8.

[92] 申长鹤.马克思恩格斯城乡关系思想及其当代价值研究[D].西北农林科技大学,2014.

[93] 申长鹤,邓谨.马克思恩格斯城乡关系思想及其当代价值[J].武汉理工大学学报(社会科学版),2013,26(02):180-185+190.

[94] 曾长秋,胡馨月,李邦铭.马克思恩格斯城乡关系思想的哲学审视[J].

求实,2013,(02):4-8.

[95] 宋卫琴,岑乾明.马克思恩格斯消除城乡对立教育思想探论[J].求索, 2012,(11):244-245+226.

[96] 谢菲.马克思恩格斯城市思想及其现代演变探析[J].马克思主义研究, 2012,(09):32-40.

[97] 李传兵,俞思念,陈浩然.马克思城乡关系思想及其当代中国化实践 [J].社会主义研究,2012,(04):18-22.

[98] 刘建立.马克思恩格斯"城乡融合"思想及当代启示[J].理论界,2012, (08):9-11.

[99] 郑融.浅议马克思恩格斯的城乡关系思想[J].学理论,2012,(19):72-73.

[100] 曾珊.马克思恩格斯"城乡融合"思想视域下的当代中国城乡协调发展研究[D].赣南师范学院,2013.

[101] 韩永娜.马克思恩格斯的城乡融合理论对我国构建和谐城乡关系的指导意义[D].广西大学,2013.

[102] 姚永明.马克思、恩格斯城乡融合思想的当代解读与实践[J].中国青年政治学院学报,2012,31(03):73-76.

[103] 李邦铭.马克思恩格斯城乡关系思想及其当代价值[D].中南大学,2012.

[104] 李邦铭.论马克思、恩格斯的城乡关系思想[J].河北学刊,2012,32 (02):172-176.

[105] 曹莉莉.马克思恩格斯"城乡融合"思想研究[J].廊坊师范学院学报(社会科学版),2011,27(04):91-94.

[106] 刘文会.马克思恩格斯城乡统筹发展思想研究[D].河北大学,2011.

[107] 邢赞赞.马克思恩格斯城乡关系理论与我国构建和谐城乡关系研究[D].河北师范大学,2011.

[108] 王琰琰.马克思恩格斯的城乡关系理论及其当代价值[D].苏州大学,2012.

[109] 赵洋.统筹城乡发展视阈下马克思恩格斯城乡发展思想研究[J].学术

论坛,2011,34(03):9-12.

[110] 王琰琰.浅析马克思恩格斯城乡关系思想的理论基础[J].中小企业管理与科技(下旬刊),2011,(01):105-106.

[111] 任保平.城乡经济社会一体化:界定、机制、条件及其度量[J].贵州财经学院学报,2011,(01):18-22.

[112] 薛晴,霍有光.城乡一体化的理论渊源及其嬗变轨迹考察[J].经济地理,2010,30(11):1779-1784+1809.

[113] 于霞.马克思恩格斯城乡关系理论的当代价值[J].大连海事大学学报(社会科学版),2010,9(05):70-74.

[114] 岑乾明,宋卫琴.分工理论:理解马克思主义城乡观的钥匙[J].求索,2010,(09):100-102.

[115] 赵洋.近30年来国内关于马克思恩格斯城乡关系思想研究综述[J].理论与改革,2010,(04):144-146.

[116] 夏泽义.城乡统筹视野的生态文明建设——兼论马克思、恩格斯的生态文明观[J].玉林师范学院学报,2010,31(03):54-58.

[117] 常宗耀.乡村城市化:马克思的理论及其启示[J].北方论丛,2010,(03):112-116.

[118] 郭彩琴.马克思主义城乡融合思想与我国城乡教育一体化发展[J].马克思主义研究,2010,(03):100-105.

[119] 王亚鹏.马克思恩格斯城乡融合思想探析[J].经济研究导刊,2010,(07):1-3.

[120] 费利群,滕翠华.城乡产业一体化:马克思主义城乡融合思想的当代视界[J].理论学刊,2010,(01):62-65.

[121] 叶昌友,张量.论马克思、恩格斯的城乡融合思想[J].求索,2009,(12):54-56.

[122] 罗敏,祝小宁.马克思城乡统筹思想的三个基本要素探析[J].西华师范大学学报(哲学社会科学版),2009,(05):78-82.

[123] 陈伟东,张大维.马克思恩格斯的城乡统筹发展思想研究[J].当代世

界与社会主义,2009,(03):19-24.

[124] 张晓雯.马克思恩格斯的城乡发展理论及其现实意义[J].理论与改革,2009,(03):62-65.

[125] 方彩虹.马克思恩格斯城乡关系思想与构建中国和谐城乡关系研究[D].西南大学,2009.

[126] 崔越.马克思、恩格斯城乡融合理论的现实启示[J].经济与社会发展,2009,7(02):14-16.

[127] 江俊伟.马克思主义城乡关系理论的两个维度及其当代启示[J].黑龙江史志,2009,(04):1-2.

[128] 祝小宁,罗敏.对马克思恩格斯城乡统筹发展理论体系的当代解读[J].西华师范大学学报(哲学社会科学版),2008,(05):66-70.

[129] 吴学凡.马克思、恩格斯的城乡差别思想[J].西北师大学报(社会科学版),2008,(04):76-80.

[130] 夏道玉,左雪松.城乡的分野与融合——马克思恩格斯城乡观的探析[J].宜宾学院学报,2008,(05):20-23.

[131] 高惠芳.马克思、恩格斯城乡关系理论与中国城乡关系问题[D].兰州大学,2009.

[132] 李保民.马克思和恩格斯论城乡就业一体化[J].经济学家,2008,(02):31-38.

[133] 吴学凡.马克思恩格斯消灭城乡差别思想及其现实意蕴[J].社会主义研究,2008,(01):25-27.

[134] 陈睿.马克思恩格斯的城乡关系理论及其对当代的启示[J].中共福建省委党校学报,2006,(05):2-5.

[135] 孙成军.马克思主义城乡关系理论与我们党城乡统筹发展的战略选择[J].马克思主义研究,2006,(04):113-118.

[136] 石玉顶.马克思恩格斯关于城乡统筹发展的思想及其启示[J].经济学家,2005,(06):26-32.

[137] 叶青.高校教书育人工作的历史回顾与经验总结[J].渭南师专学报,

1999,(01):86-89.
[138] 徐勇.马克思恩格斯有关城乡关系问题的思想及其现实意义[J].社会主义研究,1991,(06):36-41.
[139] 冯华.浅议城乡协调发展[J].建筑学报,1983,(04):1-7+81-82.
[140] 杨洛.研究城乡关系理论 发挥中心城市作用[J].财经科学,1983,(03):48-55.
[141] 汪巽人.初探马克思主义的城乡融合学说[J].福建论坛,1983,(03):46-50.
[142] 张泽厚,陈玉光.论我国人口城乡结构问题[J].晋阳学刊,1982,(02):54-61.
[143] 城乡兼顾培养亦工亦农的新人[J].人民教育,1966,(S1):11-13.
[144] 吴传启.从乡村办工业看缩小城乡差别的趋势[J].哲学研究,1958,(05):15-20.
[145] 国务院关于城乡划分标准的规定[J].中华人民共和国国务院公报,1955,(20):988-989.
[146] 王蘭.大力促进城乡物资交流[J].中国金融,1950,(02):1-2.

二、著作类

[1] 马克思恩格斯.马克思恩格斯文集(第1—10卷)[M].北京:人民出版社,2009.
[2] 马克思恩格斯.马克思恩格斯选集(第1—4卷)[M].北京:人民出版社,2013.
[3] 毛泽东.毛泽东选集(第1—4卷)[M].北京:人民出版社,1991.
[4] 邓小平.邓小平文选(第1—3卷)[M].北京:人民出版社,1994.
[5] 江泽民.江泽民文选(第1—3卷)[M].北京:人民出版社,2006.
[6] 中共中央文献研究室.十四大以来重要文献选编(上中下)[M].北京:人民出版社,1997.

[7] 中共中央文献研究室.十五大以来重要文献选编(上中下)[M].北京:人民出版社,2001.

[8] 中共中央文献研究室.十六大以来重要文献选编(上中下)[M].北京:中央文献出版社,2005.

[9] 中共中央文献研究室.十七大以来重要文献选编(上中下)[M].北京:中央文献出版社,2009.

[10] 中共中央文献研究室.十八大以来重要文献选编(上中下)[M].北京:中央文献出版社,2014.

[11] 中共中央文献研究室.十九大以来重要文献选编(上)[M].北京:中央文献出版社,2019.

[12] 徐勇.城乡差别的中国政治[M].北京:社会科学文献出版社,2019.

[13] 彭晓伟.马克思主义城乡关系理论在当代中国的发展与实践研究[M].北京:中国社会科学出版社,2019.

[14] 李红玉.马克思主义城乡融合发展理论及其现实意义[M].北京:中国社会科学出版社,2018.

[15] 姜长云.乡村振兴战略:理论、政策和规划研究[M].北京:中国财政经济出版社,2018.

[16] 陈燕妮.马克思恩格斯城乡融合思想与我国城乡一体化发展研究[M].北京:中国社会科学出版社,2017.

[17] 温铁军.告别百年激进[M].北京:东方出版社,2015.

[18] 温铁军.八次危机[M].北京:东方出版社,2012.

[19] 温铁军.中国新农村建设报告[M].福州:福建人民出版社,2010.

[20] 曹锦清.如何研究中国[M].上海:上海人民出版社,2010.

[21] 陈锡文、赵阳等.中国农村制度变迁60年[M].北京:人民出版社,2009.

[22] 农业部农村经济研究中心.中国农村研究报告2009[M].北京:中国财政经济出版社,2010.

[23] 徐勇.中国农村与农民问题前沿研究[M].北京:经济科学出版社,2009.

[24] 汤安中.不深读三农就读不懂中国[M].北京:中国经济出版社,2009.

[25] 邓鸿勋、陆百甫.走出二元结构——创业就业、市民化与新农村建设[M].北京:社会科学文献出版社,2008.

[26] 雷长林,李富义.中国农村发展是(1949—2008)[M].杭州:浙江人民出版社,2008.

[27] [美]亨廷顿著,王冠华译.变化社会中的政治秩序[M].上海:上海人民出版社,2008.

[28] 陆学艺.三农新论[M].北京:社会科学文献出版社,2005.

[29] 李昌平.我向总理说实话[M].北京:光明日报出版社,2001.

[30] 于建嵘.岳村政治:转型期中国乡村政治结构的变迁[M].北京:商务印书馆,2001.

[31] 杜润生.中国农村改革决策纪事[M].北京:中央文献出版社,1999.